The Skies Belong to Us

ブレンダン・I・コーナー
高月園子 訳

ハイジャック犯は空の彼方に何を夢見たのか

Love and Terror in the Golden Age of Hijacking

亜紀書房

ハイジャック犯は空の彼方に何を夢見たのか

マセオとシエルへ
きみたちへの愛の大きさはどんな数字でも言い表せない……

目次

息子よ、どこからその狂気、私の命令の無視、
私が守っている者たちの無視が来るのか？
なにゆえのその女々しい逆上か？　思い出すがいい
誰を見捨て、どんな誓いを破っているか。

ヴェルギリウス『アエネーイス』

職業訓練プログラム《ジョブ・コープス》を続けるべきだった、
おかげで今のおれは無法者だ…

ゴーストフェイス・キラー

序章

黒いサングラスの男がウェイトレスにコーヒーだけでいいと言った。ランチに同席している二人のうち、デイヴという名前しかわからない小ざっぱりしたメキシコ人紳士が、何か、たとえばシュリンプカクテルとか生ガキ半ダースでも食べてはと執拗に勧めた。だが、男は食事をする気はないと断った。

サンディエゴ湾沿いらしい美しい午後だ。陽光が椰子の葉のすき間からブリガンティン・シーフード・レストラン内の煉瓦壁に差しこんでいる。サングラスの男と二人の同席者は半円形の黒い革張りのボックス席に座っている。上のほうには、黄ばんだ海図と古いヨットの複製写真が飾られている。彼らは微妙な問題を話し合いに集まっていた。

沈黙を破ったのはデイヴだった。サングラス男から提案された計画の図面を検討したところ、きわめて精巧なものだったと褒める。構想を実現するのに必要な物資は、メキシコのティフアナにいる仲間が簡単に用意できると保証する。残る問題は金だけだ。

サングラス男は吹っかけられることを警戒している。

「よそもいろいろ当たってみたいんだ」コーヒーの入ったマグの取っ手をもてあそびながら言っ

た。「どんなものが出回ってるか」

だが、デイヴはこの取引をまとめようと必死だ。ひとまず少額の手付け金さえもらえれば、残りは計画が完了したときでいいともちかけた。こんなに有利な支払い方法は、他の連中は思いつきもしないだろうと言い切る。

サングラス男は納得した。デイヴに一〇〇ドルの手付け金で計画を進めてもいいかと訊いた。デイヴは満足したようだ。ただ一つ、彼には知りたくてたまらないことがあった。

「そろそろ教えてくれてもいいだろう。その吹っ飛ばしたいものって、いったい何なんだ?」

第一章
「笑顔を崩すな」

ウエスタン航空七〇一便の窓に、雄大なレーニア山の眺めが徐々にくっきりと浮かび上がってきた。雪や氷に覆われたクレーターのある峰が、六月の強い日差しの中でギラギラと輝いている。その死火山の威容を一目見ようと、好奇心の強い乗客は左側へ首をのばした。無関心な乗客は新聞に顔をうずめたまま、ニクソン大統領のモスクワ訪問やベトナム・フエの絨毯爆撃の記事を読みふけっている。着陸に備え、ピーチカラーのミニドレスのスチュワーデスたちが狭い通路を行ったり来たりして、空になった皿やシャンパングラスを片付けている。二五分後にはシアトルに着陸する。

片付けが終わると、エコノミークラス担当の三人のスチュワーデスは後部機内厨房《ギャレー》に集まった。機内食のあまりがいくつか待っていた。午前七時からシアトル—ロサンゼルス—シアトルと飛ぶ間、ずっと働きづめだったので、七〇一便が最終目的地に近づくころには彼女たちのお腹はぺこぺこになっていた。ウエスタン航空は自社のスチュワーデスたちは女性のしとやかさの鑑であるという人々の幻想を打ち砕かないために、このスタイルのいい「女の子」たちが乗客の見ている前で食べることを禁じていた。したがって、彼女たちはランチをかきこむ前に、ギャレーの赤いカーテンをしっかり閉めた。詮索好きな客の目から逃れ、グレービーソースが水玉模様のスカーフにこぼれないよう気をつけながら、サーロインステーキと蒸したブロッコリーをフォークに山のように刺して、派手な口紅を塗った口に放りこんだ。

ジーナ・クッチャーは客室に背を向け、ギャレーのカーテンの一番近くに立って食べながら、同僚のキャロル・クライマーやマーラ・スミスとしゃべっていた。あわただしい食事の半ばを過ぎたころ、カチャカチャというカーテンリングのすべる音に、彼女は驚いて飛び上がった。振り向くと、爪先がぶつかりそうなほど間近に座席番号18Dの客が立っていた。褒章リボンで飾り立てられた、プレスのきいた陸軍礼服に身を包んだハンサムな黒人だ。琥珀色のレンズの入った細いメタルフレームの眼鏡の奥から、彼女をじっと見下ろしている。

しまった、とクッチャーは思った。クリーニング券よね。すっかり忘れてたわ。

離陸後まだ間もないころだった。その男にドリンクを渡そうとしたときに、突然の乱気流で機体が大きく揺れ、彼のカーキ色のジャケットの襟にバーボンを少しこぼしてしまったのだ。男は実にさっぱりした態度でただ笑い飛ばし、「大丈夫、ご心配なく」と言った。「なんともなってないし」。けれども、クッチャーはウエスタン航空の顧客サービス規定に則り、ドライクリーニングの券を持ってくると言った。なのに、その約束を果たさなかったことを、たった今思い出したのだ。

謝ろうとしたまさにその瞬間に、男のほうが言葉を発した。

「見ていただきたいものがあります」約七・五センチ×一三センチのノートペーパーを二枚、ギャレーのカウンターの上に置きながら、礼儀正しく言った。「読んでください」
頭の混乱したクッチャーが読み始めると、スミスとクライマーが肩越しに覗きこんだ。一枚目はきちんと手書きされたメッセージだが、無数の不必要な大文字使いやスペリングミスのせいで台無しになっていた。しかし、それが意味するところは明白だった。

死をもって成功とす

機長以外は全員コックピットから出ろ。
我々は四人組で爆発物は二個ある。言われたとおりにすれば銃撃は起きない。
一、副操縦士とナビゲーターはコックピットを出て（四歩の間隔を置く）機内後部の客席に座れ。
二、機長は機体を自動操縦にし、両手を頭の上に置け。コックピットのドアは開け放せ。

ウェザーマン
カリフォルニア州S．D．S
サー、二分間の猶予を与えよう。

二枚目には全面にブリーフケースらしき図が描かれている。内部にはいろいろな大きさの長方形があり、それぞれに一から四までの番号が打たれている。図の左側には縦に箇条書きで、ブリーフケースの中身が説明されている。

人員　四人
武器　銃三本、爆発物二個
1．プラスチック爆弾　C4（米軍仕様）
2．時計
3．電池
4．攻撃手榴弾　ピンの引き抜き後一秒で作動

笑顔を崩すな
（裏を見ろ）

クッチャーは紙を裏返した。そこには、もう一行あった。

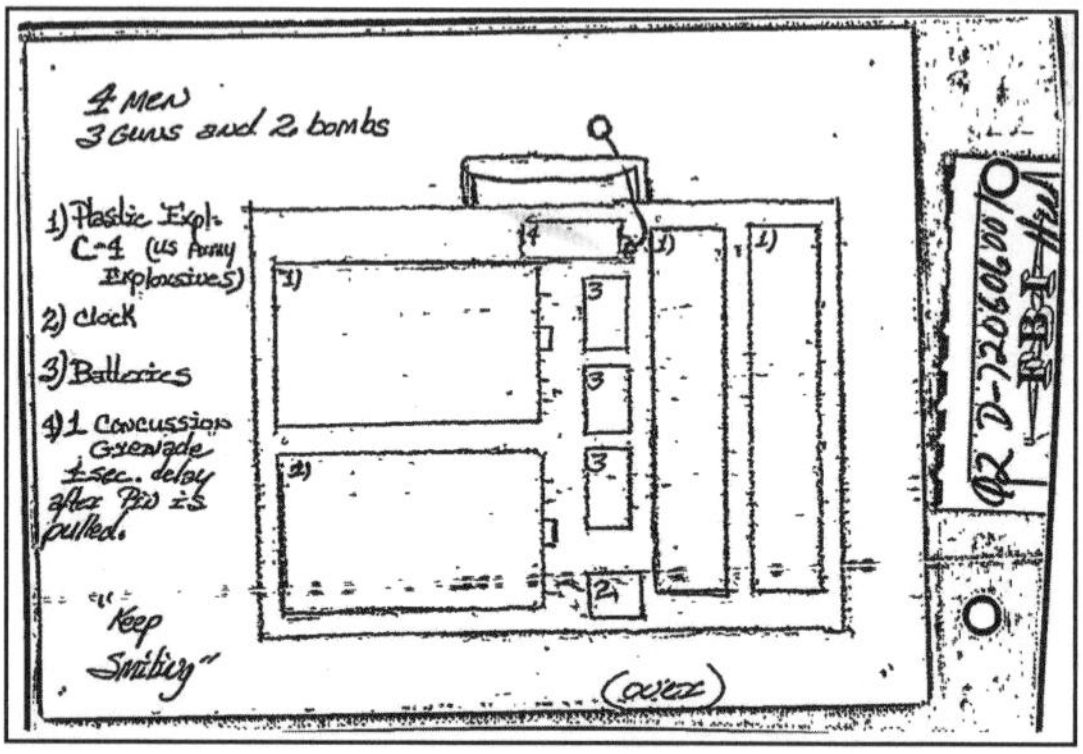

提供：FBI

機長に見せろ。急げ！

男はスチュワーデスたちに見えるよう、左手で持っているサムソナイトの黒いブリーフケースを挙げた。取っ手の横から細い銅線が飛び出してくねっている。その先は、男の左の人差し指にはめた金属の輪に接続されている。男はこれ見よがしに右手でブリーフケースをトントンと叩いた——「この中だよ」とでも言わんばかりに。

それから男は肘でクッチャーを押しのけてギャレーに足を踏み入れた。カウンターにもたれ、眼鏡をぐいと押し上げ、クッチャーと視線を絡ませる。その眼差しからは、やさしさの影も形も消えていた。

「二分だけ与えよう」彼は言った。

クッチャーはためらうことなく紙切れの最後にある指示にしたがい、コックピットに向かった。

男がピカピカに磨き上げた自分の靴を見つめている間、スミスとクライマーはその場に凍りついたかのように立ちつくしていた。聞こえるのはただ、ボーイング727に搭載された三発エンジンのうなるような鈍い音だけだ。スミスはそっとクライマーのほうを見た。さっきまで食べていた赤いゼリーのデザートが入った器をまだかかえている。口をぽかんと半開きにし、手は角形のゼリーが揺れるほど震えている。

　永遠とも思われた三〇秒ののち、ついに男が沈黙を破った。

「吹っ飛ばせばよかった」靴から視線を上げることなく、つぶやいた。「離陸と同時に吹っ飛ばせばよかったんだ。どうせ、みんな死ぬんだから」

　クライマーの赤いゼリーがさらに大きく揺れた。

　その間、クッチャーは手にした二枚の紙をパタつかせながら、機体の最前部を目指し走っていた。ファーストクラスに到着すると、パーサーのドナ・ジョーンズがグラスをキャビネットに収納していた。

「とうとう起きたのよ！」クッチャーは叫んだ。「ドアを開けて！　ドアを！　二分しかないの！」

　ジョーンズはクッチャーをコックピットに導き、ドアベルを二度鳴らした。それは緊急事態発生の合図だ。ドアが開き、二人はその狭苦しい部屋に入った。七〇一便のジェローム・ジャーゲンス機長は、一目でクッチャーがパニック寸前であることを見抜いた。

　クッチャーは手にした紙を突き出した。

「機長、機体を降下させる前に、どうかこれを、これを読んでください！」

　機長はスペリングミスだらけの指示のほうにはざっと目を通しただけだったが、爆発物の設計図は何か欠陥がないか、じっくり眺めた。彼は勲章も受けた元海兵隊員で、朝鮮戦争中にＡ１スカイレイダーを操縦したとき、爆弾について多少学んでいた。その図を描いた者が複雑なＣ４プラスチック爆弾の起爆に無知な、ただのハッタリ屋であることを期待していた。だが、明らかにその図は爆弾について熟知した者の手で描かれていた。

機長は紙切れを副操縦士のエドワード・リチャードソンに渡し、クッチャーに冷静に命令を下した。

「戻って、どんな要求もすべてのむと、この男に伝えなさい」

クッチャーは後部ギャレーにいる男を呼びに戻っていった。その間、リチャードソンは我が身の信じがたい不運にただあきれていた。この一カ月足らずの間に彼がハイジャックに巻きこまれたのは、これで二度目だったのだ。


飛行機での移動が苦痛ではなく、えもいわれぬよろこびだった時代を思い出せるのは、かなり年季の入った旅行者だけだろう。エコノミークラスの乗客が今では考えられないほどの贅沢を楽しんでいたのは、もう何十年も前のことだ。アラスカ産蟹肉の大きな塊がモノグラム入りの磁器で供され、無料のリキュールが惜しみなく注がれ、きれいな脚のスチュワーデスが芸者のような丁重さで仕えてくれた。小都市間の短距離フライトでさえ、乗客はまさに王様だった。

けれども、過ぎ去りし日々と今との最大の違いは、乗客が空で受けたもてなしではなく、地上でどんなに自由に動き回れたかにある。かつては空港外の道路から空港内を通り抜けて搭乗ゲートまで、一度も面倒な目に遭うことなく移動できた。X線検査機器にも、金属探知機にも、誰かを捕まえたくてウズウズしている意地悪な制服警備官にも遭遇しなくてすんだ。搭乗券を握っている必要も、身分証明書を見せる必要もなく、誰でも駐機エリアにぶらぶらと歩き出て、搭乗の列に並ぶことができた。あたかもジェット機など単に翼のついた通勤電車でもあるかのように、離陸後に料金を払うことを許している便さえあった。

ハイジャック犯世代はこの無防備さにつけこんだ。初めてアメリカ領空でハイジャックが起きた一九六一年から、七〇一便がシアトルへの飛行中に乗っ取られた一九七二年までの間に、アメリカでは一五九便の民間航空機がハイジャックされた。しかも、そのほとんどすべてが、その尋常ならざる時代の最後の五年間に、しばしば毎週もしくは週に数回といったペースで立て続けに起きた。事実、まったくの偶然から二機が同時にハイジャックされた日も少なくなかった。アメリカ史上、これほどまで広く人心に被害妄想を引き起こした犯罪の波はまずないと言っていい。乗客は機内放送が突然バシッという音とともに始まるたびに、「乗客のみなさま、当機は現在、当方が掌握し……」という犯人の声が流れてくるのではないかと恐れずにはいられなかった。

この狂乱状態の意味をなんとか理解しようとした評論家や政治家たちは、よく伝染病《エピデミック》の流行という言葉を用いた。彼らは奇しくも真実を言い当てていた。というのは、「ハイジャック黄金時代」を理解する最も有効な方法の一つが、公衆衛生というレンズを通した見方だからだ。ハイジャック現象は、疫学の法則に正確にしたがった広まり方をしていた。すなわち常にいくつかが固まって起きるのだが、それらは必ず感染源となる一件のハイジャックに引き続いて起きたからだ。ハイジャックの衝動はちょうど病原菌のように人から人へとうつり、その破壊力は月日の経過とともに増した。この「ウイルス」はメディアを、それも特にテレビのニュース番組を通して広まった。威厳あるニュースキャスターが、乗っ取られた機体や涙にくれる人質の家族の様子を伝える原稿を、延々と読み上げ続けた。視聴者の中には、被害者たちに同情するよりむしろ、国中をとりこにする壮大なドラマを生み出した犯人の才能にワクワクする者たちもいた。

そういった人々はハイジャックウイルスに感染しやすい。なぜなら、彼らはアメリカが約束する将来に対し、完全に信頼を失ってしまっていたからだ。ハイジャックの隆盛が、一九六〇年代の理想主義の最後の残滓が消えつつあった時期と一致しているのも、けっして偶然ではない。国民の大部分が、言葉やプラカードではベトナム戦争を終わらせることも、また、公民権運動で獲得した権利が、何件かの暗殺事件により大幅に縮小され、確固たるものにすることもできなかったことを嘆いていた。落胆はあっという間により広い無力感に変わった。どんなに大規模な市民運動も、利己的なエリートたちが得をするようにできている社会のシステムを変えることはできない。挫折した者たちの一部は享楽主義に陥り、過剰なセックスや茶色い安物のヘロインで幻滅を覆い隠した。しかし一方で、漠然としてはいるが御しきれない激しい怒りをはっきり表現するために、いっそう過激な道を模索する者たちもいた。

このような迷える魂にとって、飛行機はまさに理想的なターゲットだった。実利的レベルで言えば、ハイジャックをすれば飛行機を使ってはるか遠くまで逃げることができ、しかも、行った先では犯行の大胆さゆえに賞賛の的となる——と彼らは考えた。しかし、それだけではない。ハイジャックの誘惑には、アメリカと飛行の蜜月関係に根差した強力な心理的要素も働いていた。

一九六〇年代には民間旅客機での旅が一般大衆にも手の届くものになったとはいえ、依然、それには驚嘆と特権のオーラが付きまとっていた。パイロットはほがらかな英雄で、飛行機自体はテクノロジーの粋の結晶だった。国の最もエキゾチックな辺境地域を高速で飛ぶジェット機を奪取すれば、一匹狼のハイジャック犯が一瞬のうちに何百万人もの観衆を掌握できる。社会で軽んじられている者にとって、これほど一気に力が得られる華麗な犯罪はない。

人々の尊敬を得たいという渇望はすべてのハイジャック犯に共通していたものの、一人一人が紡いだストーリーは驚くほど変化に富んでいた。ボーイング707を乗っ取ってキューバに着陸させ、その後の四一年間を亡命者として過ごしたプエルトリコ人のナショナリスト❖について読んだことがきっかけで初めてハイジャック黄金時代に興味をかき立てられたとき、私がひたすら驚嘆したのは、その時代に航空機を奪取した人物像の極端なまでの多様性だった。完全燃焼した退役軍人から、大風呂敷を広げる虚言癖者、ギャンブル依存者、破産した実業家、挫折した学者、プロの重犯罪者、恋わずらいのティーンエイジャーまでいた。各人には、哀しいことに錯覚だったのかもしれないが、ハイジャックをすることでより良い人生が開けると信じるに足る、きわめて個人的な論拠があった。

アメリカのハイジャック史に夢中になればなるほど、私は最も凶暴な最終段階となった一九七二年の爆発的大発生にのめりこんでいった。その年のハイジャック犯たちは大胆で、説明がつかないほど愚かで、狂気の沙汰に近いリスクをとる傾向にあった。六桁の身代金を胸に抱いてジェット機からパラシュートで飛び下りる中年男も何人かいた。地球の裏側の紛争地帯に行けと要求する躁病の過激派もいた。幼子に哺乳瓶で授乳しながらピストルを振りかざす若い母親もいた。ＦＢＩが武力による介入を辞さなくなったにもかかわらず、自らの壮大な目的を達成するためなら死さえもいとわない、こういった冒険家たちを思い留まらせることはできなかった。一九七二年末にはハイジャック犯たちがあまりに無謀で人命軽視もはなはだしくなった結果、航空会社と連邦政府はすべての空港において警察の介入をある程度認めざるをえなくなった。

一九七二年は四〇人のハイジャック犯のせいで飛行機に乗ることが命がけの年になったのだが、その一人一人にとてつもなく面白い裏話がある。だが、レーニア山上空を飛行中のウエスタン航空七〇一便を乗っ取った若いカップル——ウィリー・ロジャー・ホルダーとキャスリン・マリー・カーコウ——の話ほど夢中にさせてくれるものはない。

ホルダーとカーコウは多くの点でごくありきたりのハイジャック犯だった。トラウマをかかえた元兵士のホルダーは、怒りと絶望が漠然とない交ぜになった感情に突き動かされていた。一方、やんちゃなパーティガールのカーコウは、より意味のある将来を渇望していた。彼らの計画のあきれるほどのいい加減さからもわかるように、どちらも筋金入りのワルではない。

それでいて、機転と単なる幸運により、ホルダーとカーコウはアメリカのハイジャック史上最長距離を飛ぶという離れ業をやってのけ、世界に悪名を轟かせた。それにより、彼らは他のハイ

❖ このハイジャック犯の名はルイス・アルマンド・ペーニャ・ソルトレン。二〇〇九年一〇月に家族と再会するため、自らの意志でアメリカに戻った。ニューヨークで機体から降りるなり逮捕され、最終的には空賊謀議について罪状を認めた。二〇一一年一月、一五年の刑の判決を受けた。

ジャック犯たちとは一線を画する存在となった。一九七二年の終わりには、その年のハイジャック犯のほぼ全員が死ぬか、刑務所に入っていた。同年一二月に発行された「ライフ」誌の毎年恒例の特別号「写真で振り返る今年」には、空賊罪により有罪判決を受けた十数人の悪党たちの写真がずらりと掲載されている。各写真には、禁固二〇年、三〇年、四〇年、四五年、仮釈放のない終身刑といった厳しい判決内容が添えられている。ホルダーとカーコウはその失敗者のカタログには載っていない。

しかし、彼らの物語はけっして逃亡に成功した時点で終わったわけではない。その後の年月に、彼らは革命家と親しくなり、国際地下組織の中に姿を消し、彼らを偶像視する貴族や映画スターと交わった。けれども、必然的にその名声が色褪せ始め、二人の愛が冷めたとき、彼らは大半のアメリカ人が夢見る自己再生には本質的に哀しみが伴うことを思い知らされるのだった。

第二章
クースベイ

キャシー（キャスリン）・カーコウが長いブラウンの髪にシャンプーをなじませていると、間の悪いことに誰かが玄関ドアをノックした。一九七二年一月のその日の午後には誰も来る予定はなかったが、気立てのいいカーコウには訪問者を無視することなどできない。キモノ式のバスローブをほっそりした体に巻きつけ、石鹸混じりの水滴をポタポタ落としながら大急ぎで玄関に向かった。

ドアを開けると、もみあげをきちんと整えた、短髪の、並はずれて背の高い、やせぎすの黒人男性がいた。鼈甲《べっこう》フレームのサングラスが眠そうな目をサンディエゴの真昼の日差しから守っている。男は目の前の美しい光景に思わずにっこりした。肌もあらわな二〇歳の女性が、胸の谷間に水滴をしたたり落としている。カーコウは自分のあふれんばかりの魅力がいつもどおり相手に魔法をかけているのを知って、媚びた笑みを返した。

男はベス・ニューハウスという名の知り合いの若い女性を訪ねてきたのだが、この部屋で間違いないかと訊いた。カーコウは、ルームメイトのベスはたぶん近所のドラッグストアで買い物でもしていると思うと答えた。男はさよならも言わずに立ち去った。カーコウは戸口に立って、彼が黄色いポンティアック・ファイヤーバードで疾風のごとく去っていくのを見送った。車がマレー・ストリートのカーブに消えたとき、心の中で言っていた――どこかで見たことのある人だわ。

二〇分後、男がニューハウスといっしょに戻ってきた。先ほどの失礼を詫び、ロジャー・ホルダーだと自己紹介した。かつてニューハウスがオーシャンビーチ近くに住んでいたとき、彼女の部屋の下の部屋に住んでいたのだそうだ。それが最近、サンディエゴの赤線地区である第四アヴェニューに近いブロードウェイの飲み屋街でばったり会い、郊外のエルカホンにある今の住所を教えてもらったのだとか。そして、その日の午後、時間つぶしに彼女を訪ねてみようという気になったのだそうだ。

ニューハウスのほうはホルダーとの再会をそれほどよろこんではいなかった。彼女は彼のことをいつも薄気味悪く感じていた。昨年初めて会ったときに、彼がリントン・チャールズ・ホワイトという別の名を使っていたのも気に入らない。住所を教えたのも、うまく丸めこまれて言わされたからで、今はその招かれざる客になんとか穏便にお引き取り願おうと必死だった。そこで、もうじき恋人がやって来ることになっているが、この彼がすごく嫉妬深い男なので、すぐに帰ってくれないと大変なことになると言った。

ところが、カーコウのほうはまだ、少なくともなぜ彼の顔にはっきり見覚えがあるのかがわかるまでは、ホルダーに去ってほしくなかった。少しでも引き止めようと、みんなでちょっとマリファナタバコでもやらないかと誘った。カーコウとニューハウスはともにマリファナの末端売人だったので、その刺激的な香りの草の蓄えは十分にあった。ホルダーは二つ返事でオーケーした。

マリファナタバコを三人で回し飲みしながら、カーコウとホルダーは何か言いたげに、互いに色目を交わし合った。二人ともカーコウの所有する唯一の家具であるクイーンサイズのウォーターベッドに寝転がりたくてウズウズしていたのだが、それは状況が許さない。代わりに彼は立ち去る前に、お礼に次の土曜に朝食でもごちそうできないかと彼女たちを誘った。ニューハウスは断ったが、カーコウはそのモーニングデートを受け入れた。

二日後、ホルダーはファイヤーバードで彼女を拾って、ユニヴァーシティ・アヴェニュー沿いにある小さなレストランに連れて行った。コーヒーに砂糖を入れながら、ホルダーは告白した——以前、確かにどこかでカーコウに会ったのだが、どこだったのかがどうしても思い出せなくて、ずっとイライラしっぱなしなのだと。彼には彼女と出会ったのは今回が初めてではないという奇妙な確信があった。だが、どんなに思い出そうとしても、前回の出会いの記憶はするりと逃げていった。

カーコウもまた、アパートの玄関でホルダーを見た瞬間に、どこかで見た顔だという強い感覚に襲われたと打ち明けた。だが、そんなことがありえるだろうか？　彼女はサンディエゴに来てまだ五カ月だ。そんなに短い期間に彼のような記憶に残る顔を忘れるはずがない。それ以前は生まれてからほぼずっと、クースベイというオレゴン州の南岸にある木材産業の町にいたのだ。そんな辺鄙な場所をホルダーが通りかかったことなど、あるわけがない。

ホルダーはコーヒーを置いてボックス席の背にもたれた。顎と口をこすりながら考えこみ、心をなだめてくれるポールモールの煙で肺を満たした。

クースベイ。ああ、クースベイなら知っている、と彼は言った。よーく知っていると。

一九五一年一〇月にキャスリン・マリー・カーコウが生まれたころ、クースベイは目覚ましい戦後好景気の真只中にあった。景色のいい湖が点在する深い森に覆われた半島にあるその町はまた、世界最大級の大型船舶でも停泊できる深い港にも恵まれていた。そこからは木材運搬船が、オレゴン州の高価なモミやスギの木材を数百万本単位で運び出していた。海辺の巨大な製材工場から醸し出される切りたての木の芳香で町はすっぽりと覆われ、海沿いの道路は地響きを立てて工場から出入りする伐材トラックの終わりの見えない列で渋滞していた。

木材産業はクースベイの有力な数家族に巨万の富をもたらしていた。彼らは港やその彼方の青々とした丘を見渡す、シャンデリアのある館に住んでいた。製材業者、小売商、公務員などといった町の中産階級もまた、利益の浸透効果により潤っていた。自分たちの成功に感謝する人々は毎週日曜には教会の信者席を埋め、勤勉の美徳と罪業についての説教に耳を傾けた。彼らの子供はボーイスカウトやキャンプファイヤーガールに所属し、小遣いを町の目玉施設であるアールデコ調のエジプシャン・シアターで上映される二本立てに使っていた。

新婚のブルースとパトリシア・カーコウ夫妻も、第一子となるキャシーが生まれたときには、そんな快適な未来への軌道に乗っていると見えた。その後も着実に家族を増やし、キャシーが六歳になるころには三人の弟が生まれていた。ブルースは子供たちを深く愛していたが、同時に父親に要求される責任に怒りを覚えていた。浚渫《しゅんせつ》会社の運転手をしながらも、彼にはジャズのオルガン奏者として身を立てたいという切望があった。だが、大家族をかかえてクースベイにはまりこんでいる限り、そのようなまっとうでないキャリアへの道を切り開くのは、とうてい不可能だった。子供が生まれるたびに夢はますます遠ざかり、彼はしだいに気難しくなっていった。クースベイの中心的な社交場だったキワニスクラブ〔地域の奉仕活動を目的とする全国的組織〕の集まりや教会主催の持ち寄りパーティでは、カーコウ夫妻の結婚生活は破綻寸前だとの噂が渦巻いていた。

しかしながら、一九五九年の夏には、クースベイのゴシップ屋たちはカーコウ夫妻の不仲説などよりはるかに刺激的な噂に興じ始めた。その一年前に、海軍がソ連の潜水艦の太平洋内活動を追跡するために、湾を見下ろす断崖クースヘッドに水中音波監視施設を開設していた。そして一年後、施設は新しいコック長を雇い入れた。台湾海峡での任務から帰還したばかりの、海軍に一五年所属した退役軍人だ。おまけに、クースベイのどちらかというと偏狭な住民が恐怖で震え上がったことに、このコックは黒人だった。その名をスィーヴネス・ホルダーといった。

ノースカロライナ州出身で、ゴスペルの作詞を趣味とするスィーヴネスは、一九四四年六月のノルマンディ上陸作戦の少し前に海軍に入隊した。沖縄侵攻の間はビール駆逐艦上で勤務し、それから原子爆弾「ファットマン」により破壊されつくした直後の長崎に入港した。この歴史的な冒険が、彼に生涯海軍軍人として勤めることを決意させた。ヴァージニア州ノーフォークに駐留中の一九四九年六月一四日に次男のウィリー・ロジャー・ホルダーが誕生した。誇り高き愛国主義者のスィーヴネスは、その日が国旗制定記念日であることを好んで話した。

一九五〇年代半ばに、子育て真最中のホルダー家は、ヴァージニアから国の最重要海軍基地の一つがあるカリフォルニア州アラメダに引っ越した。そこでは西太平洋をパトロールする駆逐艦ロジャーズ上の任務により、スィーヴネスは数カ月も続いて家を空けることがあった。これは幼い子供を四人もかかえた妻のマリーに大変な忍耐を強いたので、彼は毎晩帰宅できる仕事への配置換えを望んでいた。したがってクースヘッドの仕事に空きができたとき、そのチャンスは天からの恩恵に思えたのだった。

一九五九年八月、ホルダー一家はフォードのクラウン・ヴィクトリアに乗りこみ、南西オレゴンでの新生活に心躍らせながら、ハイウェイ一〇一号線を北上した。運転中もスィーヴネスは上機嫌で子供たちのために狩りや釣りを計画していることなどをしゃべりまくった。一〇歳のロジャーは、何よりも父親が四寝室の家を借りてくれたことがうれしく、ワクワクしていた。アラメダの狭苦しいバンガローからは、かなりのグレードアップだ。ついに自分だけの部屋がもてる。

ところが、スィーヴネスが家の鍵を受け取ろうと不動産屋に立ち寄ると、くだんの家はもう空いていないので、郵送されてきた前払い金は返金すると言われた。それが何を意味するのかをスィーヴネスは正確に知っていた。電話で彼と賃貸の契約をした仲介人は、ホルダー一家が黒人だということを知らなかったのだ。

ひとまず妻と子供たちをホテルの一部屋に押しこみ、ホルダーは大急ぎで落ちつき先を探した。何人かの家主にはあからさまな人種差別でもって拒否された。当時クースベイの黒人といえば、町で靴磨きスタンドを営む一家族のみだった。そして、多くの住民は町の人間の皮膚の色の平均がそれ以上黒くなることに断固反対していた。

ホルダー一家は最終的に半島の西側の、労働者が住むエンパイヤ地区にある家に落ちついた。トラクターを乗り回し葉巻を吸う変わり者の年増の女家主は、侵入者を追い払うのに必要になるかもしれないと言ってスィーヴネスにショットガンを手渡した。アドバイスの正しさはすぐに証明された。ホルダー一家が越してきて二晩目の午前二時、荒くれ者をぎっしり乗せた軽トラックが家の車寄せに入ってきた。不法侵入者たちは窓に向かって懐中電灯を振り回し、ドアに石を投げつけて「ニガーは帰れ！」と叫んだ。そのときから、そんな深夜の威嚇行為は日課となった。

一家に対するいやがらせは昼間にもあった。マリーがニューマーク・アヴェニューの食料品店に買い物に行くと、店の通路で主婦たちに顔につばを吐きかけられたり、その汚い手で野菜に触らないでといわんばかりに「シッシッ」という声で追い払われたりした。子供たちは勇気を出して近くの公園で遊ぶたびにあざけりの言葉を浴びせられた。一番上の一一歳になるスィーヴネス・ジュニアは護身のために小さな斧を持ち歩くようになった。

父親は家族みんなに、心の狭い者たちはすぐにそんな弱い者いじめにも飽きるだろうから、相手にするなと言い続けた。そうこうするうちに九月九日になり、秋学期が始まったので、ロジャーと弟のダニーはマディソン小学校に送り出された。翌日には早くも七歳のダニーが何人かの上級生に校庭の隅に追いつめられた。グループのリーダーに殴り倒され、うつ伏せになったところを一〇回以上足蹴りされた。ダニーの受けた暴力はひどく、運ばれた病院で医師たちが一時は睾丸を失うかもしれないと恐れたほどだった。

恐怖にすくみ上がったダニーは、最初のうち、いじめた子供の名前をどうしても言わなかった。

最終的には警察に誘導されて犯人の名を明かしたが、問題の少年が逮捕されることはなかった。だが、この暴行事件のニュースが広まり始めると、クースベイの進歩的な住民たちは、人種差別主義者の住民が行っている恐怖のキャンペーンに愕然としているという立場を表明した。マディソン小学校のPTAはこの問題を話し合うために緊急集会を開き、週刊地方紙は第一面に反省をうながす社説を掲載して一石を投じた。

どうしてこんなことが起きえたのか、そして何ができるのかを、今誰もが問いかけている。単なる校庭での子供同士の喧嘩だった可能性もなきにしもあらずだが、状況の分析を試みた人の多くがそれほど単純なものだったとは信じていない。暴行の凶暴さには、犯人の少年が尊敬する年長者や大人に植えつけられたような強い感情が表れている。子供というものは同年齢の他の子供に罰を与えるときには小さな暴君になりうる。だが、今回の事件はそれとは本質的に違うものだ。

親たちの大多数は団結してもうダニーを傷つけるようなことはさせないとスィーヴネスとマリーに約束し、もう一度彼をマディソン小学校に登校させてくれと懇願した。そしてバツの悪い思いをした警察は、人種差別的ないやがらせからホルダーの家族を守ると誓った。

しかし、和解の精神は長くは続かなかった。ダニーの受けた暴行に怒りの収まらないスィーヴネスは、家族の公民権の保護に失敗したとして、オレゴン州を相手に訴訟を起こした。スィーヴネスの上官たちはこの成り行きに気づくと、彼に訴えを取り下げてただちにアラメダの任務に戻るよう命じた。海軍はそれ以上、クースベイの住民を敵に回したくなかったのだ。

悲しみに打ちひしがれた両親が荷造りをしている間、スィーヴネス・ジュニアとロジャーの兄弟は、季節はずれの暖かい一〇月の一日をエンパイヤ湖のまわりの森を探索して過ごした。そこは人気のあるレクリエーションエリアだ。人目につかない岸辺にたどり着くと、少年と少女がいくつかの瓶を水に浸けていた。家族の受けた屈辱にはらわたの煮えくり返っているスィーヴネス・ジュニアは、かわいそうなダニーの仇討にあの子たちをボコボコにしてやろうぜとロジャーにささやいた。だが、ロジャーは乗らなかった。ただ彼らが瓶を使って何をしているのかを知りたかった。

兄弟は水辺に近寄っていった。ロジャーが見たところ、少女は八歳くらいで、男の子は弟らしかった。少女は顔色が悪く、体はか細く、耳が立っていて、大きすぎる眼鏡をかけていた。ロジャーは二人に何をしているのかと尋ねた。

「サンショウウオを捕まえてるの」少女が答えた。

ロジャーは少女が手にしている瓶の中の泥水を覗きこんで笑った。

「それサンショウウオじゃないよ。オタマジャクシだろ？　カエルの子だよ」

少女は瓶の中に手を突っこみ、ちっちゃな生き物の尻尾をつかんで引っ張り出した。そして、そのフリルのようなエラと生えかかっている手脚をロジャーがじっくり観察できるように、彼の目の前でぶらぶら振った。

「サンショウウオの赤ん坊かどうかくらい、見ればわかるわ」少女はぴしゃりと言った。ロジャーが何も言い返せないでいると、少女はにかっと笑った。明らかに議論に勝ったことをよろこんでいる。

少女の弟が姉の袖を引っ張った。ママとパパの待つピクニックエリアに戻りたがっている。

「次に会うときには、サンショウウオのこと、もっと勉強しといてね」瓶に真鍮の蓋をねじって閉めながら、にっこり笑って少女は言った。「バイバイ」

「サンショウウオに幸運を！」森の中に消えていくキャシー・カーコウと弟に向かってロジャー・ホルダーは叫んだ。少女は振り返らなかったが、ロジャーにはその声が届いたという確信があった。

四日後、ホルダー家のクラウン・ヴィクトリアはハイウェイ一〇一号線を南下していた。一家は三カ月もしないうちにオレゴン州から追い出されたのだった。

キャシー・カーコウが中学に上がると、彼女の両親の危うかった結婚生活はついに破綻した。ブルースはパトリシア一人に四人の子供の養育をすべて押しつけて、音楽のキャリアを追求するため、北のシアトルに行ってしまった。保守的なクースベイの社会にあっては別居すら小さなスキャンダルで、離婚にいたってはまだまだご法度だった。奔放な夢を追いかけて子供を捨てるのは最低最悪のろくでなしだけ、というのが人々の一致した見方だった。町中が結束して、誰からも愛されるパトリシアに味方した。彼女は生計を立てるため、南西オレゴン・コミュニティ・カレッジ（SWOCC）のフルタイムの秘書職に就いた。

勤務時間が長いせいで、パトリシアは家のことをキャシーの手伝いに頼るようになった。キャシー自身がまだほんの子供なのに、衣服の繕いから、オーブン料理の下ごしらえ、三人の弟たちに学校や教会に間に合うように服を着せることまでが期待された。近所の友達がサウス一〇番ストリートで、かけっこやトゥルース・オア・デア〔王様ゲームに似た遊び〕をして遊んでいるときも、しばしば二階にあるアパートの部屋から一歩も出ずに家事をしていなければならなかった。気立てのよい大人しい少女は、母親代わりの責任を負わされていることに不満を漏らすことも、父親が去ったことについて悲しみを口にすることもなかった。けれども、その穏やかな表面の下には隠された痛みがあった。

一九六五年にマーシュフィールド高校に入学したとき、キャシー・カーコウは思春期特有の難しい時期にあった。シャイでひょろっとした体型の彼女は、コーラス、ラテンクラブ、寝たきりの老人に食事を配るクリスチャンのグループなど、クースベイのお嬢様たちが楽しむ類の課外活動に身を投じた。成績はオールBだった。そのころ、町の大物弁護士の娘で、コーラスで同じくソプラノを担当するベス・ニューハウスと仲のいい友達になった。

高校生活が進むにつれ、カーコウはぎこちなさから脱皮し、才能あるアスリートに変身していった。彼女が選んだのは陸上だった。温暖な気候のおかげで年間を通してトレーニングができ、しかも、まわりの丘陵が若い脚を鍛えるのに最適なクースベイでは、伝統的に一番人気のスポーツだった。マイルレースで全米中高チャンピオンになった、大工の息子で負けず嫌いのスティーブ・プリフォンテーンを筆頭に、マーシュフィールド高校陸上チームは、一九六〇年代末には強豪だった。

カーコウは低学年ながら学校の代表チームに入り、八〇ヤードハードルでは校内新記録を出した。その功績のおかげで、友人でクラスメートでもあったプリフォンテーンとともに、マーシュフィールド高校の卒業アルバムでは特記載の栄誉にあずかっている。

カーコウはまた、低学年の間に男子のハートをつかむ術を発見し、それを最大限利用し始めた。天使のようなほほえみとしなやかな曲線美に恵まれ、一六歳になるころには、男子にとっては声をかけるのもためらわれるほどの高嶺の花に成長していた。そのうち、幼なじみでハンサムなデニス・クルンメルという野球のスター選手と付き合い始めた。二人は車でクースベイの人気スポットを回り、エジプシャン・シアターの前をゆっくり流して、デイリー・クイーンでハンバーガーにかぶりついた。

しかし、初めて体験する思春期の自由に酔いしれたカーコウは、長い間抑えこんでいた反抗的な気質を表し始めた。それは数年前に起きた家族崩壊のトラウマに根差していた。かつてはあんなに従順だった娘が母親と口論し、健全な高校生活から離れていく。陸上チームをやめ、クルンメルと別れ、二〇代前半のサーファーと付き合い始める。バステンドーフ・ビーチ沖の冷たい海で波に乗る彼を、いつも彼女は見守った。そこでは薄汚い格好をした連中がマリファナを吸い、オールナイトのクラブボイル〔茹でたカニを囲むパーティ〕でレーニア・ビールを飲んでいた。彼のウッドパネル付きステーションワゴンでクースベイの町をクルージングするとき、カーコウの引き締まった脚は助手席の窓から垂れ下がっていた。マーシュフィールド高校の男子生徒たちは、その車が通り過ぎるたびに、美人のキャシーが手の届かないところに行ってしまったことを悔しがり、ため息をつ

キャシー・カーコウ　マーシュフィールド高校 1969 年度卒業アルバムより

くのだった。

女の魅力という特権を楽しむことにかまけるあまり、カーコウは一度も自分の将来について真剣に考えなかった。したがって、一九六九年六月にマーシュフィールドの卒業証書を手にしたときも、次に何をするかについては漠然とした考えしかない状態だった。いなくなった父親のように、プロの歌手になりたいという非現実的な夢はあった。だが、一七歳の彼女の一番の願望は、かっこいいパーティに連れて行ってくれる、かっこいい男の子と付き合いたいという、ごくありきたりなものだった。

彼女の人生の続く二年間は、いくつかの短い恋愛と大人になるための中途半端な試みでぼんやりしている。一九六九年の夏をプラインヴィルの製材工場で働いたあとは、クースベイに戻ってSWOCCの海洋学のクラスに登録している。しかし、まるでやる気がなく、必要最低限の履修単位を納めるに留まった。また、単純作業の仕事にもいくつか就いたものの、いずれも短い期間で解雇されている。たとえば、薬局チェーンのレクソールは、サーファーの友人のためにアンフェタミン〔覚醒剤の一種〕を盗んだという理由でクビになった。同じく薬局チェーンのペイレスも、三週間ともたなかった。レジを任せるには怠慢すぎるとボスに判断されたからだ。最終的には遊ぶ金欲しさに休暇中にホームセンターで棚に商品を並べたり、春にエビを捕ったりといった季節労働をするだけの身にまで落ちぶれた。乏しい収入は万引きで補った。口紅やストッキングをバッグに突っこんで店から出るときに、店員に愛想よくうなずくのを楽しんだ。

こうしてクースベイであがきながら、カーコウはただのどこにでもいる目的のない女子学生ではない何者かになろうと、さまざまなアイデンティティを試していた。一九七〇年一〇月にはブラック・パンサー党の幹部を呼び物にしたシンポジウムに出席するため、二時間かけて北東にあるユージンまで行った。そこはクースベイの住民の多くに言わせれば現代のゴモラ〔聖書に出てくる堕落の市〕のような町だ。パンサーたちの急進的な政見に興味があったわけではなく、ただ彼らの服装や態度――黒のレザージャケット、アフロヘアにのせたベレー帽、体制の腐敗に対する痛烈な批判――にのぼせていただけだ。何よりも、パンサーはクースベイで恐れられ、罵られていた。どんなに表面的であろうとパンサーを支持することは、彼女を危険なほどかっこいい女にしてくれる。

数カ月後、彼女はSWOCCのキャンパスでかつての恋人クルンメルにばったり再会した。彼もそこの学生だった。空軍予備役将校訓練部隊の制服を着ている。学位を取得したあとにパイロットになりたいので入隊したばかりだと言う。

それを受けてカーコウは「あら、私はブラック・パンサーに入ったのよ」と思わず口走っていた。相手へのショックを最大にするために、党との関わりをはなはだしく誇張した。

「彼らの考えがちょっと変わっていることは知ってるわ。でも、私は支持するにいたったの」

クルンメルは彼女がまさに期待したとおり、打ちのめされていた。

一九七一年の夏の終わりに、マーシュフィールド高校のコーラスでいっしょだった仲良しのベス・ニューハウスから電話があった。ニューハウスもまた生来の反逆児で、高校を卒業するなり一〇歳年上のサーファーと結婚した。だが、夫のアルコール依存症のせいで結婚生活はあっという間に破綻し、姉のもとで心の傷を癒やそうとサンディエゴに移った。するとたちまち、その町の完璧な気候とにぎやかなパーティに魅了され、そこに滞在し続けて自由恋愛時代に若きバツイチであることの恩恵をたっぷり享受することにしたのだった。最初に住んだのはオーシャンビーチに近いアパートだった。麻薬や自然食品の店が軒を並べるヒッピー居住区で、浜辺ではよくロックバンドが即興でショーをしていた。家賃が払えなくなると、市の東端に位置するエルカホンに安い部屋を見つけ、ルームメイトを受け入れた。

だが、そのルームメイトが何の前触れもなく出て行ってしまったので、翌月の家賃の支払日までになんとか代わりの人間を探そうと躍起になっていた。彼女から寝室が一つ空いていると聞かされたカーコウは、クースベイでの行き詰まった生活から逃げ出すチャンスに飛びついた。ＳＷＯＣＣを中退し、フォルクスワーゲンのビートルに荷物を積みこみ、南カリフォルニアを目指した。

サンディエゴはカーコウにとって、まるで天啓だった。そこは陽光あふれる日々と気軽なセックスのパラダイスだった。世の中から隔絶されたクースベイの若い女の目には最高にエキゾチックに映る男たちと、次々デートをした。メキシコ人のバイカー、脂ぎったロッカー、ラホーラでヨット遊びをする褐色に日焼けした金持ちのお坊ちゃま。サンディエゴの独身男のメニューからいろいろ試食するうちに、彼女は黒人男性に特に魅かれることを発見した。自分でも理由はわからないが、とにかく彼らのことを「やたら魅力的」に感じるとニューハウスに告白している。母親に電話するのは大好きで、折にふれおしゃべりを楽しんだが、この男性に対する嗜好についてはけっして打ち明けなかった。母親がショックを受けるのではと心配したからだ。

カーコウはサンディエゴで生活費を稼ぐためにしている、いかがわしい仕事についても内緒にしていた。それは荒廃したヒルクレスト地区のフォース・アヴェニューにある「インターナショナル・マッサージ・パーラー」での仕事だった。クースベイにいるには世慣れしすぎていると自負していた彼女だが、サンディエゴの水準からいえば、あきれるほど世間知らずだった。そこで働き始めたとき、自分に求められているのはただ客の筋肉のこりを揉みほぐすことだけだと心から信じていた。最初の客が裸でひょいと仰向けになって性的なサービスをほのめかしたとき、カーコウはおぞましさにぞっとした。だが、その後も同様のいやらしい注文が相次ぐと、そもそもなぜ経験がまったくないことをマネージャーが問題にしなかったのかがわかった。結局、よくないこととは知りながら、チップ欲しさに、心はもっと快いことに遊ばせながら、こすったり引っ張ったりして客たちの欲求を満たしてやった。

母親には医院の受付をしていると言った。

一九七一年のクリスマス直後に、サンディエゴで手広く風俗事業を展開しているケチな悪党が、自分のところで働いてくれと誘いをかけてきた。繁華街にあるストリップクラブでの仕事で、客はトップレスのダンサーの体にタッチすることは禁じられている。だが、カーコウはマッサージ嬢のままでいることを選択し、その男の経営するサンディエゴ郊外のスプリングバレーにある高級マッサージパーラーに移った。さらにニューハウスとともに、ファースト・エディという名前しか知らないチンピラからマリファナを少量買い求めて売りさばくサイドビジネスにも手を染めていた。

一九七二年一月にロジャー・ホルダーが玄関ドアをノックしたとき、カーコウはこの薄汚い世界で漂流していたのだ。ホルダーもまた、一三年ほど前のエンパイヤ湖での短い邂逅以来、正道を踏みはずしていた。しかし、彼の問題はとても彼女の想像がおよばないほど残虐な体験によって生じた、はるかに根深いものだった。

一九五九年の秋に家族とともにアラメダに戻ったロジャー・ホルダーは、もはやその年の八月にオレゴンに向かったときと同じ少年ではなかった。クースベイからの放逐は彼に傷跡を残していた。かつては父親同様に敬虔なクリスチャンだったが、今ではどこの神が彼の家族のささやかな夢を粉々にしてもいいと考えたりするだろうかと自問する。そんな憂鬱を、電車や飛行機やヘリコプターの複雑な模型を作るという孤独な趣味でまぎらした。そのオタクな趣味は、ヴァージニアで父といっしょに海軍の造船技師たちが航空母艦の船梁《せんりょう》を溶接するのを見守ったときの、幸せなひとときをよみがえらせてくれた。

たまに勇気を奮い起こして外に出ると、同年代の子供たちからの執拗なあざけりに直面した。海軍がアラメダに建築中の新しい住宅団地が完成するまで、家族はオークランドに隣接した圧倒的に黒人の多い地区に住むことになった。そこの少年たちはロジャーを無情にも皮肉な理由でからかった。彼らはロジャーの振る舞いが白人っぽすぎると思ったのだ。彼の模型を、彼の話し方を、彼のスケートボードを——つまり、ベイエリアの白人居住区の住民に好まれる感じのものなら何でも——からかった。この偏見に頭が混乱すると同時に深く傷ついたホルダーは、ますます自分だけの世界にひきこもるようになった。

ところが、一九六四年にエンシナル高校に入ると、あらゆる人種の女生徒たちが彼の変人ぶりに魅了された。巧みにクールな哀愁を漂わせた手脚の長いティーンエイジャーは、ちょうどビートルズのポスターを自室の壁に貼り始めた女の子たちをとりこにした。ナンパの手口をマスターすることで、彼はさらに彼女たちの好奇心につけこんだ。そのうち、彼はオークランドの丘陵地帯にあるミルズ・カレッジという女子大学の生徒が出入りするコーヒーハウスにスケートボードで乗りつけ始めた。かわいい英文学専攻の学生を次から次へとレオナ・ハイツ公園に連れこみ、彼女たちの作った感傷的な詩を味わうふりをしたのちに、みだらな気晴らしに取りかかった。

ホルダーは軽率な恋人で、その弱点は予想どおりの結果を生んだ。一九六六年夏に、恋人の一人だったエンシナル高校二年、一六歳のベティ・ブロックが妊娠した。しかも、お腹の子は双子だった。同年一一月、彼は子供の養育費を稼ぐために一一学年で高校を中退し、家業を継ぐべく米軍に入隊した。まだ一七歳になったばかりだったので、年齢は偽った。彼が基礎訓練中の翌年二月に、ブロックは双子のテリーザとトリッタを生んだ。

高校の卒業証書こそなかったが、ホルダーは非常に優秀で、陸軍が新兵の配置決定に使用する入隊資格テストでは高得点を取った。一九六七年三月、戦車戦の研修を受けるため、第一一装甲騎兵連隊の基地である西ドイツのバート・ヘルスフェルトに送られた。同年一〇月には、必然的にベトナムの第一一装甲騎兵連隊の派遣部隊に加われとの辞令が下った。東南アジアに向かう途中、カリフォルニアに立ち寄ってブロックと結婚し、幼い二人の娘に別れを告げた。

ベトナムに到着すると、第一一連隊はベトコンであふれるサイゴン北西部のロンカン制圧を目指す長い作戦行動の真只中だった。連日、ゲリラはその地方の泥道を車で移動して待ち伏せ、ロケット弾で獲物を叩きのめしてはジャングルの中に散っていた。ブラックホース連隊という名で知られる第一一装甲騎兵連隊の主要任務は、神出鬼没の敵を探して、装甲車でロンカンの鬱蒼《うっそう》としたジャングルを切り開いていくことだった。

ブラックホース連隊の頼みの綱は、進路のあらゆる植物を一掃させる、台形をした重量一二トンのM113装甲兵員輸送車だ。ホルダーはその一台に搭乗し、M60重機関銃の操作を受け持った。それは「ろくでなしを見つけて積み上げろ」という、隊の非公式モットーがステンシルされた装甲板で遮蔽されていた。密林の奥深くで、ホルダーを含む兵士たちは、地下壕に続く巧妙に隠されたハッチや、手榴弾を隠している不自然なくらいきちんと積み重なった葉などといった、ベトコンの行動の痕跡を発見しようとした。しかし、しばしば三メートルにも満たないほど悪い視界の中では、敵の存在に初めて感づくきっかけが、ＡＫ47から浴びせられる弾丸の雨だったりした。

ホルダーはこの命がけの索敵殲滅《さくてきせんめつ》任務にしだいに夢中になっていった。戦闘によるアドレナリンの大量分泌や、ベトコンの猛襲を生き延びたあとにジャングルに向かって何百発と無差別に放つ七・六二ミリ弾の一斉射撃を楽しんだ。かつて自室の薄暗い明かりの下で電車の模型作りに夢中になったときのように、Ｍ１１３の機械システムをいじくり回すのも好きだった。仲間たちが「プレイボーイ」誌のモデルの形をした手作りカレンダーで自由になる日を指折り数えて待ち焦がれていたのとは対照的に、ホルダーはできるだけ長くベトナムにいたがった。

だが、いくら戦闘を愛していようと、戦争の心理的代償はまぬがれない。ベトコンは被害妄想を煽る名人で、彼らがジャングル中に巧妙に仕掛けた地雷のせいで、アメリカ兵は一歩を踏み出すごとに不安に駆られていた。ソーダの缶や茶碗のようなごくありふれた物にも、人を殺すのに十分な爆発物が仕掛けられている可能性があった。ベトナムでのアメリカ兵の死因の一一パーセントがこのような手製爆弾によるものだった。さらに、夜な夜な繰り返されるベトコンの迫撃砲攻撃は、兵士たちがこの上なく必要としている睡眠を奪い、すでにすり切れていた神経をさらにこっぴどく痛めつけた。したがって、一九六七年も終わりに近づき、ブラックホース連隊がカンボジア国境を目指して進軍していくころには、ホルダーは抗しがたい不安の発作に苦しみ始めていた。彼は農夫から一本一〇セントで買った大量のマリファナタバコで自己流の治療をした。麻薬は、密林への次の襲撃が自分の最期になるのではないかという恐怖さえ麻痺させてくれた。

一九六八年一月一四日、ホルダーは明け方に火でもついたような高熱で目が覚めた。たちの悪いマラリアに罹っていた。だが、治療をしている暇はない。ベトコンによるテト攻勢の最も激しい時期にあり、彼の部隊はロクニン付近のゴム園で敵兵を一掃せよとの指令を受けていた。ホルダーはマリファナタバコを立て続けに吸い――彼が「勝者の朝食」と名付けた儀式だ――、M113に飛び乗った。

ホルダーが仲間と危険を冒して泥道を進んでいくと、崩壊しかかった仏教墓所に突き当たった。墓場のまわりの茂みに地雷が埋めこまれているのではないかと恐れた操縦士は、M113を高い草の茂みにバックさせた。車両の後退と同時に、マリファナとマラリアでハイになったホルダーは、弾が飛んでこないかチェックするために頭をぐるりと回した。

そのときだった。鼓膜が破れ、世界が真っ白になった。気づくとシャツもヘルメットも飛ばされ、道の真ん中に横たわっていた。よろめきながら本能的にM113のほうに戻ると、車両は地雷でねじ曲げられた鋼鉄の山になっていた。仲間の兵士の一人は爆発できれいに真っ二つに引き裂かれていた。別の兵士は右耳の後ろから脳の塊が漏れ出ていた。

ヘリコプターのウィーンという音が聞こえたので空を見上げた。その瞬間に仰向けに倒れ、意識を失った。あやうく脊柱が折れるところだった。彼は次の六週間をサイゴンに近い病院で過ごすことになった。そこで背骨は治ったものの、心の傷は癒えなかった。爆発直後の場面を頭から追い払うことも、犠牲者に対する自責の念を振り払うこともできなかった。

連隊に戻ったホルダーをさらなる悲劇が襲う。五月一九日、ブラックホース連隊で一番親しかった友達で、電車の模型作りという共通の趣味を持っていたロサンゼルス出身のスタンリー・シュレーダーという名の二等兵を失った。一八歳のシュレーダーは仕掛け爆弾に両腕を吹き飛ばされ、爆弾で焼け焦げた低木の茂みの中に放置されたまま、出血多量で命を落としたのだ。彼の死はホルダーの心に重くのしかかった。シュレーダーはブラックホース連隊の兵士の中で、ホルダーの特異な性格を最もよく理解してくれた。だが、ホルダーは嘆き悲しんだりはしない。人前で涙を見せることは弱さの表れだと見なされかねない。代わりに、戦士らしい平静さの陰に感情を押し隠した。レイバンの黒サングラスと無線機能を装備したクラッシュヘルメットできめ、すり切れたカーキ色のシャツの前ボタンをはずしてたくましい体をあらわにした彼の威厳ある姿は、M113の砲台で人目を引いた。

一年間の任務が一九六八年一〇月に終了すると、ためらうことなく、もう六カ月のベトナム勤務に登録した。陸軍はその褒賞として、妻と双子の娘に会うためのカリフォルニアへの一時帰国を許可した。アラメダ帰着後二日目の夜に、酔っぱらったホルダーは妻が待ってくれているものと思って、よろよろと家に入っていった。すると、妻は彼の高校時代のクラスメートとベッドをともにしていた。ホルダーは男をコテンパンにぶちのめした。まもなく妻が数えきれないくらい多くの男と、聞くところによると金を受け取って寝ていたと知ることになった。この発見にいたく傷ついたホルダーは、両親から双子の養育を引き受けるという約束を取りつけた上で一時帰国を切り上げ、戦地に舞い戻った。結婚が終わったことはわかっていたが、金の結婚指輪ははずさなかった。戦友たちに妻の裏切りを感づかれたくなかったからだ。

戻ったベトナムでは四等特技兵に昇進し、次の任務の選択を許された。彼はブラックホース連隊を見捨て、陸軍で最も華やかで最もきつい任務を選んだ。それは、サイゴンの少し東にあるビエンホア空軍基地に駐屯中の第68攻撃ヘリコプター中隊（68ＡＨＣ）のヘリで飛ぶことだった。「トップ・タイガース」というニックネームの68ＡＨＣは、南ベトナムの部隊を最も危険な激戦地に空輸することを任務としていた。ＡＨＣの単発ヒューイ・ヘリコプターはオープンスペースに降りて一度につき十数人の兵士を吐き出し、それからベトコンの火を噴く銃からヒューッと飛び出すロケット弾をかわす。クルーチーフとしてのホルダーの役割は、ドアに吊るされた搭載型M60機関銃による攻撃と、飛行中の機体の維持にあった。ロンカンのジャングルでの体験と違い、今、彼にはターゲットがはっきり見えた。それは、トップ・タイガースの翼のブンブンという音を聞きつけてエレファントグラスの間をちりぢりに逃げる男たちだ。ホルダーは律儀に敵をなぎ倒していった。彼の銃弾が的を見つけるたびに、男たちの頭が真っ赤なふにゃふにゃの塊に変形した。

ビエンホア空軍基地でくつろぐロジャー・ホルダー　1969年

　しかし、地上から空中への配置転換も高まる恐怖心をなだめはしなかった。それをマリファナの量を際限なく増やすことでなんとか抑えこもうとした。彼の言動はトップ・タイガースの同僚を当惑させるほど常軌を逸してきた。たとえば、彼が人種に関係なく誰彼かまわず「ニガー」と呼ぶことをまわりは奇異に感じた。さらに、セクシーなホステスの情を買うためであれ、カーリングの黒ラベルをガブ飲みするためであれ、彼がけっしてパラダイス・バーに足を踏み入れないことも不思議だった。彼は非番の時間をビエンホアの兵舎でジャズを聴いたりジェームズ・ボールドウィンやフランツ・ファノンの作品を読んだりして過ごすほうを好んだ。

だが、トップ・タイガースは彼の一風変わったところは容認していた。なぜなら、彼が毎朝五時には起きてヒューイ・ヘリを戦闘用に整備し、戦場では砲火を浴びても冷静でいられるきわめて優秀なクルーチーフだったからだ。さらに六カ月の外地任務を再契約した一九六九年四月には、彼はそれまでの功績により、第一二〇攻撃ヘリコプター中隊のガンシップ小隊、いわゆる「レイザーバックス」に配置転換された。レイザーバックスはサイゴンの樹木に覆われた境界付近の確保が仕事で、しばしば真夜中に軍事行動を行い、高輝度のサーチライトで敵の潜入者を狩り出した。レイザーバックスのヒューイ・ヘリが殺戮したベトコンのおびただしい数を考えれば、その「死は我々のビジネスだ。それはうまくいっている」というモットーは実に的を射ていた。

レイザーバックスへの加入はホルダーにとってキャリアアップのこの上ない機会であり、自身の勇気を軍の花形部隊で証明できるチャンスだった。だが、そこでの任務を始めるやいなや、一九歳の彼は内なる悪魔を寄せつけないでいる能力を急速に失ってしまった。結婚の崩壊、娘たちから遠く離れていること、死と隣り合わせだったロクニンの記憶、仲間たちからの孤立――こういったすべての苦悩が積み重なって、彼の壊れやすい心を徐々に破壊していった。

ホルダーはまた、軍の大物たちを憎悪し始めた。一九六九年八月、南ベトナムの諜報部員を北のスパイではないかと疑って殺した八人のグリーンベレーが逮捕された。ホルダーはこの最も献身的な陸軍特殊部隊員たちに軍が攻撃の矛先を向けたことに激怒した。戦争が卑劣な仕事であることに、司令官たちは気づいていなかったとでも言うのだろうか？　同じように、サイゴンから外にはめったに足を踏み出そうとしないのに、ベトコンが怖がって逃げ惑っていたなどと自慢げに吹聴する軍の大物たちに対しても、怒りではらわたが煮えくり返った。そして、なぜ自分はあんなに自惚れの強い冷淡な男たちのためにベトナムの青少年を殺しているのだろうと自問し始めた。

ホルダーの激しい憤りは、自身が命取りとなる大変な間違いを犯したのちに頂点に達した。三度目の外地勤務もあと数週間で終わる九月末のある日のこと、彼はマリファナを買いに車でサイゴンに入った。巻きタバコ状になっているものを無事一箱手に入れると、愚かしくも、基地に戻る前に道路脇で一本吸うことにした。彼がそうと気づかず足を踏み入れていたのは、少し前に米兵の立ち入り禁止区域に指定された地区で、違反者を見つけようと道路には憲兵がうじゃうじゃいた。

マリファナタバコに火をつけるやいなや、車のそばにやって来た憲兵に逮捕された。タンソンニュート空軍基地まで拘引され、そこでホルダーは自らに課せられる処罰を知って驚愕した——軍刑務所に六カ月、さらに二等兵への降格。

彼にとって不運だったのは、彼の逮捕がマリファナ騒動の真只中に起きたことだった。ちょうどそのころ、本国では政治家たちが「ドラッグにより戦力がそがれている」という新しい調査結果に危機感をつのらせていた。「米国医師会会報」に掲載されたある調査結果では、アメリカ兵がマリファナの使用により、簡単に仲間を殺したり地雷敷設区域にさまよいこんだりしかねない異常な精神状態を経験していると警告されていた。コネチカット州のトーマス・J・ドッド上院議員はこれを引き合いに出して、アメリカ兵がベトナム人の村民数百人を殺戮した一九六八年三月のソンミ村虐殺はマリファナの乱用により引き起こされたと主張した。彼は国防総省に「ベトナムにいる我が国の兵士が突如として残忍な突撃隊員になったのか、もしくはこちらのほうが可能性は高いと考えるが、兵士の一部が、すでにアメリカ社会の骨組みをバラバラに引き裂いている麻薬問題の犠牲者になっているのか、その答えを国民に報告するため」議会聴聞会を開く予定であると通告した。

この政治的プレッシャーに、軍はドラッグに対する宣戦布告で応じた。国防総省のある役人はそれを「久々に人気のある戦争」だと皮肉った。沖縄から連れて来られた麻薬探知犬が兵士たちの小型トランクを嗅ぎ回り、疑わしい農場には除草剤がまかれ、逮捕された者にはそれまでどんなに忠実な兵士であっても法的な情状酌量はほとんど認められなかった。ベトナムでの一年一一カ月の任務の間に従軍星章を六度も獲得していたホルダーも、麻薬所持の罪により軍法会議にかけられ、可能な限り最も厳しい判決を受けた。

彼が送られたのは、過密状態と人種間の緊張した雰囲気の両方で悪名高いロンビン軍事刑務所（LBJ）だった。もともとの収容人数は三五〇人のところ、一九六九年末には受刑者は千人以上に膨れ上がっていた。その九〇パーセント以上が黒人だったため、彼らの多くが自分たちは肌の色ゆえに投獄されたと訴えていた（「白人はわざわざ出て行って東洋人の赤ん坊を一三人殺しても罪に問われない。なのに、おれたち黒人はたった一日靴を磨いていないだけで九カ月の刑だ」とは、ある元LBJ受刑者がUPI通信社の記者に語った言葉だ）。対照的に看守は図ったように白人ばかりで、これが受刑者たちの不公平感を増幅させていた。ホルダーが刑期を始める前年には二日間にわたって暴動が起き、施設は破壊寸前まで行った。六三人の看守が負傷し、受刑者の一人はシャベルで叩き殺された。

ホルダーはLBJでそのような暴力行為こそ経験しなかったが、刑務所のかたよった人種構成は「どんな功績も人種には勝てない」というクースベイで学んだ厳しい教訓を思い出させた。

それでもホルダーはまだ軍隊勤務に見切りをつける気持ちにはなっていなかった。二九日間の服役後にLBJからの早期出所を許されるやいなや、ベトナムでの四度目の勤務に申しこんだ。もはやレイザーバックスには歓迎されず、四〇〇マイル北のプーバイに送られ、「コマンチェロ」と呼ばれる第一〇一航空大隊の攻撃ヘリ隊に配属された。

だが、ホルダーはプーバイでは三カ月しかもたなかった。彼はもう一度外地勤務を引き受けさえすれば、麻薬所持罪に対する判決の一部である降格処分はまぬがれるものと思いこんでいた。ところが、下っ端もいいところの給与等級E2の階級にまで引き下げられたことを知ると、彼はそのような仕打ちを与えた張本人だとにらんだ隊長に食ってかかった。隊長はホルダーの不敬な長広舌に腹を立て、そのような振る舞いはその二〇歳のクルーチーフがベトナムに留まるには精神のタガがゆるみすぎている証拠であると判断した。彼はホルダーに即刻帰国し、六カ月の契約をテキサスのフォートフッド基地でまっとうするよう命じたのだった。

本国帰還の長い旅は一九七〇年一月三〇日に始まった。まず東京のはずれにある横田空軍基地まで飛び、そこでハワイ行きに乗り継ぐことになっていた。だが、ホルダーはその代わりにタクシーで東京の中心まで行き、とうてい支払えない高級ホテルにチェックインした。その夜は戦地での数年に思いを馳せながらウイスキーをらっぱ飲みし、東京のネオンの輝きを眺めて過ごした。自己憐憫、憤り、後悔、それらすべてがアルコール漬けの頭の中で煮えたぎった。

数日後、ついにフォートフッドに到着するなり、ホルダーは軍隊での日々が終わったことを実感した。ベトナムの凄まじいペースに慣れきった彼には、テキサスでエンジンを修理するという単調でつまらない仕事は耐えがたかった。それだけではない。あからさまに無礼な扱いをしてくれた組織に、それ以上、自分の貴重な人生を捧げる気にもならなかった。それで三週間後のある朝、彼は基地を出て行き、二度と戻らなかった。サンアントニオで結婚指輪を質に入れ、サンディエゴ行きの長距離バスの片道切符を買った。そこには少し前に両親が双子の娘とともに移り住んでいた。父と母には名誉除隊になったと言ったが、そのころ、軍は彼を脱走兵のリストに加えていた——もっとも、追跡するために人や時間を使う気はなかったが。

市民生活への復帰はホルダーにとって容易ではなかった。父がロサンゼルスの北にあるポート・ワイニミ海軍基地の厨房に職を見つけてくれたが、長くは続かなかった。ベトナムでヒューイ・ヘリを飛ばしたあとでは、最低賃金で玉ネギをきざむ仕事は屈辱的だった。そこを辞め、サンディエゴに戻り、偽の社会保障番号を使い、軍に追跡されないようリントン・チャールズ・ホワイトという偽名で運転免許証を取得した。その免許証を使って南カリフォルニア・ファースト・ナショナル銀行に当座預金の口座を開いた。おまけに銀行は黄色いポンティアック・ファイヤーバードを買うための金も貸してくれた。テープレコーダーの磁気ヘッドを製造するスピン・フィジックス社で働き始めたとき、彼はホワイトという男になりすましていた。

組み立ての流れ作業でワイヤをはんだ付けしていないときは、持てるエネルギーの大半を失われた時間を取り戻すべく女たちとの交際に注いだ。戦地にいた間に妻を寝取られたことに対する腹いせに、彼は今なおベトナムで兵役に就いている男たちの妻を誘惑した。そんな女たちはたいてい、ポイント・ロマ近くのバーで、物憂げにダイキリをちびちびやっていた。彼女たちの淋しさを理解していると信じこませ、甘い言葉で返す気のない金を騙し取ることに長けていった。女にたかることはうしろめたかったが、やめはしなかった。

ホルダーはそんなものよりはるかに強烈な罪悪感と折り合いをつけなければならなかった。ベトナムで目撃した大虐殺の光景が頭に焼きついて離れなかった。草の上に漏れ出ていくM113の仲間の脳みそや、銃弾を多数浴びて不自然な形にゆがんだベトコンの死体。そんな記憶を心から追い払おうとしてLSDをやってみる。気がつくと、ヒューイ・ヘリが踊っている幻覚に恍惚となった状態で、州間ハイウェイ五号線を何時間も行ったり来たりしていた。

一九七一年八月、スピン・フィジックス社から一時解雇された。新しい仕事を探す代わりに、リントトン・チャールズ・ホワイトの名で不渡り小切手を切って生計を立てることにした。彼がオーシャンビーチで若くてかわいい子たちにナンパの手腕を駆使しながらのんびりと過ごしていた四カ月の間に、計八八枚、一八〇一ドル分の小切手が不渡りになった。

一九七二年の年開けの三日前、ホルダーが娘たちに会おうと両親の家に車を走らせていると警察に停止させられた。八件の詐欺罪により、リントン・チャールズ・ホワイトに逮捕状が出ていた。拘留され、指紋を採られ、誓約保証金を支払って釈放されたが、三月の公判日に出廷するよう命じられた。審問では最悪の結果にしかなりえないことはわかっていた——偽名のもとに刑務所に送られるか、もしくは、本名を明かして軍に引き渡されるか。

トラブルだらけの人生の立て直し方を必死に求めたホルダーは、占星術の文献に没頭した。多数の書物や巻き物を大急ぎで読みまくった結果、彼が直面している災難は、実際、驚くべき運命が間近に迫っている前兆だと信じるにいたった。宇宙が彼を、今の状況からは想像もつかないほど重要な人物にするべく選んだのだ。

宇宙から与えられたその使命の果たし方を教えてくれるお告げを求めて、彼はまわりを見回した。それは生々しい夢から得られるイメージや、見知らぬ人の口から出た思慮深い言葉など、かすかなヒントという形に暗号化されているに違いないと思っていた。だが、宇宙はキャシー・カーコウを彼の人生に呼び戻すことで、ちょっとした悪戯をした——その英知をこっそり伝える代わりに、誰にも見逃しようがないほどはっきりしたお告げを彼に与えたのだ。ホルダーのオカルト的な論理によれば、運命がクースベイでサンショウウオを捕まえていた少女と彼を再会させた理由は一つしかありえなかった。二人はいっしょに特別なことをするよう運命づけられている——何か、とてつもないことを。

第三章

「もうアメリカ人でいたくないんだ」

一九六一年以前には、アメリカの領空では一件のハイジャックも起きていない。一方、世界の他の空域では、ほんの少数だが、ハイジャック事件が起きていて、共産圏からの亡命を目的とするものが典型だった。一九四九年にはＬＯＴポーランド航空機を一二人のポーランド人が乗っとってコペンハーゲンに飛ばさせ、そこで政治亡命者として受け入れられるという事件があった。その一年後には、チェコのエリート空軍部隊の兵士数人がプラハ行きの航空機を三機同時に乗っ取った。彼らは粛清の波に飲まれそうだという噂を聞きつけ、自国を逃げ出したのだ。西ベルリンのテンペルホフ空港に出迎えたアメリカ人高官は、彼らのことを、禁酒法時代にタブロイド紙がトラック強盗を描写するのに生み出した軽蔑的な「ハイジャック犯」という名前ではなく、慎重に「逃亡者」と呼んだ。❖

のちにアメリカ政府は同じ婉曲語法を、一九六〇年の一年間に航空機を乗っ取ってはフロリダに向かわせた多くのキューバ人に適用した。それはフィデル・カストロが親米独裁者フルヘンシオ・バティスタの政権を倒した翌年だった。乗っ取られた飛行機がマイアミやキーウエストに着くたびに、即刻アーウィン・ハリスという名の四角い顎をした広告会社役員が、キューバにはまだバティスタが依頼した観光キャンペーンの代金四二万九〇〇〇ドルの貸しがあると言って、航空機の所有権を主張した。どんな方法を使ってでもカストロをいらだたせたいアメリカは、これらのキューバ機のうち一一機を競売でハリスに売り払った。

当時、アメリカの航空機がハイジャックされるかもしれないという発想は突飛すぎて、まともに考えてみる価値すらなかった。冷戦下の難民の流れは、あくまで抑圧的なソビエト圏からオープンで繁栄している西側への一方通行であると信じられていた。一九六一年一月にアメリカ・キューバ間の行き来がほぼ禁止となったときでさえ、カストロの革命的な実験に加わりたいと願うアメリカ人が捨て鉢の手段を取るなどとは、誰も想像していなかった。

ましてアメリカ人が航空機を乗っ取ってキューバ以外の地に向かわせるかもしれないという考えは、なおさら馬鹿げていた。アメリカ国民はアメリカから飛べる距離にあるすべての国に自由に行けるのだ。ただチケットを買えばいいだけなのに、飛行機を乗っ取る理由がどこにあるだろう。たとえば北朝鮮などごく少数の遠い国がアメリカ人のハイジャック犯をよろこんでかくまうかもしれないが、そこに到達するのは想像を絶するほど大変で、何度も途中で着陸しなくてはならない。当時の最もパワフルな旅客機ボーイング707さえ、最大飛行距離は五四〇〇マイルだった。そして、アメリカ国内の空港に乗っ取り機を向かわせようとするほど愚かなアメリカ人ハイジャック犯はまずいない。機体がまだ停止もしないうちに、警察が機体を取り囲んでいるだろう。

一九五四年に、一つ突飛な事件があった。レイモンド・クーヘンマイスターという名の情緒障害のある一五歳の少年が、クリーブランド・ホプキンス空港で旅客機のハイジャックを試みた。身長二メートル、体重は一三五キロをゆうに超える巨人なみの体格が原因で仲間はずれにされていた彼は、アメリカン航空DC6に忍びこみ、拳銃をパイロットに向け、「メキシコに飛べ。さもなければ撃つ」という実に明快な要求をした。この最後通告に対し、パイロットはフライトバッグに手をのばして自身のコルト38を取り出し、この巨体のティーンエイジャーを射殺した。◆ だが、この事件はほとんど注目されなかったので、議会は連邦政府に航空業界を規制する権限を与える「一九五八年連邦航空法」を通過させたときに、あえてハイジャックを犯罪に認定しようとしなかった。したがって、アメリカの航空機を乗っ取ることは、少なくとも法の条文上では完全に合法だったのだ。

この法律上の脱落は一九六一年五月一日に始まる三カ月間に起きたことを考えれば、まことに恥ずべき手抜かりであったといえるだろう。その日、アントゥーリオ・ラミレス・オーティスという名のマイアミの電気工が、ナショナル航空コンベア440キーウエスト行きに搭乗した。離陸する

❖ 語源的には、「ハイジャックする」という動詞はギャングが貨物トラックを乗っ取るときに使った「Hold your hands high, Jack!（手を高く上げろ、ジャック！）」という命令に由来する。「ジャック」は男性に呼びかけるスラング。

◆ パイロットのウイリアム・ボンネルはこの事件により心に傷を負った。彼は少年の葬式代を支払おうとしたが、クリーブランド警察に止められた。ボンネルは以後、けっして銃を携帯せず、また、国中から届いた何百通もの賞賛の手紙や電報を最終的にはすべて燃やした。

やいなやコックピットに入り、ステーキ用ナイフをパイロットの喉に当てて、すぐにキューバの首都に向かうよう要求した。

「三〇分以内にハバナに着かなければ全員が死ぬことになる」

さらに彼は、一九三一年以来ドミニカ共和国の独裁者であるラファエル・トルヒーヨに、一〇万ドルでカストロの暗殺を依頼されたと主張した。彼はキューバの指導者に、カリブのライバル国の裏切りを警告しようとしていた。

喉に鋸状の刃を押しつけられたナショナル航空のパイロットは一直線にハバナに飛ぶしかなかった。最初は対空砲撃で機体を爆破すると脅したものの、困りきったキューバの管制塔は首都の南にある軍用基地へ着陸させた。兵士たちがラミレスと彼の重さ三八キロの受託手荷物を引きずり出したあと、乗客と乗員はチキン料理のランチを振る舞われ、それから九〇マイル北のキーウエストへの出発を許可された。アメリカのハイジャック第一号はフライトを到着予定時刻よりわずか三時間遅らせただけだった。

FBIはラミレスが海賊《エルピラータ》コフレシという偽名を使っていたことに注目し、これは自身を一九世紀のプエルトリコ人の海賊ロベルト・コフレシの生まれ変わりだと思いこんでいたしるしであり、妄想癖があったとして片付けた。FBIの広報担当者は、ハイジャックは「何の目的もない凶暴な奇人」の行為にすぎないので、まず二度と起きないだろうと説明した。

しかし、七月二四日、一九四〇年代末にアメリカに移住してマイアミでウエイターをしていたキューバ人の元警察官が同じような事件を引き起こした。取り乱した妻と二人の幼い子供を残し、彼はタンパ行きのイースタン機を乗っ取ってハバナに向かわせた。今回、カストロは乗っ取られてキーウエストに向かわされたキューバの海軍艦艇をアーウィン・ハリスが返さなければ、三五〇万ドルの機体を返却しない決断をした。この法外な策略は、アメリカの多くの政治家たちに、今回のハイジャックの黒幕はカストロ自身であり、これに対応する劇的な軍事行動が必要だと確信させた。「顎ひげにシラミをわかせているカストロのような小者にアメリカ合衆国に楯突くことを許したなら、誰も我々を尊敬しなくなるだろう」とオハイオ州下院議員のウェイン・ヘイズはハバナ空爆をうながす演説の中で吠え立てた（最終的に乗っ取り機と船の交換は行われた）。

イースタン航空がキューバに航路変更させられてから八日後、ブルース・ブリットという酔っぱらった油田労働者が、別居中の妻とよりを戻したいばかりに、カリフォルニア州チーコ発のパシフィック航空ＤＣ３を乗っ取り、アーカンソー州スマックオーバーに向かわせようとした。彼は機体がチーコ空港を飛び立つ前に数人の乗客に取り押さえられたが、その前にパシフィック航空の発券係と機長を撃ち、機長のほうはそのせいで失明した。ブリットの攻撃は、ハイジャック犯は脅しに使っている暴力を実際に行使することも辞さないことを証明した。

それから四八時間もしないうちに、レオン・ビアーデンという四一歳の仮釈放中の男とその息子で一六歳のコーディがフェニックスでコンチネンタル航空五四便に搭乗した。そのボーイング７０７はエルパソとサンアントニオを経由し、夜明け前にヒューストンに到着する予定だった。だが、弾丸をこめた拳銃二丁を機内持ちこみ手荷物にしのばせたビアーデン親子には、テキサスを自分たちの最終目的地にする気はさらさらなかった。

パニックに陥った女の悲鳴がレオナード・ギルマンを眠りから引きずり出した。この貧弱な体つきの四三歳の国境監視員は何年も空の旅をしてきたが、そんなにも切羽詰まった、耳をつんざく叫び声を聞いたことはなかった。いったい何事かと席を立とうとすると、ちょうど機内放送のスイッチが入った。

「ここにいる数人の男性が……志願者を出せと要求しています」震え声でスチュワーデスがアナウンスした。「みなさまの中から、兵士以外の四人の男性に、機体の前方まで……来ていただくことを要求しています。他の方たちは全員解放すると言っています。でも……四人の志願者が必要だとか」

ギルマンを含む四人の男性乗客がこの謎めいた人質要求にしたがい、コンチネンタル航空五四便の暗くした機内を抜けて、コックピットのそばのファーストクラスのバーに向かった。そこで彼らは乗っ取り犯と思われる人物を見て驚いた。髪の生え際が後退した神経質そうなやつれた顔の男と、不機嫌な十代の少年だ。レオンとコーディの親子は二人とも銃をそれぞれ別のスチュワーデスの頭に押し付けていた。少年の四五口径ピストルの撃鉄は起こされ、指が胸をざわつかせるほど引き金にしっかりとかけられている。

歳を食ったほうのビアーデンが四人の男性客に言った――パイロットにはすでに五四便の次の経由地であるエルパソまでは飛び続けるよう命じた。そこで燃料補給をしたあとに四人以外の乗客全員を解放する。次に南東に針路を取り、ハバナに向かう。そこでフィデル・カストロ首相に五四〇万ドルのジェット機をプレゼントする代わりに、キューバの市民権を授与されるのが計画だ。

一九六一年八月三日の真夜中に機体がエルパソに向かって降下を始めるころ、ギルマンはレオン・ビアーデンに穏やかに質問した。なぜ息子ともどもキューバに行きたいのか？　共産党員なのか？　それとも、カストロの不屈の精神を崇拝しているとでも？

「ただ、うんざりしただけだよ」有罪判決を受けた銀行強盗で四人の子持ちの失業者は答えた。

「もうアメリカ人でいたくないんだ」

コーディは何も言わず、ただうなり声を上げ、B級映画のカウボーイよろしく銃を手にポーズを決めている。ギルマンは若者が誰かを殺したくてウズウズしていると感じた。

五四便が午前二時にエルパソに着陸するころには、すでにジョン・F・ケネディ大統領が刻一刻と深まる危機について報告を受けていた。この年今回の事件以前に起きたキューバへのハイジャック二件も十分にみっともなかったが、五四便の置かれた状況は比べものにならないほど深刻だ。今回はただのフロリダの通勤用フライトではない。大陸横断飛行の、しかもボーイング社の製品群の中でも最新鋭の機体だ。おまけに、犯人は白人の普通の人間ときている。そんな人間がハバナに飛んで来たなら、カストロにアメリカ人は自国政府への信頼を失いつつあると公言する絶好のチャンスを与えてしまう。キューバ人の復讐の女神《ネメシス》にふたたび広報での勝利を与えることに我慢ならないケネディ大統領は、FBIにあらゆる手段を駆使して乗っ取り機のテキサス離陸を阻止する権限を与えた。

かくしてFBIの命令によりコンチネンタル航空の地上職員たちは、乗客が解放されたあと、当該ジェット機は新たな一五〇〇マイルの飛行のためには何時間もの整備を要すると偽って時間稼ぎをした。朝になり太陽が昇り始めると、レオン・ビアーデンは終わりの見えない遅れに激しくいらだってきた。彼は副操縦士の足の間に句読点を打つように時折発砲しながら、機長にただちに離陸せよと命じた。

しかし、ハバナへの旅は五〇メートルともたなかった。ボーイング707が滑走路に向かって旋回すると、十数人の連邦捜査官が軽機関銃をいっせいに発砲し、ジェット機の着陸装置とエンジンの一つを粉砕した。逃亡のための唯一の手段を断たれたビアーデン親子は、FBIの交渉人を機内に入れて、この窮状に対する解決策を話し合うことに同意した。

だが、レオン・ビアーデンは取引をまとめるには精神が錯乱しすぎていた。

「あの外にいる警官たちを見ろよ」拳銃で荒々しく指し示しながら、交渉人に向かって叫んだ。「やつらは殺《や》りたくてウズウズしてる！　おれを殺りたがってる。だがな、こっちだって豚バコに入るくらいなら殺られたほうがましだ。いや、いっそのこと自殺してやる！」

この自殺の脅しの一瞬後に、機内で物音がした。チラッと振り返ると、スチュワーデスたちが後方の出口からこっそり逃げ出そうとしていた。

ビアーデンが何か取り返しのつかないことをする前に、ギルマンが実際、右手の骨が砕けるほど満身の力をこめて彼の耳を殴った。ハイジャック犯が床にくずおれると、FBIの交渉人が身をひるがえして、父親がわあわあわめくのを聞いていたせいで油断したコーディにタックルした。数分後には、ビアーデン父子は豚のように背中で手足を鎖で縛られ、滑走路にうつ伏せに転がされていた。機体のまわりに集まった大勢の新聞社のカメラマンや撮影班が父子の屈辱を記録した。メディアは動物的勘で派手なハイジャック冒険譚が人々にうけることを知っていたのだ。

八月四日の午後、頻発するハイジャックを扱うために、上院航空小委員会は緊急の公聴会を招集した。骨折した右手に分厚く包帯を巻いたレオナード・ギルマンは、疲れ切った様子で五四便での自身の英雄的行為について証言した。連邦航空局（FAA）のナジーブ・ハラビー局長は、コックピットドアの施錠やパイロットの銃器訓練など六項目を盛りこんだハイジャック防止策を提案した。司法省の役人は、ロバート・ケネディ司法長官が「既遂、未遂、計画を問わず、ハイジャックに関与した人物」の逮捕や有罪判決につながる情報の提供者に一万ドルの報奨金を与えることを許可したと報告した。

一方で、上院議員たちは一九五八年にハイジャックを犯罪にしそこなった同僚たちを非難した。その途方もない失態のせいで、ビアーデン父子をありきたりの誘拐罪でしか起訴できないのだ。オクラホマ代表のA・S・マイク・モンロニー上院議員は、航空機の乗っ取りを、終身刑さえも課せられる重罪にする法律をただちに通過させると誓った。だが、テキサスのラルフ・ヤーボロー上院議員は終身刑でも軽すぎると言った。「文明国が乗っ取り犯を絞首刑にすると言ったら、空路からハイジャックは消え失せるだろう」と。

この好戦的姿勢の只中に、ある上院議員がFAAのハラビー局長に、航空会社に乗客の検査を義務付ける可能性についてケネディ大統領と話し合ったかどうかを尋ねた。おそらく手荷物チェックの類さえあればビアーデン父子の五四便への搭乗を阻止できただろう。しかし、ハラビーはそんなアイデアはまったく非現実的だとして一笑に付した。「もし一人残らず警察の検査を受けなければならなくなったら、マイアミの発券カウンターの前にどれだけ長蛇の列ができるか想像してみたまえ」

ハラビーの取りつく島もない却下に満足し、以後、委員会はその問題をもち出すことはなかった。

公聴会の四日後、アルバート・ケイドンという名の挫折したアーティストが、妻に別れも告げずにマンハッタンのアパートを出て行った。彼がふたたび姿を現したのは翌日で、パンアメリカン航空ガテマラシティ行きのジェット機内で、銃を手にハバナに行けと要求していた。ケイドンは乗員に、ハイジャックの目的はフランスから独立を勝ち取ろうとして長期間にわたり凄絶な戦いを繰り広げているアルジェリア民族解放戦線をアメリカが支持しないことに対する抗議だと述べた。

彼の地元のタブロイド紙「ニューヨーク・デイリー・ミラー」は、この話を一面で大々的に報じた。

パンナム機ハイジャックされハバナに

太字のこの見出しは、米語の用語集の中でもとりわけ使用頻度の高い新語のさきがけとなった。

ヤーボロー上院議員の強硬路線に対する反対意見はすべて、アルバート・ケイドンがキューバに到着して数時間以内に消え失せた。八月一〇日、上院は航空機の乗っ取りを死罪と定めるハイジャック法案を満場一致で通過させた。一九六一年九月五日、ケネディ大統領は同法案に署名し法が成立した。一二日後、アメリカの新聞は、キューバでハイジャックに失敗したキューバ人の犯人二人が銃殺隊により処刑されたと報じた。その年の終わりまで、アメリカとキューバの航空機内では一件のハイジャックも起きなかった。

翌年も、そのまた翌年も、翌々年も、アメリカ人によるハイジャックは一件も起きなかった。したがって一九六一年の春から夏にかけて相次いで起きた事件は、あっという間に人々の記憶から薄れていった。再びハイジャックはあくまで共産圏で起きる現象であり、プロレタリアート独裁体制に耐えられなくなった人々の最後の手段であると見なされ始めた。ソビエト連邦では一九六四年と翌六五年にそういったハイジャックが少なくとも二件起きている。一件はクレムリンの公式通信社に「デブ」「角刈り」と呼ばれた二人の前科者によって、もう一件はイスタンブールに恋い焦がれたアルメニア人の若いカップルによって引き起こされた。四人全員が逮捕され、おそらくは処刑された。新聞の「世界のニュースあれこれ」欄で事件について流し読みしたアメリカ人は、彼らの悲惨な運命に同情して、かすかに頭《かぶり》を振っただろう。

❖ このハイジャックの前年に、ケイドンはケムストランド社ニューヨーク本社の破壊行為で逮捕されている。彼は警察にケムストランド社が彼の許可を得ずに「ケイドン」という名の化学繊維を発売しようとしたので腹が立ったと供述した。

アメリカのハイジャックは、一九六五年の夏まで一時休止が続いたあと、国内としては最も遠い場所の一つでふたたび勃発した。その年の八月三一日、ホノルルでハワイアン航空DC3に搭乗したハリー・ファガーストロムという名の一四歳の少年が、新しく州になったハワイに政治的独立性が欠けていると抗議するために同機を乗っ取ると宣言した。それから六週間後、今度は近くのモロカイ島で、不満を抱いた海軍兵士二人がアロハ航空の機内で狩猟用ナイフを取り出し、それぞれの故郷であるミネソタ州ホワイトアースとオクラホマ州ワトンガに向かうよう要求した。おとなしく降伏したファガーストロム少年と違い、この二人はショットガンと発煙筒でもって力ずくで制圧しなければならなかった。二件のハイジャックがともにハワイで起きたのは偶然ではない。なぜなら、一つのハイジャックがその次に起きるハイジャックに場所と犯行手口の両面で影響を与える傾向があることが、まもなく明らかになったからだ。

続いてキューバ・アメリカ関係の小さな雪解けに触発され、ハイジャックの波がハバナに押し寄せた。一九六五年一〇月にはカストロが数千人の難民にボートで自国から出て行くことを許した。二〇歳のルイス・ペレはついにマイアミで家族といっしょに暮らせるかもしれないとの希望に支えられてナショナル航空のキーウエスト行きを乗っ取り、ハバナに向かわせようとした。カストロに直談判して、両親ときょうだいに自由を与えてもらおうというのが彼の浅はかな計画だった。だが、パイロットの一人が消防斧でペレの銃を叩き落としてハイジャックを頓挫させ、ハバナで確実に味わったであろう落胆からこの若者を救った。

それから三週間後、テキサス州ブラウンズビルから家出したトーマス・ロビンソンという名の一六歳の少年がニューオリンズ発のナショナル航空機を乗っ取った。少年は機体に数発撃ちこんだが、乗客だったNASAのジェミニ計画〔NASAによる二度目の有人宇宙飛行計画〕のスタッフ三人により取り押さえられた。警察の取り調べで、少年は愛国的な動機を主張した。キューバに囚われている政治犯たちの集団脱獄を計画したかったのだと言った。海外への移民政策を緩和したとはいえ、カストロ政権がやはり邪悪な政権であることを世界に知らしめようとしたのだと。

ニューオリンズの連邦裁判所に息子の罪状認否を聞きにやって来た父親のもとに、リポーターが殺到した。短期大学の数学教授のこの父親は、事の成り行きに彼自身まったくもって当惑していると言った。息子はかつて一度も法に触れるような問題を起こしたことのない優等生だったと強調した。だが、裁判所の階段で大勢のジャーナリストたちに取り囲まれ執拗に迫られると、父親は息子の行動の論拠について仮説を立てる覚悟を決めた。

「推測するに、息子は考えに考え抜いた末、彼なりに何らかの方法で自分を表現しない限り自尊心を保てないという結論に達したのでしょう」

途方に暮れた男から無理やり引き出されたこの結論は、ハイジャック犯の心理についてこの時代に出された分析の中で最も賢明なものの一つとなった。長い年月に航空機を乗っ取った男女はさまざまな動機を述べてきたが、共通しているのは痛ましいまでの絶望感だった。どんなにそれが誤った思いこみであろうと、彼らはあまりに状況に追いつめられていて、もはや最も極端な手段でしか自分を救うことはできないと信じていた。そして、はるか彼方の国境まで定期運行する精巧なマシーンに夢中になっている国にあっては、ハイジャックより極端な手段はなかった。

「そう、そのとおり。何かしなければならなかった。だから何かしたんだ。どんな結果になろうとも」ある捕まったハイジャック犯がのちに思慮が足りなかったのではないかと尋ねられて、そう答えた。「一八年もカウンセリングだっけ、そんなものを受け続けるよりましだ。そのときはそれが解決法に思えたんだ」

ハイジャック犯のほとんどが、一九六〇年代の半ばから末にかけて彼らの唯一の目的地だったハバナに着けば、自分たちは英雄として大歓迎されると信じて疑わなかった。なんといってもキューバは、誘拐の冤罪で自国を逃げ出したノースカロライナ出身の公民権運動家ロバート・F・ウイリアムズのような著名なアメリカ人亡命者を手厚くもてなしたのだ。❖ウイリアムズに比べればはるかに無名の存在ではあっても、ハイジャック犯たちは、自分たちもまた、いわゆるキューバ革命の成果を思う存分享受できるだろうと期待した。「あと数時間で新世界の夜が明ける……もうすぐパラダイスに入る」ホセ・マルティ国際空港の滑走路の照明が視界に入ってきたとき、そう考えていたと、あるハイジャック犯は回顧する。「キューバは真の民主主義を実現していた。そこでは誰もが平等で、黒人に対する暴力や不公平や人種差別は過去のものになっていた……一度でいいから自由を味わいたくて、おれはキューバに行ったんだ」

だが、カストロはアメリカに恥をかかせた上に国際通貨を稼ぐこともできたので——航空会社は機体を取り戻すのに一機につき平均七五〇〇米ドルをキューバ政府に納めなくてはならなかった——航路をそれた飛行機は歓迎したものの、ハイジャック犯自身のことは、好ましくない不平分子として侮蔑の対象でしかなかった。

ホセ・マルティ国際空港に着陸すると、ハイジャック犯たちは即座にキューバの秘密警察G2の本部となっている豪壮なスペインの要塞に連行された。そこで彼らは何の証拠もなしにCIAの手先だと告発され、何週間もぶっ続けで尋問された。その後、運が良ければ南ハバナにある「ハイジャック犯の家」と呼ばれる老朽化した寮に送られ、アメリカ人一人につき一・五平方メートルの居住スペースが割り当てられた。二階建てのその建物には最終的には六〇人ものハイジャック犯が収容され、各人とも月にわずか四〇ペソの手当で生き延びることを余儀なくされた。運悪くG2の尋問官の神経を逆なでしたハイジャック犯は、サトウキビ畑の不潔な作業キャンプ送りとなった。そこの状態は悪夢そのものだった。これら熱帯のグーラグ〔旧ソ連の強制労働収容所〕では、収容者は罰としてサトウキビ用の鉈《なた》で殴られ、政治的扇動者は公開処刑され、逃亡者は捕まると剃刀のように鋭いサトウキビの茎の上を体の肉がはがれるまで引き回された。あるアメリカ人ハイジャック犯は看守にあまりにひどく殴られたため、片目を失った。別の一人は獄中で首つり自殺した。

この残虐な扱いは新聞記事を通してアメリカに少しずつ伝わっていったのだが、それでもハイ

❖ キューバでウイリアムズは「ラジオ・フリー・ディクシー」というAMラジオの一時間番組を立ち上げた。それはアメリカのいくつかの州で聴くことができた。彼はその演壇を利用して、たとえば、黒人の兵士たちに軍を脱走してクーデターを計画するよう呼びかけるなど、体制転覆のメッセージを送った。

ジャックの流行は激しさを増すばかりだった。ハイジャック犯は根っからの楽天家で、誰もが自分の話こそはカストロを感動させると自信満々だった。ニューメキシコ州の不動産王の後継者を自称する二八歳の青年は、どういうわけかカウボーイの格好でデルタ航空機を乗っ取った。ミシガン州カラマズー出身の社会学を専攻する大学生はパイパー航空PA24のパイロットに、共産主義をじかに学びたいのでハバナに連れて行けと要求した。またキューバ人の三四歳の亡命者は、もうこれ以上母親の作ってくれる絶品のフリホール〔豆を煮た料理〕なしでは耐えられないと言って、ノースウエスト機を故郷に向かわせた。一九六八年七月、事態はふたたび上院が公聴会を開かざるをえなくなるまでに逼迫《ひっぱく》した。

公聴会ではアーヴィング・リップという議題にぴったりの名〔アーヴィンは海軍夜間戦闘機のコード名〕の人物がFAAの代表として、まったく希望のもてない証言をした。

「乗客を一人一人検査するのは論外ですから、この問題の解決は不可能です。もしハバナに行きたがっている男が機内にいたら、そして男が銃を持っていたら、万事休すです」

このリップの悲観的証言への反論として、フロリダのジョージ・スマザーズ上院議員は金属探知機やX線装置による搭乗者検査の可能性を提起した。こういった比較的新しいテクノロジーはすでにいくつかの重警備刑務所や機密事項を扱う軍事施設で導入され、見事に役目を果たしているとスマザーズは述べた。「乗客が銃などの武器を持っていないかどうかを搭乗前にチェックするために、空港のチェックインゲートに同様の機器を設置できない理由が私にはわかりません」

この控えめな提案こそが、航空会社がハイジャック犯などよりはるかに恐れていたものだった。

というのは、航空業界はアメリカの全空港に保安対策を導入するよりは、周期的に起きるキューバへのハイジャックに耐えるほうがコスト的にはましだと信じていたからだ。

事業全体の数字からいえば、自社の航空機の一機がハバナに寄り道させられても会社の収益にはほとんど影響はない。乗っ取られた機体と乗客をアメリカに取り戻すのにかかる費用は、フライトをキャンセルしなくてはならないコストと巻きこまれた乗員に埋め合わせに与える休暇のコストを加えても、せいぜい二万ドルといったところだ。これは航空会社にとって、電子機器による検査が義務付けられた場合にかかると予想される巨費に比べれば、はした金だった。

それに、乗客たちも、もし制服姿の警備官にポケットの中身を出せと言われたり、スーツケースの中を強制的に調べられたりしたら、二度と飛行機には乗らないと誓いはしないだろうか？　アメリカの民間航空機による飛行距離は一九六一年以来、六〇〇パーセント増加していた。事業がそんな空前のブームの只中にあるときに、航空会社はその疑問への答えをすすんで見つける気にはならなかった。

一九六七年に三億六〇〇〇万ドル以上の収益を上げた航空業界には、ワシントンDCの最有力ロビイストを雇って、電子検査に断固反対していることをFAAに知らしめる財源が潤沢にあった。そして、このような高給の説得者の中に、元FAA局長で、政府職を退いた直後にパンアメリカン航空のチーフ・ロビイストになったナジーブ・ハラビーがいた❖。

彼ほど影響力の大きい人物が金属探知機やX線検査機器を激しくののしるのを耳にしたFAAのこの問題に対する見解は、航空会社のそれと寸分たがわぬものになった。それでFAA代表のアーヴィング・リップはスマザーズ上院議員の提案を「乗客の心理に悪影響を与え……腰が抜けるほど怯えさせ、加えてプライバシーの侵害だと文句を言われる」のは明白だとかわした。

こうして七年前とまったく同じように、今回もまた上院委員会はＦＡＡの強硬なスタンスに飲みこまれた。そして電子検査の導入問題をおとなしく引っこめたのである。

上院公聴会の二週間後、オーラン・リチャーズという名の気のふれたフォークリフト運転手がデルタ航空機を乗っ取った。ウエスト・ヴァージニア上空で彼は座席から飛び出し、通路で出会った最初の客にピストルを押し当てた。その乗客というのが、偶然にもミシシッピー州代表の上院議員ジェームズ・イーストランドだった。最終的には乗員がリチャーズを説得してマイアミで投降させたものの、国政を司る政治家が巻きこまれたことは、ハイジャックの異常発生において生じた物騒な番狂わせだった。国務省はすぐに新規の航空機乗っ取り防止策を打ち出した――それは、キューバ行きを望む者には誰でも、二度とアメリカに戻らないと誓うことを条件に無料で片道のフライトを提供するという案だった。ところが、カストロがそのような「厄介払い便」の受け入れを拒んだ。そもそもハイジャックは資本主義の退廃を滔々《とうとう》と語るカストロの説教に格好の材料を提供してくれている。だからカストロにはアメリカのハイジャックの数を減らすのを助けたいという動機はない。

暗い目的をもつ乗客の排除に金を使いたくない航空業界は、代わりにハイジャックによる財政的損失を抑えることに焦点を合わせた。もし乗客や乗員が死ぬようなことがあれば間違いなく自分たちに不利な報道が雪崩を打って押し寄せてくるだろうから、何よりも暴力沙汰を避けることが最優先だと結論した。結果、ハイジャック犯の要求には、それがどんなに奇妙なものであろうと、またどんなに高くつこうが、絶対服従するというポリシーをすべての航空会社が採択した。一九六八年一一月にイースタン航空が従業員に回した文書には「どんなにささいな英雄的行為も固く禁じる」と明記されている。

航空機が乗っ取られた場合に最優先するべきは乗員乗客の身の安全の確保です。他のすべてが二次的にすぎません……乗員の誰かが武器で脅迫されたなら、とにかく出された要求にしたがうこと。犯人から武器を取り上げようとしたり、銃で撃とうとしたり、その他、飛行の安全を脅かすような試みはしてはなりません。思い出してください、機内に銃を持った仲間がいないとは限らないということを……要するに、過去の経験からしても、犯人の要求にしたがうほうが、機内のすべての人の命を危険にさらすよりはるかに賢明なのです。

緊急にキューバに飛ばなくてはならなくなった場合に備えて、本来の行き先に関係なくすべてのコックピットにカリブ海域の地図が装備された。パイロットにはホセ・マルティ国際空港の着陸方

❖ ハラビーはのちの一九六九年から一九七二年の間、パンナムのCEOを務めた。彼の長女のリサは長じてヨルダン国王フセインの最後の妻になった。

法が説明され、スペイン語を話すハイジャック犯とのコミュニケーションを図るため、表現集カードが配布された（「地図を取り出すためにフライトバッグを開けなければなりません」「機体に技術的問題が生じているのでキューバまで飛べません」といったスペイン語の文をパイロットが指差せばいいようになっていた）。飛来してくる航空機の存在をキューバ側に知らせるため、マイアミ空港の管制塔には、キューバの管制官につながる専用電話が設けられた。キューバにおけるアメリカの外交利害を扱うハバナのスイス大使館は、航空会社のために機体の迅速な返還を要求する手紙のテンプレートを作成した。

航空会社がハイジャック事件を可能な限り短時間に終わる実害のないものにしようと腐心している間に、アメリカの一般大衆は予定外のハバナ行きを、空の旅につきものの日常的なリスクとして受け入れるようになった。コメディアンはこぞってその現象を陳腐なジョークのネタにした。中でも、ハイジャックされた機内でスチュワーデスが乗客に尋ねるよう訓練される「お客様、コーヒー、紅茶、またはラムダイキリはいかがですか？」という台詞を茶化したジェリー・コリンズを人々は物真似した。評論家たちはハイジャックの流行を止める手だてはないとあきらめムードで、ただ肩をすくめた。一九六八年一二月に「ピッツバーグプレス」紙の編集局は「私たちにできるのはせいぜい航空機の乗っ取りを罪悪や高い税金などと同じく『嫌いなもののリスト』に加え、悲劇が起きないことを祈ることくらいだ」と記した。

同月にその年二二回目となるハイジャック事件が起きると、「タイム」誌は「ハイジャックに遭遇したときにすべきこと」と題し、からかい半分の旅のアドバイスを掲載した。その一つは「パニックにならないで」と始まる。「歓迎はできないが、ハイジャック犯には愛想のいい者もいる。一一月にパンナム二八一便サンファン行きを乗っ取った三人組の一人でホセとしか名の明かされていない男は、思い出の品にと乗客に三二口径の弾丸を配り、打ちとけて雑談をした」とある。スチュワーデスを呼ぶボタンを押してはならないというアドバイスもある。「コックピット内でのピンという音にびっくりした犯人が発砲するかもしれないからだ」

だが、ひとたび機体が無事ハバナに着陸すれば憂鬱になる必要はない。同誌によると、ハイジャックに遭った乗客はアメリカに戻るフライトを待つ間、たいていはホテル・ハバナリブレに泊まらされる。「おそらくダイキリとコーラスガールと口を開けてそれに見とれる東欧の客がセットになったナイトクラブに招待されるだろう」と記事は陽気に予測する。「繁華街でのショッピングはさらにいい。葉巻やラム酒に加え、東ドイツ製のカメラや刺繍の美しいチェコ製の田舎風ブラウスもお買い得だ」

しかし、ハイジャックをうまく管理されたリスクとして扱うのは間違いだった。航空会社の被害低減策は、犯人がヘマな負け犬か、もしくは手っ取り早くハバナに到達することだけが目的のキューバ人亡命者であるという当時のハイジャックの基本的な特徴が永遠に変わらないことを前提としていた。だが、航空会社からも当局からも目立った抵抗がないのをいいことに事件が回を重ねるにつれ、ハイジャックという犯罪の魅力は新しい不満分子たちにも広まっていった。

エピデミックの変質の兆しは、アフリカ系アメリカ人の若いカップル――タイロンとリンダ・オースティン夫妻――がニューヨーク発マイアミ行きのイースタン航空機を乗っ取った一九六九年一月二日に現れた。実行犯のタイロンが二歳の男の子の頭に銃を押し付けて「ブラックパワー、ハバナ！　ブラックパワー、ハバナ！」と叫んだ。オースティン夫妻の革命家的言動は見せかけだった。タイロンの真の目的はニュージャージー州で出た重犯罪の逮捕令状から逃れることだったから。だが、彼らがメディアの注目を浴びたことで、まもなくもっと真摯な黒人活動家たちはハイジャックこそ自分たちの運動のキーとなる作戦であることに気づいた。

同月の後半に、一九歳の海軍脱走兵がキーウエスト発のナショナル航空機を乗っ取ってハバナに向かわせた。彼はスチュワーデスにナイフを押し付け、ベトナムで死ぬのはお断りだと言った。これは兵士が反戦を動機に掲げて引き起こした、アメリカのハイジャック第一号となった。これが最初で最後にはならなかった。

翌二月の第二週にはアメリカで一一便も乗っ取られた。記録的なペースだ。犯人のリストには、三歳の息子を連れた元精神病患者、虫よけスプレーの缶で武装したコミュニティカレッジの学生、マルクス主義経済学に心酔するパデュー大学中退生、カストロを素手で暗殺するつもりだと主張したグリーンベレーの退役兵が加わった。

下院の「州境ならびに海外通商委員会」の強い要請を受け、ＦＡＡはこの危機に対する解決策を案出すべく、対ハイジャック特別作業部会を立ち上げた。すぐさまこの会には事態を憂慮する市民からハイジャック犯の計画をくじく独創的な案が山のように寄せられた。いわく、コックピットの外側に舞台のセリのような落とし穴を作れ、スチュワーデスを麻酔入りダーツで武装させろ、銃が握れないよう乗客にボクシング用のグローブをはめさせろ、離陸前にキューバ国歌を流して歌詞を知っている者を逮捕しろ。最も人気があったのは、南フロリダの草原に偽のホセ・マルティ国際空港を造らせろという案だった。ハイジャック犯にハバナに着いたと錯覚させるわけだ。この案はFAAの間で真剣に検討されたが、最終的には高くつきすぎるという理由で却下された。

FAAの作業部会が膨大な数の提案をふるいにかけている間にも、ハイジャック事件は一件ごとに突飛さを増しながら、途切れることなく続いていた。齢《よわい》七四の第一次大戦退役軍人がサウスカロライナ上空でイースタン航空機のスチュワーデスにナイフを突きつけた。サンフランシスコの銃撃戦のメンバーとして指名手配となっているブラック・パンサー党員は、ネバダ上空でトランスワールド航空（TWA）ボーイング707を乗っ取った。ボルティモア出身のアルコール依存症の中古車ディーラーはハバナに着くなりビーチに行けるようバミューダーショーツにサンダルのいでたちでイースタン航空機を乗っ取った。

❖ オースティン夫妻のキューバ滞在は短かった。帰国後の一九七一年四月、タイロンはマンハッタン銀行を強盗している最中に警官に殺された。リンダはその後も逃亡し続けたが、一九八八年にアルバニーでハズィーン・イーティナの偽名で暮らしているところを発見された。ハイジャックの日々のあと、弁護士と結婚して五人の子供を育て、幼稚園の先生になっていた。

アメリカだけがこの狂乱状態を耐え忍んでいたわけではない。飛行機を乗っ取って友好国に向かわせることなど簡単にできると暴徒たちが気づくにつれ、世界のあらゆるところでハイジャックは憂慮すべきペースで発生していった。公衆衛生学の専門用語でいえば、エピデミック（中規模流行）はパンデミック（世界的大流行）に推移しつつあり、もはや個別的な地理的領域に収まってはいなかった。見たところ、コロンビアの極左ゲリラはアビアンカ航空機を数週おきに乗っ取っており、抵抗する乗員を殺すこともめずらしくなかった。エリトリアの分離主義者がエチオピア航空機をスーダンに向かわせたのは、スーダンの暫定軍事政府が彼らの目的に共鳴していたからだ。ギリシャの反体制派活動家は妻と息子二人を道連れにオリンピック航空DＣ3をハイジャックしてアルバニアに逃げた。

しかし、ハイジャックの実行犯として世界で最も有名になったのはパレスチナ解放運動の活動家たちだった。それはライラ・カリドのぞっとするほど美しい顔のおかげだ。

米国シオニスト協会の第七二回年次会議の初日にあたる一九六九年八月二九日、パレスチナ解放人民戦線（ＰＦＬＰ）の熟練兵士だった二五歳のカリドは、仲間とともにＴＷＡ機を乗っ取り、シリアの首都ダマスカスに向かわせた。乗客一二〇人全員を解放したあと、彼女と共犯者はダイナマイトで同機のコックピットを爆破した。同年一〇月にシリアで釈放されるころには、ライラ・カリドはテロリストとしての快挙だけでなく、そのファッションセンスにより偶像化され、国際的なセレブになっていた。ケフィエからゆったりと粋に垂らした真っ黒な髪、「革命と婚約している」ことを象徴的に表す薬莢で作った指輪。カリドの名声のおかげでＰＦＬＰは無数の新しい支援者を獲得した。だがそのせいで、彼女は大々的な整形により顔を変えざるをえなくなった。元の顔は秘密工作をするにはあまりに知れ渡りすぎたからだ。

こういったハイジャック事件への国際的な対応は中途半端もいいところだった。世界規模での航空政策を司る国連の機関は、「航空機の非合法的奪取」を国際犯罪にし、それにより加盟国のすべてにハイジャック犯を本国送還または起訴することを義務付ける多国間条約を起草した。しかし、最終的にはハーグ・ハイジャック防止条約として知られるようになるこの条約に当初から署名したのは四八カ国にも満たなかった。しかもこれらの国の多くが、のちの正式な批准には消極的だった。こうして世界には「ハイジャック犯の安息の地」となりうる場所が数多く残ることになった。

キューバは条約への署名を拒んだ多くの国の一つだった。その代わりカストロ政府は、ハバナにいるスイス人仲介者を通じて、アメリカと「送還または起訴」の二国間条約を締結しようと試みた。しかし、この秘密交渉は盗んだボートですでにアメリカに脱出しているキューバ人を送還するという条件にカストロが固執したため暗礁に乗り上げた。南フロリダの三〇万人のキューバ人コミュニティと密接な政治的関係にあるニクソン大統領にとっては、それはとても考えられない譲歩だった。

アメリカとキューバの外交官がスイス人を介して言い争っている間に、FAAは一九六九年初秋にハイジャックのペースがかすかに落ちてきたことを声高に宣伝していた。FAAは、それは航空機乗っ取りが死刑にもなりうる犯罪であることを知らしめるキャンペーンのおかげだとした。ハイジャックのペースが月にわずか二、三件にまで減速した理由について尋ねられたFAAマイアミ事務所の所長は、「流行が終わった可能性もある」と楽観ぶりを披露した。

南ベトナムで一六カ月間、地雷だらけの丘を突進してパープルハート勲章を獲得したあとに、ラファエル・ミニキエーロ海軍下士官は怒れる男となって帰国した。イタリアのメリート・イルピーノ出身、十代でシアトルに移住、一七歳で海軍に入隊した彼は安易に人種差別する指揮官たちを軽蔑するようになった。「小隊の指揮官たちはおれのことをただの消耗品だと思っていた」と、のちに当時のことを振り返り、彼は強いナポリ訛りで語った。「めちゃくちゃ頭に来るね。いつだって地雷探知機を持って先頭を行かされるんだ。自分たちが吹っ飛ばされないで安全に歩けるようにね。『あのイタ公を行かせろ』だとよ」

一九六九年四月、カリフォルニアのペンドルトン駐屯地に帰り着くと、ミニキエーロはもはや海軍には安心して自分の金を預けてはおけないと思った。そこでベトナムにいたときに給料の一部を取りのけて預けていた八〇〇ドルの払い戻しを請求した。ところが、部隊の会計処理係に彼の計算は間違っていると言われた。彼の貯めた額は八〇〇ドルではなく、六〇〇ドルだと。ミニキエーロの苦悩に満ちた必死の訴えは聞き捨てられた。争われた額は比較的ささやかだったにもかかわらず、一九歳のこの海兵は許しがたい裏切りの犠牲になったと感じた。

一九六九年五月のある夜、ミニキエーロは自分なりに正義を通そうと決意する。ビールを八缶ガブ飲みし、ペンドルトン駐屯地の売店に押し入り、かっきり二〇〇ドル分のラジオと腕時計を盗んだ。三カ月後に窃盗の罪で軍法会議にかけられると、ミニキエーロは怒りを爆発させた。ただ海軍に盗まれた二〇〇ドルを取り返しただけではないかと。

予測される六カ月の刑に甘んじることをよしとせず、彼は自分の問題に対し過激な解決法を選択した。バスでロサンゼルス国際空港まで行き、一五ドル五〇セントのTWA航空サンフランシスコ行きのチケットを買った。手荷物には分解したM1ライフルと二五〇発の弾丸が入っていた。

カナディアンクラブを二杯引っかけたあとに行動を起こした。トイレで銃を組み立て、それをスチュワーデスに突きつけ、ニューヨークに行けと命じる。スチュワーデスはそんな要求は聞いたことがなかった。当時のハイジャック犯はみなハバナに行きたがったからだ。だが、彼は言い張った。「ニューヨーク、ニューヨーク、ニューヨークだ！」

TWA機はまずデンバーに着陸し、そこで乗客全員が解放された。ボーイング707が次の飛行距離に備えて燃料を補給している間に、彼は人質の乗員たちにニューヨークが最終目的地ではないと告げた。実のところ、彼は故国イタリアに帰ろうとしていた。なぜ海軍による二〇〇ドルの軽視により、名誉を大きく傷つけられたと彼が考えているかを理解してくれる国に——。

乗っ取り機が着陸すると、ジョン・F・ケネディ国際空港は大混乱に陥った。FBIはミニキエーロの作戦をそこで止めようと必死だった。ハイジャック犯をハバナ以外の地に行かせれば、非常にまずい前例を作ってしまう。TWAが自社の公式な対ハイジャック方針にしたがい、ミニキエーロに全面的に協力するつもりであることを知ってFBI捜査官たちは愕然とした。誰も傷つかず、機体が無傷で返却される限り、TWAはその海兵をどこであろうと好きな場所に運んでやるつもりでいた。

FBIには別の計画があった。防弾チョッキを着た捜査官が機体を取り囲み、犯人が恐れをなして投降するか、さもなくば自分たちが決定的な突撃を仕掛けようとにじり寄っていった。機体から数メートルまで近寄ったところで、彼らは一発の銃声を耳にした。ミニキエーロがM1ライフルを天井に向けて放ったのだ。ギクリとした捜査官たちはあとずさりし、同機をむざむざメイン州バンゴー空港とアイルランドのシャノン空港を経由してローマに向かう長い空の旅に飛び立たせてしまった。

ミニキエーロはローマ空港では警官を人質に取り、パトカーを盗んで逃走することで逮捕を逃れた。その後しばらくは田舎の教会にかくまわれていたが、一一月二日、二〇歳の誕生日の朝に、警察に居場所を突き止められた。

「*Paisà, perché m'arresti?*」ローマのクイーンズ・オブ・ヘヴン刑務所に放りこまれるとき、彼は言った——「同胞よ、なぜぼくを逮捕する?」

イタリアの一般大衆は罰せられるいわれはないという彼の考えに同調した。それどころか、その強引な外交政策ゆえに西欧世界でしだいに嫌われつつあったアメリカに立ち向かった勇気ある若者として、国民的英雄よろしく賞賛した。少女たちは失意のどん底にあるやせっぽっちの海兵に、あたかもハンサムなアイドルででもあるかのように夢中になった。ある一七歳のファンは「ジュリアーノ・ジェンマより素敵なくらいだわ」とマカロニウエスタンの二枚目スターを引き合いに出し、イタリア人記者相手に甲高い声でまくしたてた。「ジェンマはただの映画の役だけど、ミニキエーロは現実の世界であんなことをやってのけたのよ。彼と結婚したい!」映画「ドクトル・ジバゴ」や「欲望」をプロデュースしたカルロ・ポンティはミニキエーロの人生を描いた「同胞よ、なぜぼくを逮捕する？」というタイトルの聖人伝映画を作ると約束した。

国民のプレッシャーに屈したイタリア政府はミニキエーロのアメリカ送還を拒み、代わりにローマで裁くことにした。イタリアでは航空機の乗っ取りは法的には犯罪ではないので、ただ銃器所持といった比較的軽い犯罪での審理となる。ついに実現した公判では、ミニキエーロの弁護人が依頼人を人々に最も愛されている文学の主人公にたとえて、見事な弁護を展開した。

「飛行機そして戦争の暴力をもった文明から生じた行為を、イタリアの裁判官のみなさまが理解し赦してくださるものと私は信じます。その文明が、ドゥルシネーアもサンチョパンサもなく、ロシナンテにまたがる代わりに空を飛んだこのドンキホーテを、この無教養な農夫を、押しつぶしたのです」

ミニキエーロの爆発的な人気を考えれば、裁判の結果は火を見るより明らかだった。彼は一つの罪のみで有罪となり、わずか一八カ月の刑期ですんだ。出所後はマカロニウエスタンの主演契約にサインした。❖

ニクソン政府はミニキエーロがアメリカの司法を逃れたことにうろたえた。イタリアは親密な友

❖ 数年後、ミニキエーロは短期間だったが「ハイジャッキング」という店名のローマ風ピザ屋のオーナーになった。現在はナポリのアフラゴラに暮らし、今なお彼を民族の英雄と見なす訪問客を快く迎えている。

好国のはずだ。NATOの発足時からの加盟国で、過去数十年にわたって何百万人もの男女をアメリカに送りこんできた国だ。それでいて今、逃亡したハイジャック犯を庇護するだけでなく、彼の勇気をたたえ、セックスシンボルとしてもてはやしている。もしミニキエーロをうっとり見つめる十代のファンたちの映像をアメリカ人が目にしたら、彼のまねをしようとする者が現れるまでにどのくらいの時間がかかるだろう?

その答えはざっと一週間だった。オハイオ州ノーウッドで、デイヴィッド・ブースという名の一四歳の悩める少年が夕方のニュースでミニキエーロの冒険物語を見た。一一月一〇日、学校をさぼってグレーター・シンシナティ空港行きのバスに乗り、空港で祖母に別れを告げている一八歳のバレリーナにナイフを突きつけた。人質の少女を駆り立ててターミナルを抜け、デルタ航空DC9に乗りながら少年は言った。「ぼくといっしょに来るんだ。スウェーデンに行こう」

ひとたび機内に入ると、明らかにDC9では大西洋を横断できないことを知らないらしく、パイロットにストックホルムに行けと命じた。

駐機エリアでアイドリングをしている間に、少年は投降するよう説得された。この事件は平和的に解決したものの、それはハイジャックのエピデミックが常軌を逸した新段階に突入したことを示していた。この上なくのどかで法律順守が根付いた田舎さえ、この狂気に飲みこまれている。国連は「国際線の民間旅客機に不法な妨害をきたす行為を深く憂慮している」と宣言し、ただちにすべての加盟国に航空機の乗っ取りを犯罪化し、犯人を可能な限り厳しく罰するよう命じる決議案を可決した。最終投票結果は七七対二で、キューバとスーダンのみが反対票を投じていた。

国連による決議案の通過と新しい十年の幕開けの間のわずか一八日間に、世界中でさらに六機がハイジャックされた。

第四章
黒い天使

何らかの巨大な計画のために運命が自分の人生にキャシー・カーコウを呼び戻したのだと信じたロジャー・ホルダーは、すぐさま彼女がシェアしているエルカホンのアパートに入り浸るようになった。スプリングバレーにある彼女の勤務先のマッサージパーラーへもしょっちゅう送り迎えし、夜にはベトナム時代の血なまぐさい話や、占星術の手ほどきで彼女を楽しませた。時には二人でオーシャンビーチまで足をのばして反戦の落書きだらけの麻薬用品店の間をぶらぶらしたり、ニューポート・アヴェニューのストランド映画館で一ドルのマチネを観たりした。サンディエゴのどこに行こうが、この若いカップルは人々の遠慮のない視線を浴びた。町の最も寛容なエリアにおいてすら、異人種間のロマンスにはまだタブーの香りが付きまとっていた。

ある夜、ポイント・ロマ公園をぶらぶらしていると白人男のグループが近寄ってきて、カーコウにもっと肌の色の薄い男と付き合えと下品なアドバイスをした。ホルダーが暴力で応酬しようとすると、男たちはこそこそと退散した。彼がカーコウは大丈夫だろうかと振り返ると、何やらバッグの中を探っている。一瞬ののちに黒い柄のついた飛び出しナイフを取り出した。

「これを見せてやりたかったのに」チンピラどもをおどかすチャンスを逸して、明らかにがっかりしてため息をつく。クースベイのただの遊び好きな女の子ではないことをホルダーに知らせるチャンスに備え、ここ数週間その武器を持ち歩いていたのだ。

カーコウがホルダーに首ったけになっているのを見て、彼女の友達でルームメイトのベス・ニューハウスは複雑な気持ちだった。ホルダーのことを彼女はいつだって嫌いだった。前年に隣人だったときにリントン・チャールズ・ホワイトと自己紹介し、その名を今も時折使っていることについて問い質した。すると、陸軍の脱走兵なので軍法会議にかけられるのを避けるために偽名を使ったのだと説明した。さらにベトナムを逃げ出したあとは流行の最先端をいくロンドンに渡り、そこで彼の知的な反戦姿勢を評価するアーティストやミュージシャンや貴族たちと交わっただのと言い立てた。ニューハウスはこの話をヒッピー趣味のある女たちの気を引くための単なる絵空事だと、正しくも無視した。彼のことは根っからの虚言家ではないかと疑っていた。

ニューハウスの恋人で不機嫌なロッカーのリー・デイヴィスのホルダーに対する評価はさらに低かった。ホルダーが普段の会話の最中にも、あたかも盗み聞きしている者でもいるといわんばかりに視線を部屋中にめぐらすさまに、デイヴィスは心を乱されていた。またホルダーに黒人の友人が一人もいないらしく、また黒人と付き合いたいとも思っていない様子にもショックを受けていた。一〇年前にホルダーをからかったオークランドの少年たちと同じく、デイヴィスもまた彼を「オレオ〔白人的振る舞いをする黒人〕」だとして軽蔑していた。

一九七二年三月初め、ホルダーはリントン・チャールズ・ホワイトの名で不渡り小切手を振り出した容疑で呼び出されていた公判日に出廷しない決意をした。結果として生じる逮捕状を逃れるため、金輪際きっぱり偽名を捨てることにしたが、そうなれば軍の問題に決着をつけねばならなくなる。だが、それさえ解決すれば、運命が指し示すがまま、自由にカーコウと素晴らしい新たな人生を築くことができる。

偽のアイデンティティを破棄するため、偽の運転免許証を破り、借りていたアパートを引き払い、ホワイトの名義で購入したポンティアック・ファイヤーバードを売り払った。次に父スィーヴネスのもとに行き、過去二年近く脱走兵であったことを打ち明けた。名誉除隊になったと自慢したのは真っ赤な嘘だったと。

この告白に、故国への献身を誇りとするキャリア海兵の父はうろたえた。だが一方で彼はどこかで、ベトナムが息子を本人さえ把握しきれない形で変えてしまったことを理解していた。彼はロジャーを律儀にサンディエゴ海軍基地まで車で送っていき、そこで軍警察に引き渡し、息子が投降した事実をフォートフッド基地に知らせるよう手配した。

ベトナム戦争も末期のこのころには、軍は脱走兵の扱いに慣れきっていた。一九六八年から七一年にかけて志願兵の五パーセントが脱走したのだ。そこで軍は戦う意志のない男たちで軍刑務所をいっぱいにするよりも、典型的な手法だが、自首した脱走兵たちにある取引をもちかけた。長い刑期を課せられる恐れのある高等軍法会議にかけられるより、いっそのこと分限免職を受け入れてはどうかという提案だ。これは薬物依存者や精神的な傷を負った兵士によく適用される種類の免職だが、けっして甘い処分ではない。将来にわたり実質的に軍からの支給金はいっさいなくなり、しばしば新しい雇用主には相手にされなくなる。それでも投獄の恐怖から逃れるため、ほとんどの容疑者がむしろこの「汚点ある経歴」を受け入れていた。

だが、最低ランクへの格下げも含まれるこの取引について知らされると、ホルダーはいたく傷ついた。ベトナムで二年四カ月どころか一日も過ごしていない、基礎訓練を受けただけの役立たずとまったく同じ解雇処分を受けるのはひどい不公平だ。彼の考えでは、問題のすべては一九六九年九月のマリファナ所持というたった一件の起訴に始まった。もしあのとき、サイゴンで軍が寛大な措置さえ与えてくれていたなら、プーバイであの隊長と衝突することもなかったし、彼の意思に反してフォートフッドに送り返されることもなかっただろう。それが今、軍は彼がまるで存在しなかったかのように、すべてのつながりを断ち切ろうとしている。たった一本、軽率にマリファナタバコを吸ったことで、こんな辛苦をなめさせられるとは！

しかし、ロンビン軍事刑務所での悲惨な二九日の経験が、何としてでも軍刑務所送りだけは避けろと教えていた。結局、激しい憤りを覚えながらも、分限免職を受け入れた。

解雇書類を渡される前に軍医に会って、エレファントグラスの中に散らばるズタズタになった死体や、ヒューイ・ヘリの床に凝固した負傷兵の血液など、今もしつこく頭から離れない戦場シーンについて話した。精神安定剤を処方されただけで追い返された。解雇の性質上、ホルダーにはそれ以上の医療を受ける資格はなかった。

息子の偽りを恥じた両親は、双子の娘に会いに来るとき以外の実家への出入りを禁止した。ちょうどこのころ、ホルダーはリー・デイヴィスともあわや暴力沙汰になるほど激しい喧嘩をした。それがあって、デイヴィスとニューハウスは、ホルダーが実質上エルカホンのアパートに住んでいる状態にそれ以上耐えられなくなった。深刻な言い争いになるリスクを避け、彼らは自分たちだけの住まいを探し始めた。

それでもカーコウのホルダーに対する気持ちは日ごとに深まっていった。彼女には二年間も逃走していた本物の兵士と付き合うのは新鮮だった。サンディエゴのバーやビーチで出会う気取った男たちと違い、彼は真の行動派だ。あの手の連中はコリヤー公園の平和集会に出席したり、交番の壁に「豚小屋」とスプレーで落書きしたりするだけで自分のことを勇気があると考える。でも、ホルダーは一九歳の誕生日をM113の上からベトコンをなぎ倒しながら過ごし、軍から逃走するためには自由を失う危険をも賭した。カーコウはかつてそこまでガッツがある過激な本物の男とベッドを共にしたことがなかった。天体のパワーが一三年ものちに二人をふたたび結びつけたという彼の言い分を本気で信じていたわけではなかったが、かつてクースベイで彼が罵倒された事実は気に入っていた。とはいえ、まだ誰と付き合っているかを母に打ち明ける勇気はなかった。

関係が深まるにつれ、ホルダーのカーコウに対する独占欲は強くなった。ある晩、カーコウがマッサージパーラーの仕事から帰ると、ホルダーがウォーターベッドの端に座ってピリピリした様子でポールモールを吸っていた。彼は言った。

「もうあそこには行くな。二度と、永遠に。あれはきみのようなレディのする仕事じゃない」

カーコウはホルダーの気持ちにほろっとなった。彼女が客を気持ちよくさせていると想像するたびに彼の心がどんなにかき乱されていたかまでは考えが及んでいなかったのだ。でも、マッサージの仕事をやめたら、どうやって食べていけばいいの？　ファースト・エディから仕入れたダイムバッグ〔袋づめした一〇ドル分の麻薬〕を売って小銭を稼いでいたが、その仕事ぶりははなはだしくいい加減だった。ホルダーをはじめとする知り合いに、売り物のほとんどを吸わせてしまっていた。

ホルダーは彼女にそばに座るよう手招きした。髪の毛をなでながら、宇宙が面倒を見てくれるから大丈夫だと穏やかになだめた。きっと何不自由なく暮らせるよと。

カーコウはホルダーに絶大なる信頼を寄せていたとはいえ、金のことを心配せずにはいられなかった。数日おきにセキュリティ・パシフィック・ナショナル銀行にある自分の当座預金口座の残高をチェックすると、どんどん減っていくので不安はつのる一方だった。それでもホルダーは、分限免職のせいで、する価値のある仕事からは徹底的に締め出されていると言って仕事を探そうとしない。代わりに宇宙の意図を予測する試みに日々を費やしていた。占星術のチャートに相談し、夢判断の本を熟読した。そして、夢が正夢であるしるしを見つける方法について書かれた部分に、注意深くアンダーラインを引いた。十二宮図をしっかり理解するために何度も何度も参考にしたせいでボロボロになったマダム・ブラヴァツキー著『シークレット・ドクトリン』は、彼の座右の書となった。その念入りな研究が、必ず選択すべき宿命の道を指し示してくれるものと確信していた。

一時期は二人でコスタリカに移住して、ジャングルの中で画期的な動物学の研究をする定めにあるのではないかと思った。のちには、少し前にニクソン大統領が歴史的な訪問を実現した中国に亡命する考えをもてあそんだ。だが、結局どちらのアイデアもつまらなすぎると退けた。暗い謎に包まれた自らの運命について考えれば考えるほど、それには何らかの形でベトナムが絡んでいるはずだと感じた。

そしてホルダーはついに軍との熾烈な断絶に対する完璧な説明を発見した――心の奥底に秘めた戦争に対する思いを表現させるために、運命はあの分限免職を彼に与えたのだ。そう、ロクニンに近いあのゴム園では一秒すらもたないヤワなヒッピーではなく、彼こそが、ついに国民を刮目させベトナムにおける道徳的不公平に気づかせる人物になるのだ。

さて、心の中に漠然とした目的はできたものの、具体的にどういう行動をとればいいかがなかなか思いつかない。それは歴史を変えるほど劇的なものでなくてはならない。すると四月のある日、何かひらめきを与えてくれるものはないかと読んでいた「サンディエゴ・ユニオン」紙の中に、アンジェラ・デイヴィスの殺人公判に関する記事を見つけた。

アンジェラ・デイヴィスはカリフォルニア大学ロサンゼルス校（ＵＣＬＡ）での短い在職期間に、典型的な新入りの哲学教授よりはるかに高い悪名を獲得した。共産主義者を自認し革命用語に長けた彼女は、一九六九年の春、ＵＣＬＡにたいした前評判もなしに雇われた。しかし秋学期が近づくころには、彼女の急進的な政治理論や、警官のことを「ブタ」と呼ぶ態度が噂になっていた。これに対し、カリフォルニア州知事のロナルド・レーガンは、共産党員には教職のポジションを与えないという同大学機構の長年のルールに反するとして、公然と彼女の解雇を要求した。すると、ＵＣＬＡの学生二〇〇〇人近くが、カール・マルクスとフレデリック・ダグラスの作品を解釈する二五歳のデイヴィス教授の「黒人文学に繰り返し現れる哲学的テーマ」という授業に押しかけるという形で、レーガンの干渉に反対の声を上げた。

一〇カ月におよぶ法的闘争ののちにレーガンはついに勝利した。UCLA教授会にデイヴィスの追放を通知する一九七〇年六月付の回覧には、勝ち誇った州知事が「大学職員評議会の議長である私は、そして評議会も、州の機関におけるいかなる共産主義的活動も容認しない」と記している。彼はさらに「共産主義者は我々みなが共有し、また誇りとしている政府のこの素晴らしいシステムを脅かす」と続けている。デイヴィスは職を失ったが、この長びいた解雇劇のゴタゴタは彼女を反体制文化の象徴的存在にした。

解雇後まもなく大量の脅迫状を受け取ったデイヴィスはボディガードとして一七歳のジョナサン・ジャクソン少年を雇い、何丁かの銃を与えた。一九七〇年八月七日、ジョナサンは黒人受刑者ジェームズ・マクレーンが看守を刺した罪で公判中だった北カリフォルニアのマリン郡裁判所をこれらの銃を使用して襲撃した。マクレーンの殺傷事件は、看守たちと囚人ギャング「ブラック・ゲリラ・ファミリー」の間で繰り広げられていた報復合戦の最中に起きた。このギャングの結成者の一人がジョナサンの兄ジョージだったのだ。ジョージ・ジャクソンは多少は名の知れた急進派作家であるだけでなく、「ソルダッド・ブラザーズ」と呼ばれるグループの一員だった。これは一九七〇年一月に受刑者三人が殺された報復として看守を殺害した罪で告訴されている受刑者グループだ。

ジョナサンの裁判所襲撃の目的は、控えめに言っても野心的だった。彼の意図は、人質を取り、近くのラジオ局を乗っ取ってカリフォルニアの黒人受刑者が耐えている不潔きわまりない処遇についてメッセージを流し、ソルダッド・ブラザーズの即時釈放を要求することにあった。

デイヴィスの名で登録された銃を使い、ジョナサンはまんまとマクレーンに加え、公判で証言の番を待っていた受刑者二人を解放することに成功した。この受刑者の一人が有罪判決を受けた誘拐犯のルーシェル・マギーだった。彼らは短銃身ショットガンをハロルド・ヘイリー判事の首に結びつけるなどして、計五人を人質に取った。さらに人質を裁判所の廊下に連れ出し、記者団に自分たちの逃亡計画を報道するよう促した。メンバーの一人はヘイリー判事の頭に拳銃を向けて、「好きなだけ写真を撮っていいぜ」と「サン・ラファエル・インデペンデント・ジャーナル」紙のカメラマンに言った。「おれたちは革命家だ」とも言った。

だが、彼らはラジオ局まで到達できなかった。人質たちを裁判所の駐車場から連れ出そうとしたとき、数人の警官がジョナサンの車に向けて発砲した。続いて起きた銃撃戦でジョナサンと脱走犯二人は射殺され、ヘイリー判事も首に結びつけられたショットガンを誰かが発砲して顔を吹き飛ばされ、死亡した。脱走犯の中ではマギーだけが数カ所を撃たれたものの生き延びた。

ジョナサンの銃の出所が確定されると、アンジェラ・デイヴィスは全国で指名手配になった。一九七〇年一〇月、FBIの十大指名手配者リストに名を連ねた二カ月後に、マンハッタンのウエストサイドにあるハワード・ジョンソンのレストランチェーン「モーターロッジ」で逮捕された。彼女は頭にぴったり張りつくウイッグでトレードマークのアフロヘアを隠し、変装していた。

続く殺人罪の裁判はしょっぱなから大混乱に陥った。一九七一年一月、彼女は罪状認否で「私は私の過失性とはまったく無関係な、カリフォルニア州を政治的弾圧の実行者とする政治的でっち上げのターゲットとして法廷に立ちます」と公言した。共同被告人のマギーも雄弁さではるかに劣ったものの態度は同じくらい挑戦的だった。何度も感情を爆発させ、一度は自らの弁護人をクー・クラックス・クランの回し者だとののしって顔を蹴った。廷吏が証言に備えてマギーを椅子に拘束し始めた。のちに彼の件は、法廷の茶番劇がましになるよう、デイヴィスのそれとは別に審理されることになった。

デイヴィスが独房の中でしょげ返ってイマヌエル・カントの権力の概念について博士論文を書いている間に、彼女の訴訟は七〇近い国で弁護委員会により取り上げられた。彼女の美しい顔が載った蛍光色のポスターや同情的なパンフレットが、パリからボンベイまで、あらゆるキャンパスに出現した。ローリングストーンズは「Sweet Black Angel」〔邦題は「黒いエンジェル」〕という曲を作り、彼女は「銃を手にした先公じゃない／赤にかぶれた女教師じゃない」むしろ「やさしい黒人の奴隷なんだ」と歌って、デイヴィスの自由を要求した。また、作曲家ドミートリイ・ショスタコーヴィチを筆頭にソビエト連邦の芸術家たちは連名でニクソン大統領に「どうかあなたの影響力を使ってミス・デイヴィスを釈放してください」と嘆願する公開状を送った。一九七二年二月についに仮釈放が許可されると、まったくの赤の他人が自分の酪農場を担保に入れて保釈金の一〇万二五〇〇ドルを納めた。共産主義思想はイエス・キリストの教えと一致すると思ったというのが、その理由だったそうだ。

アメリカの誰もがそうだったが、ホルダーもすでに何カ月も前からデイヴィスの件については知っていた。だが、四月のある日、裁判についての記事を読み進むうちに、説明しがたい激しい怒りがこみ上げてきた。その記事によると、検察側はブラック・ゲリラ・ファミリーのリーダーでその救出が法廷襲撃の究極の目標であったジョージ・ジャクソン宛てにデイヴィスが送った媚を売る数通の手紙を公表しようとしていた。検察はデイヴィスがレズビアンであることを明らかに知らず、ジャクソンと駆け落ちするために襲撃計画に参加したという説を立てていた（ジャクソンは一九七一年八月にサン・クエンティン刑務所から脱走を試みた際に看守により殺害された）。「あふれんばかりの愛はどこにでも、どの二人の人間の間にも、今まで気づかなかったけれど私たちの間にさえ存在します」彼女は知性あふれる短いラブレターの一通にそう書いている。「それは自分がふわふわして弱いと感じさせるけれど、それは弱さに屈する種類の弱さではありません。というのは、それは私をはるかに強くしてくれるからです。私の生涯の夫であるあなたといれば、私の強さは無限です」

ホルダーはデイヴィスの私的な書簡を彼女に不利になる材料として使おうとする検察に憤りを覚えた。それは無礼な手口だと思えた。この事件に引きつけられた彼は、図書館に行ってデイヴィスの苦境について読みあさった。新聞のバックナンバーをパラパラと拾い読みしているうちに、一九七一年に法廷で撮られた一枚の写真に目がとまった。にこやかにデイヴィスがブラックパワーを誇示する独特の敬礼をしている一方で、両手を背中で縛られたマギーはむっつりした顔で被告席に座っている。

ホルダーはその情景を頭に描き、そこに含まれる絶望と希望に思いをめぐらせた。自分自身にかすかに似ている男、マギーの屈辱にホルダーの血が煮えたぎった。そして、皮肉っぽく微笑むデイヴィスの唇が頭から離れなくなった。それは相手を強烈に見据える目とは矛盾していた。正確には彼女を美しいとは思わなかった。清潔感のある白人娘のほうが圧倒的に好みだ。だが、それでも彼女の握り拳が自分だけに向けられたシグナルででもあるかのように、心の深いところで磁石のように彼女に引きつけられた。

その瞬間、ウィリー・ロジャー・ホルダーにスイッチが入った。ついにキャシー・カーコウと二人で歴史に爪痕を残すため、自分が何をするよう運命づけられていたかがわかった。

第五章
「おれはここにいる、存在している」

一九六九年二月に第一回連邦航空局ハイジャック対策特別作業部会が招集されたとき、メンバーの一〇人は手ごわい仕事に直面していることを知っていた。その理由は危機の重大性だけでなく、航空会社の非協力的態度にあった。政府関係のロビイストに大金を払った彼らには、乗客に不便を強いるいかなる安全対策をも拒める政治的影響力があった。したがって、ＦＡＡがどんな解決策を提案するにしろ、それは大半の乗客に気づかれないものでなくてはならなかった。

作業部会のメンバーでＦＡＡの主任精神分析医でもあるジョン・デイリーは、過去のハイジャック犯の手口の分析からこの問題に手をつけた。そして一九六一年以降アメリカで起きた七〇件以上にのぼるハイジャック事件についての記録を一つ残らず熟読し、犯人の基本的な特質――どんな服装だったか、どこに住んでいたか、いつ事件を起こしたか、航空会社の職員の前でどう振る舞ったかなど――のデータベースをまとめ上げた。この調査結果により、すべての犯人がチェックイン時に犯行の意図をうっかりばらしていたことが明らかになった。

「振る舞い以外に、彼らに共通した特徴はありません」彼はある航空会社役員に言った。「背が高い者もいれば低い者もいる。長髪の者もいれば、そうでない者もいる。大きい鼻の者もいれば、……などなど。要するに見かけからハイジャック犯を割り出すのは不可能です。でも、ハイジャックを企んでいる者と普通の旅客を振る舞いで見分ける方法はあります」

キャリアの大部分を空軍や海軍の適性検査作りに費やしてきたデイリーは、犯意を抱いている可能性のある旅客を見つけ出すための短いチェックリストを制作した。たとえば、航空券の支払いに普通でない方法を使用している場合、それは重要な手がかりになる。目を合わせるのを避けたり、自身の手荷物の中身をよく知らなかったり、または手荷物のことを不自然なほど心配した場合も同じだ。デイリーはその指標を旅客全体のごく少数――理想的には一〇〇〇人に三人以下――にしか適合しないよう微調整した。そして、この少数の「被選別者」を、好奇心の強い他の客たちの目の届かないところで、手動式金属探知機で検査するよう求めた。被選別者のほとんどが単に変わった人物であることが証明されるだけだろうが、銃やナイフや爆発物を携帯している者も何人か発見されるだろう。

一九六九年の夏の終わりに、ＦＡＡは九つの空港でイースタン航空の乗客にデイリーのハイジャック防止システムを適用し始めた。搭乗券を受け取る際にデイリーの行動チェックリストに適合すると判断された男は、こっそりプライベートエリアに導かれ、連邦保安官によりU字型の金属探知機で体をなでられる。その間、そのような侵害に対し、当の人物が腹を立てるかどうかをＦＡＡが確認できるよう、デイリーの助手がこのプロセスをひそかに録画した。

デイリーはこの実験が大成功だったと発表した。二二万六〇〇〇人の乗客のうち、チェックリストに引っかかったのはわずか一二六八人。この人たちを脇へちょっと寄せて金属探知機で調べた結果、二四人が武器の所持や麻薬関連の罪で逮捕された。さらに重要なのは、被選別者たちに余分に検査されることを気にする様子がまったくと言っていいほど見られなかったことだ。のちにインタビューすると、ほとんどの人がハイジャックを防ぐためについに何か手が打たれていることを知って、うれしいと言った。

デイリーのシステムの巧妙さに満足し、ミニキエーロのローマ逃亡が華々しく報道された直後の一九六九年一一月から、航空会社は自主的にこれを導入し始めた。まもなくアメリカ領空でのハイジャックは急激に減少し、一九七〇年一月にはたったの一件、翌二月にも一件起きただけになった。清掃作業員が空港ターミナルの外の鉢植えに銃やナイフが突っこまれているのを発見し始めた。おそらく「電子検査施行中」という掲示を見てやる気をくじかれたハイジャック志願者が捨てたのだろう。

◆

だが、FAAによる同システムの導入方法には二つの決定的な欠陥があった。一つは、パイロットやスチュワーデスにどの乗客が被選別者だったかが知らされていなかったことだ。それゆえにハイジャック犯が爆発物を持っていると主張したときに、乗員にはその人物が搭乗前に検査されたかどうかがわからないため、その脅しがハッタリかどうかを判断できなかった。結果、用心にこしたことはないと、ハイジャック犯のすべての要求にしたがうしかなかった。

さらに根本的な弱点は、このシステムが航空会社の発券係の注意深さに完全に依存していたことだった。警備のプロでもない発券係が、目の前に現れるすべての乗客をデイリーのチェックリストでふるい分ける責任を負わされていた。来る日も来る日も、何千人ものイライラした客をさばいていれば、発券係の注意力が時とともに散漫になるのはしかたない。だんだん気がゆるんでくるのは人の常なのだ。

最高裁に冷たくあしらわれ、アーサー・ゲイツ・バークレーはとうとうキレた。一九六三年にフェニックスにあるベーカリーのトラック運転手の職を失って以来、彼はほぼずっと訴訟に巻きこまれてきた。解雇の理由は、彼がセールスマネージャーに仕事ぶりを批判する電話をかけ続けるというしやがらせをしたからだった。当初、バークレーは一九日分の病欠手当が未払いだとして元雇用主を訴えていた。のちに四七一ドル七八セントの税請求を不服とし、賃金の計算を間違われたとして、怒りの矛先をアメリカ国税庁に向けた。州裁判所への国税庁に対する告訴が内容不十分として却下されると、最高裁に上訴した。彼の上訴書は次のような印象的な言葉で始まっていた。

❖ デイリーはハイジャック犯が女性である可能性を否定した。「女性はハイジャック犯が使うような銃や爆弾についての知識が必要となる状況にはまず巻きこまれない」と一九六九年二月に下院で述べている。

◆ イースタン航空のある職員はＦＡＡに、このシステムがマフィアを顧客にしている同社のニューヨーク—マイアミ線の売上に悪影響を与えていると不満を訴えた。こうした犯罪者は武器を携帯せずに飛ぶことを拒否し、飛行機をやめて車でフロリダに移動し始めたからだった。

「私はアメリカ合衆国に奴隷として囚われています」

バークレーはワシントンＤＣの九人の賢人たちがきっと彼の受けている迫害の根深さを理解し、過去七年間求め続けてきた正当な判断を下してくれるものと確信していた。だが、九九パーセントの上訴がそうであるように、判事は彼の嘆願をコメントもなしに突き返した。バークレーはその横柄な態度への報復を誓った。

一九七〇年六月四日、遅い朝食を取りながらバークレーは妻のスーに、昼前にワシントンＤＣに飛ぶつもりだと言った。第二次大戦の退役軍人で四九歳の彼は、国税庁や全国労働関係委員会の冷淡な役人たちに自身の言い分を申し立てるために、すでに何度かかの地に飛んでいた。スーには首都への訪問は今回を絶対に最後にすると約束した。「税金の件は今日でケリをつけるからな」彼は妻にキスしながらそう言って出かけていった。

バークレーがフェニックス・スカイハーバー国際空港に到着すると、ＴＷＡの発券カウンターは押すな押すなの混雑ぶりだった。ＴＷＡの唯一の金属探知機は故障中で、あたふたした二人の発券係は、もし誰かがＦＡＡのハイジャック犯チェックリストに適合したらどうしようと不安だった。そんな状況に陥るのを避けるため、手早く搭乗券を発行しながら、乗客たちにおざなりな視線を走らせるばかりだった。バークレーはパリッとした格子織のブレザーを着た、なめらかなブロンドの無骨なハンサムだ。彼がワシントンＤＣのナショナル空港行き四八六便にチェックインするのに、怪しまれる材料はまったくなかった。

ボーイング７２７がアルバカーキ上空を過ぎるころ、バークレーは二二口径ピストルと剃刀、さらにガソリンを満たしたスチール缶を携え、何気ない素振りでコックピットに入っていった。TWAの方針にしたがい、パイロットたちはバークレーにどこでも好きなところに連れて行くと約束した。変わった場所ではなく、ハバナを目指してくれていることを祈っていた。

だが、バークレーの計画に国外逃亡は含まれていなかった。彼がもとの目的地からわずか五〇キロ足らずしか離れていないヴァージニア北部のダレス国際空港を目指すよう命じると、パイロットは面食らった。ところが、飛行プランへのこの小さな変更要求の他にも、バークレーにはもう一つ要求があった。それは最高裁判所の財源から一億ドルを続き番号でない小額紙幣で用意しろというものだった。もしダレスで金が待っていなかったら、ガソリンを乗客の上にまき、マッチで火をつけると断言した。

TWAの役員たちはこの身代金の要求に不意打ちを食わされた。航空業界の誰もがそうだったが、彼らもまたハイジャックの目的はただ外国に飛ぶ手段の獲得だけだと決めつけていた。まさか、ハイジャック犯がありきたりの誘拐犯よろしく、乗客の命と引き換えに金を要求しようなどとは思ってもみなかったのだ。当の航空会社はこの種の脅迫への対処法を用意していなかった。

TWAは最高裁判所が一億ドルもの金をキャッシュで持っていないどころか、その馬鹿げた金額の何分の一すら払える立場にないことを知っていた。だが、TWAはその悪い知らせを犯人に伝えるのを恐れた。今なお誰の記憶にも生々しい暴力的な一件にかんがみて、彼の脅迫も真剣に受け止めざるをえなかった。

三カ月前に、その年の比較的少ないハイジャックの一つが悲劇的な結末を迎えていた。それはジョン・ディヴィヴォという男がボストン近辺でイースタン航空機の副操縦士を殺し、その後、彼自身も機長に撃たれるという事件だった。パイロットにヨーロッパを目指して燃料がなくなるまで飛ばせ続けて大西洋に墜落させようとしたディヴィヴォと同じく、バークレーも誰かを殺してもおかしくないほど精神が錯乱していた。彼はニクソン大統領とジョージ・シュルツ労働省長官と九人の最高裁判事の全員に「指導者失格」だと伝えるよう要求するメッセージを、無線で送り続けていた。

バークレーの要求をのむことの是非を話し合う間もなく、TWAは彼を金でなだめるという致命的な決断を下した。TWAの職員は猶予なくできるだけ多くのキャッシュをかき集めるべく、ワシントン地区の二つの銀行に走らされた。彼らは計一〇万七五〇ドルを手にダレスに戻ってきた。

TWAはバークレーが理性的になり、要求より低いこの額で納得すると踏んでいた。しかし、訴訟好きな元トラック運転手に妥協する気はいっさいなかった。金の入ったキャンバス地の袋がアイドリング中のボーイング727に届けられるやいなや、中身をいじくり回し、何千万ドルもごまかされていることに気づいた。彼はコックピットの床にキャッシュをばらまくことで強烈な不満をあらわにした。すねまで一〇〇ドル札に埋まり、怒りで赤黒くなった顔で即座に離陸しろと命じた。

機体がダレスの彼方に広がるヴァージニアの田園地帯を上昇していく間に、バークレーは無線でニクソン大統領に向けて冷ややかなメッセージを送った。「お前は金の数え方も知らないし、法の原則も知らない」

彼が次の手を考えている間、機体はワシントンDCの上空を旋回した。パイロットたちはキューバ行きのアイデアを売りこんだが、バークレーは乗ってこなかった。時折、自暴自棄になり、五八人の乗客全員を墓場への道連れにしようとした。「死ぬときに一人はよくないよな」ある時点で彼はパイロットに言った。「できるだけ多くの人間とできるだけ多くの金を道連れにしないとな。一人で死んじゃだめだ」北米防空軍団はバークレーが人口密集地帯に機体を墜落させようとした場合に備え、四機のF106戦闘機に乗っ取り機を尾行するよう命じた。

だが、二時間後にバークレーはTWAにもう一度だけ、一億ドルを用意するチャンスを与えることにした。前のことで懲りたTWAは、今回はFBIに局面の主導権を与えた。バークレーの命令で、FBI捜査官は滑走路に一〇〇個の郵便袋を並べた。各袋には一〇〇万ドルずつ入っていることになっているが、実際は新聞紙のくずだ。ボーイング727が着陸し、ゆっくりと停止するなり、警察の狙撃手が着陸装置を撃ち抜いた。その発砲にパニックになったある乗客が緊急脱出用のドアを蹴り開け、翼の上に這って出た。すると他の乗客たちも次々と彼のあとに続き、見捨てられた機体の横の草地に着地して、へたへたと——ある人は極度の疲労から、また、ある人はハイジャックが発生してからずっとノンストップでウイスキーを飲み続けていたために——座りこんだ。

バークレーがコックピットから顔を出して客室を覗くと、乗客は一人しか残っていなかった。その男は写真報道家で、本能的にカメラを驚いているハイジャック犯に向けた。素早く五枚の写真を撮り、バークレーが発砲すると同時に翼の上に飛び乗った。

一瞬ののちに、大勢のFBI捜査官がボーイング727の尾部からロフト用のはしごのように垂らされた階段をいっせいに上っていった。バークレーが報道写真家に気を取られているすきに、パイロットがこっそり降ろしていたのだ。捜査官が通路を駆け寄ってくるのを見たバークレーはふたたびコックピットに立て籠もり、副操縦士の腹を撃った。それに反応したＦＢＩが一斉射撃すると、弾の一つがバークレーの右手を撃ち抜いた。彼は破壊された鼻から血を流しながらキャッシュの海を転げ回っているところを、手錠をかけられた。

その夜遅く、妻からコメントを取ろうとして、リポーターがフェニックスにある彼のみすぼらしい家に押しかけた。夫の英雄的行為について一様に当惑を示す他のハイジャック犯の妻たちと違い、スー・バークレーは挑戦的な口調だった。

「夫はこの国と憲法を信じています。第二次大戦で彼が守ったものは正しかったと信じています。それなのに、誰一人彼の話を聞こうともしなかった」と、訴訟に関する書類の詰まった段ボール箱を見せながら言った。「夫は誰かに自分の言うことに耳を傾けてもらいたくて、あんなことをしたのです。私たちを救おうとしてやったのです！　でも、裏目に出てしまった」

バークレーの滑稽なほど野心的な復讐は失敗に終わったが、彼にファンがいなかったわけではない。身代金を要求するという斬新な手口により、ＴＷＡ四八六便のハイジャックはメディアにとってその年の最もおいしい報道材料の一つとなった。何十台ものカメラが地上から機体へのドラマチックな金の搬入をとらえ、まもなく「ライフ」誌は最後の人質が写したピンボケ写真を目玉にバークレー特集を掲載した。その記事が人々を魅了したのは、たとえ卑劣な行為であったとしても、彼が多くの人が抱く空想を実行に移したからだった。つかの間、国の首都の上空を支配したことで、無職の元トラック運転手がついに政府にまともな扱いをさせたのだ。自分のことを惨めで取るに足らない人間だと感じている誰もが、とてつもなくパワフルな演壇を意のままにすることに共感した。

予測どおりというか、バークレーの破天荒な行動はハイジャックの新しい波を引き起こし、それはFAAの控えめな検査システムの限界を暴き出した。ニトログリセリンの瓶で武装した男がニューヨーク発パンナムのボーイング747を乗っ取ってハバナに向かわせた。そこではカストロが新品の機体を自ら調べ、設計について掘り下げた質問をした。また、陸軍の一兵卒はフィラデルフィア行きTWA機を乗っ取り、パイロットに爆発物を持った共犯者が機内にいると信じこませてキューバの首都に向かわせた。無許可離隊した黒人の海兵は、司令官に「ニガー」と呼ばれ続けることにもう耐えられないと言って、ジョージア州サバンナ行きのデルタ航空機を乗っ取った。

ニクソン大統領は当初、エピデミックの復活にさして関心を示さなかった。そのころ、彼は国内での爆破事件に対する刑を重くする犯罪防止法の下院通過をおし進めるのに忙しかったのだ。これは大学キャンパス内のペンタゴンと関係のある研究所をターゲットにした反戦過激派による攻撃が相次いでいたため、それに歯止めをかけるのが目的だった。下院の中間選挙が一一月に迫っていたなか、ニクソンのその決定は如才ない政略だった——共和党の有権者は、むさくるしい髪型の学生を隠れベトコンだと決めつけていた。だが、ハイジャック犯のほうはまだ、保守派の「寡黙な多数派」にそれほど激しい感情的反応は引き起こしていなかった。

しかし、中東で起きた一連の組織的ハイジャックに、大統領は優先順位の変更を強いられた。一九七〇年九月六日、パレスチナ解放人民戦線（ＰＦＬＰ）の工作員の四チームが同時に四機をハイジャックした。そのうち三機はアメリカの航空会社のもので、いずれもニューヨークに向かっていた。犯行グループの中に、前年に世界的なファッション・アイコンになっていた女性奇襲隊員《コマンドー》のライラ・カリドがいた。彼女は鼻を低くし、高い頬骨を平らにするといった複数の整形手術で手に入れた新しい顔のおかげで搭乗前の検査をまんまとすり抜けた。

カリドとそのパートナーは使命を完遂する前に乗客に取り押さえられたが、ＰＦＬＰの他の三チームは成功した。パンナムの一機はカイロに向かわされ、そこで人質を解放したのち、手榴弾で爆破された。他の二機はヨルダンのゼルカにある砂漠の中の滑走路に着陸させられ、そこで疲れ切った乗客と乗員はマスクをしたガンマンによりリポーターの前を行進させられた。人質のうち八六人がアメリカ人だった。その屈辱的なショーの五日後に、ＰＦＬＰは西欧の映画製作者たちの眼前で、機体をダイナマイトで爆破した。ジェット機の激しい消滅をとらえた驚愕の映像が、アメリカの三つの全国ネットのすべてで夕方のニュースに流された。一方、国の主要新聞は黒こげになった機体の残骸の上で歓喜のあまりダンスをするゲリラたちの写真で第一面を飾った。

不運な二機がゼルカの滑走路上に駐機していた九月八日の夜、ニクソン大統領は緊急時ハイジャック対策を作成する目的で、大統領執務室にトップアドバイザーを招集した。ＰＦＬＰの作戦行動は大統領の心に強いインパクトを与えた。他国の過激派にアメリカの航空機を乗っ取っても刑事罰を受けないと信じこませるのは危険すぎる。ウイリアム・ロジャース国務長官、メルヴィン・

レアード国防長官、J・エドガー・フーヴァーFBI長官の面々に加え、大統領特別補佐官の職にあったヘンリー・キッシンジャーも列席していた。彼らは未明まで、大統領命令により執行できる法案について意見を出し合った。

九月一一日、ニクソン大統領は国民に向けて厳粛な演説を行った。その中で、アドバイザーたちの案出した七項目の計画を概説した。

「アメリカ合衆国を含むほとんどの国が、一世紀半も前に外洋での海賊行為に対処する効果的な方法を発見した」彼はしわがれたバリトンで宣言した。「今日の私たちは、空賊行為に効果的に対処することができるし、そうするつもりだ」

計画の大部分は、海外の航空会社の警備方法の中で最もすぐれたものを研究するという約束や、「武器や爆発物を探知する新しい方法」を開発するという漠然とした決意など、かなり生ぬるいものだった。だが、大統領命令の一つは真に革新的だった。

アメリカの代表的航空会社の旅客機に搭乗するアメリカ市民ならびに他の人々を守るため、我が国の民間航空会社のフライトに特別に訓練され武装した政府職員を配置する。すでにかなりの数の候補者が確保されており、すぐにでも任務に就ける状態にある。いずれ民間警備員で適切な部隊が招集され訓練されるまでは、必要な限りにおいて、特別に訓練を受けた軍のメンバーで補足する。

この空の保安官計画についての詳細が明らかになったのは、その五日後、ジョン・シェファーFAA局長が出演した、ハイジャック・エピデミックについてのABCの一時間特別番組においてだった。番組では政府が一九七一年の初めまでに四〇〇〇人の覆面保安官を用意する予定で、その準備費用が年間八〇〇〇万ドルであることが明かされた。三八口径ピストルで武装した保安官が犯人を射殺するよう訓練を受けることになる。だが、一五メートル先にいるハイジャック犯を二五秒以内に一二発の弾で確実に殺すことができなければ、この職に就く資格はない。部隊の監督はニクソン大統領の任命で新設された民間航空保安局長官のポストに就いたベンジャミン・O・デイヴィス・ジュニア中将に委ねられる。クリーブランドの問題の多い警察の監督官としての職を辞したばかりの退役空軍司令官の彼は、実質的にアメリカ初のハイジャック対応の独裁者になった。

航空会社は空の保安官が登場するかと思うとぞっとした。もし空中で銃撃戦になり、壁に穴が空くようなことになれば、機内の気圧が急激に下って墜落するのではないか。それだけではない。保安官の弾がそれて乗客が命を落とした場合の訴訟も怖い。民事裁判では、航空会社の発券係が搭乗前にハイジャック犯をはじき出しておくべきだったという訴えが通るかもしれない。

ニクソン政府が武装保安官の給料をどうやって捻出しようと計画していたかを知ると、航空会社側の不満は激怒に変わった。国内線の運賃にかけられている税に一律〇・五パーセント、国際線に一律二ドル上乗せするという案だった。

「航空会社としては、この新しい税負担に正当性を見いだすことはできない」航空業界を代表する主要な団体である米国航空輸送協会の会長は上院財務委員会の一〇月の公聴会で主張した。「この税はその適応において差別的である。なぜなら、この税の目的から恩恵を受けることができない多くの人々にも課税されるからだ」

つまり、実際には、ごく限られた便にしか空の保安官を乗せることができないのに、すべての旅客に自分たちが恩恵を受けない保護への支払いを要求するのははなはだ不公正だというのが、航空業界の主張だった。

何人かの上院議員がこの利己的な論理に動かされた。もっとも、もしこの税が課せられたなら便数を減らさなくてはならないという航空業界の脅しに屈したと言ったほうがより正確だろう。上院議員がアラスカ行きは課税対象からはずす、または失職中のパイロットを保安官として採用するといった、お得意の修正案をもち出したものだから、上院財務委員会の協議はとげとげした空気の中で完全に行き詰まってしまった。この間、追加税が実現すれば多くの旅行者が飛行機より車の利用を選ぶだろうと期待した有力な米国自動車協会は、この税の中心的支持団体になった。

一二月上旬には、ロビイストたちの干渉があまりに激しかったためにこのいわゆる「ハイジャック税」は暗礁に乗り上げた。重要な財源を失った空の保安官計画は、その野望の規模を大幅に縮小するしかなくなった。人員数の目標は一二〇〇人にまで削られた。しかも交替率の高さゆえに、最終的には任意の一時点でわずか八〇〇人が勤務中という結果になった。さらにトレーニングのプログラムがヴァージニア州フォートベルボアでのたった一週間のコースに縮められ、保安官の射撃技術に疑問の声も上がった。ある保安官がＡＰ通信社に警告した。「このプログラムは飛行機に乗る人たちには脅威だ」

航空会社は発券係に、フライトが満席なら金を払う乗客を優先して保安官の搭乗を断るよう指示した。

しかし、たとえハイジャック税の導入が議会を通過していたとしても、訓練された保安官がハイジャックのエピデミックを抑えられたとは思えない。一九七〇年の一年間に、アメリカ全土で五一〇万機が離陸した。たとえ四〇〇〇人の保安官が昼夜を問わず任務に就いたとしても、空の保安官とハイジャック犯が同じ便に乗り合わす確率はゼロに等しい。その計画は二〇階建てのオフィスビルにたった一つのスプリンクラーを取りつけて、火事が起きるならその真下にしてくれと祈るようなものだ。

まして、ハイジャック犯が乗客の中に空の保安官がいるわずかな可能性におびえて犯行を思い留まるかもしれないなどと考えるのは、なおさら馬鹿げたことだった。トーマス・ロビンソンの父親が、一九六五年にハバナに行こうとした息子の試みが失敗したあとに分析したように、ハイジャック犯にとってはリスクと報酬の理性的な計算などまったく意味がない。彼らはアメリカの最も遠いフロンティアで最高の権力者に変身する恍惚感を求め、それにより自尊心を救おうとしている失われた魂なのだ。彼らはバッグに銃や爆弾や強酸性溶液の瓶を隠し持って機内に入りこめさえすれば、軌道をそれた自分の人生を建て直すために、よろこんで命を危険にさらす。

したがって、ハイジャックはカレンダーが一九七一年へと変わっても発生し続けた。アラバマ州の一七歳の少年がナショナル航空機を乗っ取ってモントリオールに向かわせたのは、そこにあるアメリカ人徴兵回避者の大きなコミュニティが、彼の思春期特有の苦悩を理解してくれると思ったからだった。ニューヨーク市警察の元警官は五〇万ドルを用意しないとイースタン航空ボーイング727を爆破すると脅したが、その計画はバハマ諸島での身代金引き渡しの際に空港職員にタックルされてあえなく頓挫した。ウエスト・ヴァージニア州出身で炭塵肺《たんじんぱい》の末期だった五八歳の炭鉱夫は、ユナイテッド航空の乗員にテルアビブに飛ぶよう要求した。そこにあるキブツ〔共同生活をしながら農作業をする農場〕で働いて、全能の神のご機嫌を取ろうとしたらしい。

エピデミックが悪化の一途をたどるにちがいないと見たロンドンのロイズ保険組合は、アメリカの旅行者にハイジャック保険を提供し始めた。一回のフライトにつき七五ドルの保険料を払えば、人質になった場合に一日につき五〇〇ドルが支払われるほか、医療費として二五〇〇ドル、四肢の切断や死亡の場合には五〇〇〇ドルが支払われる内容だった。

乗客に初めて死者が出たときも、誰も驚かなかった。一九七一年夏には毎週のようにハイジャックが起き、しかも犯人の要求はますますエスカレートしていたのだから、そのような悲劇が起きるのは必然だった。それでも、犯人のグレゴリー・ホワイトをよく知っている人たちにとって、それは信じがたい出来事だった。

二三歳のホワイトについて目立つ点といえば、異常に細長い体形と、それにアクセントを添えるもじゃもじゃの山羊ひげくらいだった。シカゴ郊外の労働者階級の住宅地に住み、イリノイ・セントラル鉄道の事務員として、月に六〇〇ドルの給料で妻と子供二人を養っていた。彼の唯一の悪癖は飲酒で、病的といえるほど内気な性格を酒で克服していた。酔っぱらうと時に馬鹿な振る舞いをするせいで、彼は治安紊乱《びんらん》行為で何度か起訴されている。だが、彼の前歴のどこにも、彼が暴力を振るえる人間であることや、家族に食べさせバーの飲み代を払うこと以外に特に何かに興味があることを指し示すものはない。

一九七一年六月一一日の午後一一時を少し回ったころ、ホワイトはシカゴのオヘア国際空港に一本の折り畳み傘だけを手に現れた。ターミナルを通り抜け、駐機エリアに出て、ＴＷＡのニューヨーク行きに搭乗しようとする客の列に並んだ。ボーイング727のタラップを上りきったところで、スチュワーデスに搭乗券の提示を求められた。だが、この丁重なリクエストに応じる代わりに、ホワイトは傘の中からピストルを取り出し、スチュワーデスの喉元をつかんで銃口を額に押し付けた。

「北ベトナムだ」とホワイトは言った。回らない呂律《ろれつ》により、彼の虚勢がウイスキーで焚きつけられたものだとわかった。「みんな、北ベトナムに行くんだ」

ホワイトのすぐ前に搭乗した乗客が、ハワード・フランクスという六五歳の経営コンサルタントだった。彼は振り返り、タラップのほうへ後戻りした。おそらく危険な目に遭っているスチュワーデスを助けようとしたのだろうが、何が起きているかに気づかず、ただ入口に掛けたコートから何かを取り出そうとしただけかもしれない。彼の真意は永久に謎だ。なぜなら、おびえたホワイトが彼を二度――まず頭を、そして背中を――撃ったからだ。フランクスのぐにゃりとした死体がジェット機のカーペットの上にねじれて横たわった。

殺人行為が終わると、ホワイトは素早く銃をスチュワーデスの頭に戻した。スチュワーデスは銃身がまだ温かいのを感じた。ホワイトが言った。「次はお前だ」

乗客たちは悲鳴を上げながらハイジャック犯と人質のスチュワーデスとフランクスの死体を押しのけて、機外へどっと逃げ出した。混乱が収まると、ホワイトはあらためて自分の要求をパイロットに伝えた。行き先は北ベトナム。七万五〇〇〇ドルの金とフル装弾されたマシンガンを用意しろ。

ほぼ無人の機体からフランクスの死体が降ろされたあと、同機はジョン・F・ケネディ国際空港へと向かった。そこで東南アジアまで飛べる大型のジェットに乗り替えることになっていた。ニューヨークに着陸後、ホワイトはコックピットの窓から頭を突き出して外の様子をうかがった。すると、機体右翼下の暗がりに何か動くものを発見した。アスファルトにくっつくくらい低く身をかがめた男が、じりじりと前方へ移動している。ホワイトは侵入者に向けて一発放ったが、的をはずしてしまった。侵入者――この二週間にハイジャックを扱うのは二度目のFBI捜査官――が撃ち返すと、弾は見事、ハイジャック犯の左の大腿二頭筋をとらえた。出血するとホワイトは意気地なく即座に降参した。

二日後、連邦保安官により病院から車椅子で連れ出されたホワイトに、リポーターが質問を投げつけた。「なぜベトナムに行こうとしたのですか?」

「あそこで戦っている人たちに武器を届けたかったんだ」かつてただの一度もベトナム戦争にかすかな関心すら示したことのなかったホワイトがそう叫び返した。

その日からTWA航空は、乗客ハワード・フランクスの死につながった警備の抜け穴について、大々的な非難にさらされた。ホワイトは搭乗券を持っていなかったにもかかわらず、駐機エリアに歩いて出て、機体の入口までタラップを上ることが許された。ホワイトがチケットを購入した客でなかったために、ＴＷＡの発券係の誰一人、彼をＦＡＡのチェックリストに照らし合わせることができなかったのだ。

だが、ＴＷＡには自社の安全対策を微塵も変える気はなかった。「航空会社にどこまでやれるでしょうか？」搭乗手続きに何らかの変更を加える計画はあるかと尋ねられ、明らかにいらついたＴＷＡ広報担当はそう答えた。「チケットを持っている人しかターミナルには入れないようにしろとでも？　チケットを持っていない人が空港エリアに入るのを禁じろとでも？」

しかしながらグレゴリー・ホワイトのハイジャック事件は、航空会社のＦＢＩへの信頼を高めることになった。ホワイトを負傷させた捜査官は、暗闇で一五メートル先から上へ向けて発砲した。プレッシャーのかかる中での彼の正確な射撃術は、航空会社に、あくまで乗客が一人もいない状況下でだが、ＦＢＩに凶器を使用させても大丈夫だという確信を与えた。

まさにそれこそがホワイトの逮捕から六週間後、リチャード・オバーグフェルという元海軍航空整備士がニューヨークのラガーディア空港発ＴＷＡ機を乗っ取ったときに起きたことだった。彼はペンフレンドの女性にプロポーズするため、ミラノに行くことを要求した。ＴＷＡは乗っ取られたボーイング727では大西洋を越せないので人質を解放すれば長距離飛行に適したジェット機を用意すると約束した。そこで彼はラガーディア空港に戻って人質全員を解放し、二一歳のスチュワーデス一人を人質として残し、近くのケネディ空港に向かう作業車両に乗りこんだ。ケネディ空港には彼をイタリアに運ぶボーイング707が待機していた。

スチュワーデスの背中に銃を押し付けて707に向かって歩くオバーグフェルは、自分が死の標的にされているとは思ってもみなかった。ＦＢＩのスナイパーが707の尾翼の後ろにある高さ三メートルの金属製の塀を、半分の高さまで上っていた。タイトフィットの白いズボンをふくらはぎまでたくし上げ、塀の上で高性能ライフルのバランスを取り、望遠照準器を覗く。だが、引き金を引くには、オバーグフェルと人質の距離が近すぎた。

707のタラップまであと数メートルのところで、スチュワーデスがうっかりオバーグフェルの爪先を踏んづけた。ハイジャック犯がほんの一瞬バランスを崩し、三〇センチほど後ろによろめいた。スナイパーはこの何分の一秒かの好機を逃さなかった。

二発の銃声を耳にしたスチュワーデスは、「私は死んだ……あの男に殺されたんだ」と思った。しかし、その瞬間に犯人の体が滑走路上にドサッと崩れ落ちる音を耳にし、同時に、もう背骨に銃口が突きつけられていないことに気づいた。

「見回すと、（犯人が）肘をついて立ち上がろうとしていたんです」彼女はのちに記憶をたどった。「少しボーッとしているようでした。（彼が）まだそこにいるのを見て、このままでは撃たれると思いました。それで走って逃げました、走って、走って……」

だが、オバーグフェルは二度と引き金を引けなかった。スナイパーの撃った弾の一つが彼の臓器をズタズタに引き裂いていたからだ。三〇分後にジャマイカ病院で死亡が確認された。

ＴＷＡはオバーグフェル死亡のニュースによろこびを隠さなかった。「ＴＷＡは、武装し乗員一人を人質にした犯人が引き起こしたかも知れないあらゆる悲劇だけでなく、弊社の航空機が事件の続行によりヨーロッパに飛び立つのを未然に阻止してくれたＦＢＩに感謝します。……迅速かつ即座に正義が下されるという保証は、航空機の乗客乗員への武装攻撃に対する最も確かな抑止力になります」とＴＷＡは公式声明文に記した。

ＦＡＡによるチェックリストの導入とハイジャック数の突然の減少が一致した一九七〇年の前半以来、初めてエピデミックが落日の段階に入ったのではないかという真の希望がわいてきた。オバーグフェルの死亡に関する報道は、確かにハイジャック予備軍に犯行を思い留まらせたようだ。なぜなら、彼らは今、ＦＢＩが意のままに犯人を殺せる権限と手段をもっていることを知ったからだ。たぶん、まんまと乗っ取りに成功して近隣のキューバまで直接飛んでいくことくらいはできるだろうが、そこでは熱帯のグーラグに入れられるのが落ちだ。だが、それより大きな計画を抱けば、給油と身代金獲得のために、必ずいったんアメリカ国土のどこかに着陸しなければならない。そして、空港で無駄に過ごす時間が長くなればなるほど、スナイパーの銃弾に倒れる確率は高くなる。

しかし、いくらハイジャック犯が妄想癖のある連中だとしても、基本的な理性が欠けているというわけでは必ずしもない。犯罪の実行を熱望する者は先達の失敗を研究した結果、絶対的な教訓を得た――法の執行機関を避ける一番の方法は地上を避けることである。

もし、あれほどまで荷造りに心血を注がなかったら、ポール・ジョーゼフ・チニは犯罪伝説の名士になれたかもしれない。

二六歳のチニは一九七一年一一月一三日にエアー・カナダのカルガリー発トロント行きを乗っ取ったとき、紐でしっかりくくった茶色い紙包みをかかえていた。あえてそれに注意を払う者がいなかったのは、誰もがチニが大仰に振りかざしている武器のほうに気を取られていたからだろう。それは短銃身ショットガンと一〇本のダイナマイトで、そのうち一本を彼はご丁寧に不運なスチュワーデスの口に突っこんでいた。アイルランド共和国軍（ＩＲＡ）のメンバーであるとハッタリをかまし、アイルランドへの飛行と一五〇万ドルを要求した。エアー・カナダは五万ドルをかき集めて、モンタナ州グレートフォールズの小さな空港でチニに手渡した。ＴＷＡに要求より九九八九万九二五〇ドルも少ない額を渡されて完全に自制心を失ったアーサー・バークレーと違い、チニは身代金が少なくても気にしなかった。

ＤＣ８が給油のためカルガリーに引き返している途中に、チニはサプライズを提供することにした。自由に向かってパラシュートで飛び降りるから非常脱出口の一つを開けろとクルーに命令し、その準備に茶色い紙包みをほどき始めた。中にはシカゴのスカイダイビング用品店で購入したパラシュートが入っている。

この驚愕のアクションについては、一年以上も考えてきた。一九七〇年九月、ブリティッシュ・コロンビア州ヴィクトリアのアパートで、ウォッカをショットグラスで流しこみながら、彼は失敗に終わったカリフォルニアのハイジャック事件をテレビニュースで観ていた。そのときだ、彼のアルコールでぼんやりした頭にどういうわけか大発見の瞬間が訪れたのは。それは、ハイジャック犯は飛行機から飛び下りさえすれば、身代金を持ち逃げできるという発見だった。

もともとチニは自分自身でこんな計画を実行しようとは考えていなかった。というのは、彼は重度の高所恐怖症だからだ。だが、リスクの高いこの犯罪について考えれば考えるほど、パラシュートを使うことが、彼の冴えない人生を一気に好転させる唯一のチャンスに思えてきた。「認めてほしかったんだ」と彼はのちに説明した。「立ち上がってこう言いたかった。『おーい、おれはポール・チニだ。おれはここにいる、存在している、気づいてほしい』とね」

チニは犯行の準備に何カ月も費やした。空港を下見し、機体の設計を調べ、カルガリーのスカイダイビング・スクールで大量の質問をした。彼の赤と黄色のパラシュートが空で目立ち過ぎはしないかと心配だったので紺色に染め、カナダの空挺部隊員に正しく包み直してもらった。犯行当日の朝、スーツケースには、万が一アルバータ州の荒野を数日間さまよう羽目になったときに備えて、チョコレート菓子とサバイバル用品をつめこんだ。

だが、たった一つの小さなミスがチニに破滅をもたらした。パラシュートが入った包みの紐をきつく縛りすぎたのだ。

紐をほどくことができないので、パイロットの一人に何か鋭利なものを貸してくれと頼んだ。パイロットがDC8に備え付けの消防斧を差し出すと、それを受け取ろうとして上の空になったチニはショットガンを床に置いた。その瞬間、ハイジャック犯がもはや武器を手にしていないことに気づいたパイロットがショットガンを蹴飛ばし、チニの喉元をつかんだ。他の乗員が斧を取り上げ、チニの頭に振り下ろして、その頭蓋骨を骨折させた。こうしてポール・ジョーゼフ・チニは世界初の「パラジャッカー」としてではなく、愚か者として人々の記憶に刻まれることになった。

チニが喉から手が出るほど欲していた名声は、代わりにダン・クーパーと名乗る男が手に入れた。チニの不運な事件からわずか一一日後、クーパーはオレゴン州ポートランドからノースウエスト・オリエント航空機に乗りこんだ。離陸後まもなく、ブリーフケースに爆弾をしのばせているとスチュワーデスに告げた。要求した現金二〇万ドルとパラシュート四組はすべてシアトル着陸後に手に入れた。人質を解放したのち、ネバダ州レノでの燃料補給に同意した上で、メキシコシティに飛ぶよう要求した。

しかし、ボーイング727がオレゴンの州境にさしかかったところで、クーパーは機体後方の出口から凄まじい霰《あられ》の嵐の中に飛び下りた。以後、彼の姿を見た者はいない。ボロボロになった身代金の紙幣が、のちにコロンビア川の岸沿いで見つかっただけだった。

経験豊かなスカイダイバーは、クーパーがあのジャンプを生き延びた可能性を一蹴する。クーパーはスカイダイビングについて、彼が予備のパラシュートなしで飛び下りたことや、防護服を求めなかったことからして、ほとんど何も知らなかったようだ。彼が飛び出したとき、同機はおよそ時速三一四キロで飛んでいた。それは熟練ダイバーですら安全ではないと見なすスピードだ。飛び下りるとほぼ同時に衝撃で気を失った可能性がある。❖ たとえ氷点下の気温とたたきつける霰という最初の降下段階を生き延びたとしても、下の地面が命取りだっただろう。そこには三〇メートルもの高さのモミの木と凍った湖と川以外、何もない。彼以前の多くのハイジャック犯たちと同じく、おそらくクーパーも計画を最後まで綿密に立てるには、心のバランスを崩しすぎていたのだろう。

しかし、ワシントン州南部からオレゴン州北部にかけて大規模な捜索が行われたにもかかわらず、生死に関係なくクーパーの痕跡はまったく発見されなかった。事件が未解決に終わったため、人々は好き勝手にこのハイジャック犯を伝説の英雄に仕立て上げた。彼は平均的アメリカ人男性でありながら、男気を証明するために金持ちから盗む、現代のロビン・フッドになった。「人間対機械の闘いにおける見事な快挙だ」クーパー研究家を自認するワシントン大学の社会学者は言う。「ともかく今のところ、テクノロジー、大企業、権力機関、組織的なシステムを凌駕するただ一人の人間だ」

ある記者の書き間違いによりD・B・クーパーとして世間に知られるようになったこの謎だらけのハイジャック犯は、アートとビジネスの両面でもてはやされた。シアトルの二九歳のウエイターは、紙幣の詰まったスーツケースにパラシュートがついている柄のTシャツを売って一儲けした。ポートランドの酒場の歌手は、「D・B・クーパーは誰も傷つけなかった／でも、人々の心を吹っ飛ばした」という賞賛の二連句をサビにした「D・B・クーパー、どこにいるの？」という曲でまあまあのヒットを飛ばした。

そのころにはすでにハイジャックの感染性を知り抜いていた航空会社とFBIはともに、避けられない「クーパー後」の大量発生に備えて気を引きしめるのだった。それでも、一九七二年の唖然とさせられる狂乱ぶりには、残念ながらまったく心の準備ができていなかった。

❖

イリノイ州クインシーで開催された一九九二年世界フリーフォール大会まで、ボーイング727からのジャンプを試みたプロのスカイダイバーはいなかった。わずか時速二五〇キロで飛び下りた参加者は、その経験の激しさに驚いた。「飛び下りた直後に気づいたのはジェットエンジンから来る凄まじい熱と燃料のにおいだった。まず完全な真空状態があり、それからジェット気流の爆風を受けた。まるで後ろからタックルでもされたようだった」

第六章
シジフォス作戦

一九七二年の四月末には、アンジェラ・デイヴィスの解放という使命を果たすための計画作りは、ホルダーにとってフルタイムの仕事になっていた。彼はまず、大まかなコンセプトから着手した。航空機を乗っ取り、カリフォルニアのサンホセで公判中のデイヴィスと人質の交換を行う。それから、共産主義の哲学教授デイヴィスを北ベトナムに連れて行く。かの国の首相はありがたがって、デイヴィスに政治的亡命を認めるだろう。結果として起きる報道合戦により、ともかくもアメリカはホルダーを反戦に転向させた紛れもない現実——仕掛け爆弾による無意味な死、司令官たちの根拠のない楽観主義、最も忠実な兵士たちに対する軍の同情心の欠如——に否応なしに向き合うことになる。

だが、どうやって飛行機を掌握しようか？　地上にいる間に、どうすればＦＢＩのスナイパーを避けられるだろうか？　そして、最も重要な問題として、デイヴィスをハノイまで安全に送り届けたあとに、自分たちはどうすればいいのか？

ホルダーはこれらのきわめて重要な詳細について何時間も考え抜き、リングバインダーのノートを神経質なほどきちんとした字で埋めていった。恐ろしいくらいのスピードでアイデアが次々に浮かんでくるので、それらすべてを明確に書き留めておくのは一苦労だった。一心不乱に取り組めば取り組むほど、彼の考えはバラバラのごたまぜになった。そんな異常な熱意と折り合いをつけようとすれば、マリファナの量は増えるしかない。ちょうど、かつてベトナムの混乱を頭から追い払うためにドラッグに依存していたときのように。

彼は計画のことをカーコウに悟られないように用心していた。カーコウはといえば、ホルダーとの生活を支えるため、ファースト・エディから仕入れたマリファナを売りさばくのに忙しくしていた。時折、ホルダーは丸一日留守をしたあとで、双子の娘たちをビーチや動物園に連れて行ったと打ち明けることがあった。だが本当は、サンディエゴとサンフランシスコの間を飛んで、航空会社の安全対策や旅客機のレイアウトについて下調べをしていたのだ。そんなことができたのは、前年にちょっと付き合ったパシフィック・サウスウエスト航空のスチュワーデスが便宜を図ってくれたからだ。空席がある場合、航空会社の従業員は無料の航空券を友人に配ることが許されていた。

彼がアンジェラ・デイヴィスを解放する計画を練っている間に、カーコウとの生活が思わぬ障害に突き当たった。五月一日、ホルダーの醸し出す尋常でない空気に耐えられなくなったニューハウスと恋人のリー・デイヴィスが、とうとうエルカホンのアパートを出て行ったのだ。ホルダーとカーコウだけではそこの家賃はとても払えないので、五月分の家賃は踏み倒して、もっと安い部屋を探し始めた。

ちょうどそのころホルダーに、軍隊生活をしていたころから預けっぱなしにしていたある物を取りに、両親のもとに行く必要が生じた。それは一九六六年五月版の『ベトコンの機器と爆破装置に関する手引き』というマニュアルだ。それには無数の簡易爆破装置の設計図が載っている。中でもホルダーが特に関心を抱いたのがブリーフケース型の爆弾だった。起爆装置はアルカリ電池に接続した普通の腕時計により制御される。

カーコウはおんぼろのワーゲン・ビートルを運転してホルダーを両親宅まで送っていった。彼の親に会うのは初めてだった。ホルダーが爆破装置のマニュアルを探している間、彼女はホルダーの両親に自己紹介した。両親は息子の恋人選びをあまり快く思わなかった。カーコウとクースベイのつながりが、過去一三年間ひたすら忘れようとしてきた、家族の歴史の屈辱的な一章を思い出させたからだ。

しかし、ホルダーは両親の冷ややかな態度には気づきもしなかった。彼の精神的エネルギーは、最後の一滴までが完璧なハイジャック計画作りに注がれていた。その年にはあまりに多くのハイジャックが失敗に終わったが、自分こそが成功する人間だとひそかに自負していた。

「おれが立ち上がったら、もう一人のほうを見張ってくれ。でないと、おれたち二人ともおしまいだ」

アイーダ・ロビンソンは恋人のアレン・シムズに耳元でささやかれたこの謎めいた指示に頭をひねった。カップルの乗ったパシフィック・サウスウエスト航空機はあと数分でロサンゼルスに着陸する。そのとき、ロビンソンは傍らのゆりかごで眠っている生後五カ月の息子アチーバに注意を集中していた。きっと極度の疲労とエンジンの轟音のせいで、聞き間違えたのだろうと思った。

しかし、シムズがゆりかごの中に手を突っこんだとき、彼女は瞬時に何が起きようとしているか、そして自分に何が求められているかを理解した。

シムズは毛布の下に隠していた短銃身ショットガンをさっと取り出すと、通りがかったスチュワーデスの鼻に押しつけた。一瞬ののち、ロビンソンはゆりかごからピストルを取り出し、もう一人のスチュワーデスに狙いを定めた。彼女にはなぜ恋人がハイジャックをしようと決意したのかはわからなかった。だが、読書家の短大生の彼女は恋人を千パーセント信用していた。わずか四カ月前に彼が偏執性妄想で入院していたとはつゆ知らず、ただ急進的な第三世界解放戦線の信奉者でカリスマ性のある彼に夢中だった。

シムズは国を特に指定することなく、アフリカ行きを要求した。だが、たとえ国を特定していたとしても、結果は同じだっただろう。パシフィック・サウスウエスト航空の運航はカリフォルニア内に限定されていたので、同社は大西洋を横断できる機種を一機も所有していなかったのである。自分の犯したポカを知って怒りくるったシムズは近くにいた長髪の若者に八つ当たりし、「くたばれ、くそヒッピー！」と叫んでショットガンで何度も殴った。

その間、ロビンソンはリラックスし、手に入れた絶対的権力をもてあそび始めた。一人のスチュワーデスにはアチーバに粉ミルクをやるよう命令し、もう一人には赤ん坊の帽子を鉤針で編むよう命じた。

アフリカが問題外となったハイジャック犯は、ハバナで我慢することにした。燃料補給のためタンパを経由し、一九七二年一月八日の午後に到着した。これはその年のアメリカのハイジャック第一号だった。あとに続いた多数のハイジャックに比べると、比較的平凡な事件だった。

その月の終わりまでに、さらに五機がアメリカの空域で乗っ取られた。これは一九六九年一月以来、一カ月に起きた件数としては最も多い。中でも最も大胆な犯行は、リチャード・ラポイントという名の元陸軍空挺部隊員により引き起こされた。彼はダイナマイト一〇本をテープで貼り合わせたもの（実は自動車用発煙筒）を乗員に見せ、ヒューズ・エアーウエスト航空ＤＣ９を乗っ取った。ネバダ州レノ空港で五万ドルの身代金とパラシュート二組を手に入れ、コロラド北東部の上空から飛び下りた。謎に包まれたＤ・Ｂ・クーパーと違い、彼はスカイダイビングについて少しは知識があったようだ。たとえば、麦畑にゆっくり舞い降りることを可能にする操縦可能なパラシュートに加え、安全ヘルメットも要求した。しかし履物については、足をサポートする力がほとんどないファスナー付きのカウボーイブーツという、まずい選択をした。結果、凍った地面に降りるときに、左の足首を捻挫した。この怪我でまったく動けなくなったラポイントは、彼のパラシュートに無線送信機を取りつけるよう指示していたＦＢＩにより、すぐさま居場所を突き止められた。

二日後の罪状認否で、判事はラポイントに対し、負傷した足首の治療を受ける権利を認めた。これに対しベトナム戦争の退役兵だったラポイントは、帰還後の生活に適応できないでいる無数の元兵士たちの心を代弁する言葉をつぶやいた。

「それよりも、精神的な支援をいただけませんか？」

同月の二人のハイジャック犯に起きたことに比べれば、ラポイントは足首の捻挫程度ですんだのだからラッキーだった。ギャレット・ブロック・トラップネルという元精神病患者は、ニューヨークのケネディ空港での九時間におよぶ膠着状態ののちに、手と肩を撃たれた。撃ったのは救援パイロットに扮装して首尾よくTWA機に乗りこんだFBI捜査官だった。またもう一人のハイジャック犯は七人の子供の父親で四五歳のハインリッヒ・フォン・ゲオルグという男で、二〇万ドルの身代金を持ってニューヨーク州のアルバニー空港から逃げようとしたところをFBIにショットガンで銃撃され、頭を吹き飛ばされた。彼の家族がのちに申し立てたところによると、フォン・ゲオルグがモホーク航空四五二便をハイジャックしたのは、長男に心臓手術を受けさせるための金が必要だったからだった。

頻発するハイジャック事件に対し、一九七〇年九月以来、国のハイジャック対策の第一人者であるデイヴィス・ジュニア中将は、アメリカのすべての航空会社に自社の警備の手順について詳しい報告書を提出するよう命じた。結果、いくつかの航空会社が面倒すぎるという理由でFAAのチェックリストの使用をやめていたことが発覚し、デイヴィスは唖然とした。

❖ 一九七五年にロビンソンはシムズをジャマイカに残してこっそりアメリカに戻った。アチーバの密告により、彼女は一九八七年に逮捕された。アチーバは家出をしたあとに母親とその恋人に殺されそうになったと申し立てた。二〇年の刑期の半分近くを終えて釈放されたロビンソンは、今、女性受刑者が子供とのつながりを取り戻す手伝いをするサンフランシスコの組織の代表を務めている。

「あのですね、私どものもとには、毎日、変な人が大勢、飛行機に乗りにやって来るんです」イースタン航空のある発券係が「ワシントンポスト」紙に説明した。「もしハイジャック症候群に当てはまる人をすべて引き止めたりしたら、私のゲートから飛び立つ旅客機はごくわずかになってしまいますよ」。最近に起きた九件のハイジャック事件のうち七件については、乗客がまったく調べられていない旅客機の中で起きていた。

航空会社の報告書により、ＦＡＡのハイジャック防止システムにはもう一つ大きな問題があることがわかった。金属探知機の数が足りないにもかかわらず、航空会社は新規に購入することを拒否していたのだ。アメリカの空港は一日におよそ一万五〇〇〇便の民間航空便を処理していたが、全体でも機能する探知機はたった三五〇本しかなかった。したがって、機体が搭乗準備をしている間に、これらの手動式金属探知機をゲートからゲートへとくるくる回していかなければならないのだが、特に混み合った空港ではそれは不可能な技だ。たいていの場合、発券係は探知機が届くまでフライトの出発を遅らせるよりは、むしろ検査を完全にすっ飛ばした。

警備の現状はとても受け入れられるものではないと、ＦＡＡは少なくとも二〇〇マイル以上のフライトについては検査システムの適用を任意ではなく強制とする緊急命令を発した。これにより、もはや航空会社は自社の発券係に、便宜上の理由でチェックリストを無視しろとは言えなくなった。とはいえ、ＦＡＡは航空会社にチェックリストに引っかかったすべての乗客を検査しろとまでは要求できなかった。金属探知機が不足しているのに、そのような義務を果たすのは現実的には不可能だとする航空業界の議論に屈したのだ。そこで被選別者の中で正規の写真入り身分証明書を提示できた者については、探知機による検査を省いていいというオプションを与えた。

ＦＡＡがこの命令を発した二週間後、乗客の検査では食い止められない、まったく新種の脅威が出現した。それは電話による脅迫だった。

三月八日の正午前、男がマンハッタンにあるＴＷＡ本社に電話をかけてきて、ニューヨークを今しがた離陸してロサンゼルスに向かいつつある同社の航空機に爆弾を仕掛けたと言った。さらに男はケネディ空港のあるコインロッカーを調べるよう指図した。指定されたロッカーには二つの空の布製バッグと、四機のＴＷＡ機に爆弾を仕掛けたとするメモが入っていた。バッグに二〇〇万ドルをつめて、これから指定する場所に届けない限り、それらの爆弾を六時間おきに爆発させるとあった。

ロサンゼルスに向かっていた同機は大急ぎでニューヨークに引き返し、四五人の乗客全員が避難した。ブランディという名前のジャーマンシェパードの爆発物探知犬が、くだんの爆弾を探すべく機内に入った。午後一二時四八分、ブランディがコックピットにあった黒いブリーフケースを狂ったように前足でかき始めた。パイロットがフライト計画や技術マニュアルを入れて運ぶ類のブリーフケースだ。ご丁寧に白いゴシック体の「ＣＲＥＷ《クルー》」というラベルまで貼ってある。ニューヨーク市警の爆弾処理班が注意深く開け、スチールとナイロン製のヘルメットのスリットから中を覗いた。目覚まし時計に接続された重さ約二・五キロのプラスチック爆弾の塊が見えた。時計は一二分後に鳴るようセットされていた。

班員はブリーフケースを防弾チョッキの胸に抱き、大急ぎで飛行機から降り、駐機エリアのはるか遠くでひざまずいて、爆弾と起爆装置をつないでいるワイヤを切断した。午後一二時五五分、彼は「危険は去った」という合図に両腕を振った。

ＴＷＡは残りの爆弾の捜索に二〇〇便以上を地上に留めながら、匿名の電話主との交渉を続けた。結果、ＴＷＡは二〇〇万ドルを積んだ専用機を、犯人が金の受け渡しに指定したアトランタに飛ばした。しかし、専用機が着陸したあと、男からの連絡は途絶えた。

同夜の午前一時ころ、ラスベガス空港で無人のＴＷＡジェット機のコックピットで爆弾が爆発した。その凄まじい爆破は、もし同機が飛んでいる最中なら、間違いなく機内のすべての人の命を奪っただろう。ＴＷＡの検査官が同機を二度も捜索したにもかかわらず、どういうわけか爆発物は見落とされたらしい。

続く二日間にアメリカ全土で航空会社各社に、二万五〇〇〇ドルから数百万ドルまでのいろいろな要求額で、計一二回の爆破予告電話があった。新たな爆弾は発見されなかったが、何万人ものアメリカ人が恐怖にかられてフライトをキャンセルした。オーバーブッキングが日常的だった人気フライトで、突然、空席の数が乗客数を上回った。

ニクソン大統領は空の安全の重大局面について、国民に向けて一年半のうちに二度目となる演説を強いられた。

我が国の輸送システムは、航空輸送を標的として今週全国で起きた卑劣な脅迫という形の新しい脅威に直面しています。私たちはこのような無法行為にけっして怯えるべきではありません。むしろ地上におけるこういった脅迫にも、空中で乗っ取りに遭遇したときと同じくらいの強硬姿勢で取り組むべきであり、また、そうする決意にあります。

大統領は乗客以外の人間に荷物を機内にこっそり持ちこませないよう、航空会社に荷物関連設備への人の出入りを制限するよう命じた。彼はまた航空会社に脅迫犯や乗っ取り犯への金の支払いを禁じる案もてあそんだ。しかし、彼の法律顧問が、そのような禁止令は下院しか通らないだろうし、たとえもし成立したとしても、極端な状況についての例外条項を含めなくてはならないだろうと結論した。民間会社に顧客を死なせるような決断を強制することはできないからだ。

その間、アメリカの五大航空会社は共同で、爆破計画やハイジャック計画についての情報を引き出すための、二五万ドルの特別報奨金基金を創設した。さらに、乗員には離陸前の機体に爆発物が持ち込まれていないことを確かめるための新しい点検業務を課した。たとえば、ＴＷＡはスチュワーデスに爆発物が入っていないかすべての救急箱をチェックし、もし手榴弾でも見つかれば、誰もいないのを確認してトイレに捨てるよう指導した。

ハイジャック犯の心理的動機については数えきれないほどの仮説が生まれた。ＦＡＡのチェックリストを開発した心理学者のジョン・デイリーは、典型的なハイジャック犯は手軽に手に入る名声を欲しがる自惚れの強い人物であると信じていた。そういった人間が真に欲しているのは金でも政治的な勝利でもなく、マスコミの報道なのだと。「インディアンの頭皮ハンターに似ている」デイリーは下院で証言した。「彼らはいつその皮を剥いだかが他のインディアンに知られないなら、剥ぎはしないだろう」

政府のシンクタンクである「精神医学ならびに外交問題研究所」のウイリアム・デイヴィッドソン所長は、ハイジャック犯は薄情さを増していく社会に対する抗議者なのだという、比較的同情的な見方を示した。「ワシントンポスト」紙に次のようなコラムを寄稿している。

「彼らは疎外された者たちだ。彼らにとっては自分の命も、他人の命もどうでもいい。自分は完全に無力だと感じているが、一方で、航空機は圧倒的なテクノロジーとパワーの巨大な象徴である。それで、彼らはそれを強奪し我がものにする。その冒険が必然的にどこかの時点で終わるということには、ほとんど、もしくはまったく考えを及ばすことなく」

デイヴィッドソンはハイジャックのエピデミックを抑える唯一の方法は、「心理的に社会の最底辺にある人々に一日に四八〇回金属板にネジを締めるような仕事ではなく、意味のある仕事を与えることだ」と主張した。

だが、一九七二年の春に最ももてはやされたハイジャック犯の心境の解説者は、『スカイジャッカー——その空想のフライト』という全米ベストセラーの著者でもあるデイヴィッド・ハバードという名のダラスの精神分析医だった。ミズーリ州の連邦刑務所病院の医師として、彼は一九六九年一月以来、三五人以上のハイジャック犯と面談をしてきた。それにより彼は、ハイジャック犯は子供時代のトラウマのためにフライトに病的な執着を抱いていると確信するにいたった。

ハバードの結論によれば、アメリカ人のハイジャック犯は暴力的かつアルコール依存症の父親と極度に信心深い母親の子供である。歩き始めるのが非常に遅く、続いて学校では体の動きのぎこちなさゆえにいじめに遭っている。成人後は、性的に不器用だという自信のなさから、女性との関係はすべて惨憺《さんたん》たる結果に終わっている。このような試練を受けた結果、彼らは潜在意識下で優美な動きや過去の屈辱からの解放と結びつく航空機に強い関心を抱くようになる。かくもすごい乗り物を意のままにすることは、ヨチヨチ歩きの幼児だったときに悩まされた引力に勝利するも同然だからだ。

「ハイジャック犯は自分の足で立ち、男になり、自分の神と向き合い、この惑星から飛び出して、より快適な別の場所に移ることに執心しているようだ」とハバードは書いている。「ちょうど赤ん坊が初めて未知の垂直姿勢で立ち上がってみようとするときのように、精神的重圧だけでなく、墜落して死ぬ可能性をも引き受けているに違いない」。ハバードはまた、彼らがハイジャックという犯罪にエロチックなスリルを感じているとも言っている。スチュワーデスに銃を押し付けることは「彼らにとって人生初の性的に攻撃的な行為なのかもしれない」

一九七二年にはハバードの本は巷《ちまた》の話題をさらっていたが、それは単にそれがタイムリーな話題だったからではない。心理分析はハリウッドのスターたちに宣伝されホームコメディの題材にされた同年の自己改革ブームの一つの柱であり、ハバードにはジークムント・フロイトの説に対する一般大衆の好奇心をうまく利用する、ある種の才能があった。ハバードの顎ひげを生やした慈愛に満ちた風貌は、ハイジャックのエピデミックを取り上げた全国ニュースの定番になり、雑誌はその週のハイジャックの総まとめ的な記事の中で、しばしば彼の研究を中心に取り上げた。「ライフ」誌は彼のことを「ハイジャック犯の心理についておそらく誰よりもよく知っている人物」だとして絶賛した。

ハバードはまた、論争を巻き起こすことを恐れなかったので評論家としても珍重された。彼は公然とＦＡＡのチェックリストを「誤った前提に基づいた金のかかる警察国家」につながる「まやかし」だと攻撃した。彼の考えでは、固い決意に燃えている犯人は常に警備の裏をかく方法を見つけ出すので、彼らを地上で捕えようとしても無駄だ。その代わりに、彼は心理的に問題のある人々にとってハイジャックを魅力のないものにする方法を勧めた。それには、この犯罪を性的不能と結びつける医学的研究結果の宣伝や、ＦＢＩのスナイパーによる狙撃をやめることも含まれていた。ハバードは狙撃をハイジャック犯に普遍的な「死の衝動」に迎合するものとして批判していた。さらに、女性宇宙飛行士の訓練も加えていた。そうすれば、潜在的ハイジャック犯はしだいに飛行という観念を男らしさと結びつけなくなるだろうからと。

しかし、ハバードの最も奇妙な考えは、ハイジャックは子宮の中で防げるというものだった。彼によると、すべてのハイジャック犯は内耳に生理的奇形をかかえていて、それが体の不均衡の原因となっている。しかも、この奇形は母親の妊娠中の食事に亜鉛とマンガンが不足していたことに起因している。この仮説を証明するために、彼はダラスにある「異常行動センター」という研究機関で一連の実験を行った。ハバードと助手たちは子猿の耳に毒を注射し、その歩行運動を、母猿が妊娠中に食事から亜鉛とマンガンを取り除かれた子猿のそれと比較した。ハバードはハイジャックの大流行を予防するために、いつの日か、すべての妊婦がその二つのミネラルのサプリメントを摂取するようになる日が来るだろうと予測した。

ハバードの名声が高まると、嫉妬に駆られた批評家やライバルたちは、彼のどちらかというと奇抜な理論を風刺で攻撃した。FAAのジョン・デイリーはハバードのハイジャック性的原動力説をターゲットとし、冗談半分に、ハバードは性的に未熟なハイジャック犯の気持ちをそらすため機内に売春婦を配置したがっていると批判した。FAA保安事務所のジェームズ・マーフィ所長も同様に、すべての保安検査は無駄なので廃止すべきだというハバードの執拗な主張を一蹴し、「一般市民は悪者を飛行機に近づけないでほしいのだ」と反論した。

航空会社は反対にハバードの分析の大ファンだった。なぜなら、ハイジャックが起きるのは彼らのせいではないと言っているようなものだからだ。したがって、ほぼすべての航空会社がハバードを顧問として雇い、パイロットたちにハイジャック犯の扱い方について助言させた。ハバードが彼を熱愛するメディアに責任の大半を押し付け、雇用主である航空会社の声高な擁護者になったのは、たぶん無意識のうちにしたことではなかっただろう。彼は「さながら保育園の『腸チフスのメアリー』〔菌をばらまく子供〕のように、ハイジャックの手口を広めた張本人」だとしてメディアを糾弾し、乗っ取り機のパイロットと管制塔のやりとりを公表した罪で報道機関を訴えるべきだと提唱した。

百戦錬磨の記者たちは、報道という自分たちの仕事に対するハバードの認識の素朴さをただ笑うだけだった。ハイジャックの急増はニクソン大統領の歴史的な中国訪問と並ぶ、一九七二年の二大新聞ネタだ。最もつまらないハイジャックすら生き生きした記事になる。まして世間をあっと言わせるようなハイジャックなら、まさに報道の神からの贈り物だ。とりわけ、ハバードが絶妙にも「誰の中にもある小さなハイジャック犯」と言い表した何かから同情を引き出すことに成功した者たちが犯人だった場合には……。

リカルド・チャベス・オルティスはたちの悪い胃潰瘍をかかえていた。そのせいで一時間と置かず吐き通しだった。とても旅ができる状態ではなかったが、一刻も早くアルバカーキを離れたいという衝動に駆られていた。ロサンゼルスにいる妻と八人の子供を養うための窮余の策として、コックの仕事を見つけようとその町にやって来てまだ三六時間しかたっていなかった。けれども、ボロ宿で眠れない一夜を過ごすと気が変わった。一九年間、かつかつのその日暮らしをしてきたが、もうアメリカはたくさんだと思った。故郷のメキシコに戻って、ティフアナで警官になろう。給料はアメリカで卵をひっくり返して得られる額に比べたら恐ろしく少ないが、少なくともメキシコ人は彼のことを「スピック」〔スペイン系アメリカ人を意味する侮蔑語〕と呼んで、ことあるごとに騙そうとしたりはしない。

オルティスはあり金のすべてを二つのものを手に入れるためにはたいた。フロンティア航空フェニックス行きのチケットと二二口径のピストルだ。フェニックスからティフアナまでバスで行き、ブラックマーケットで銃を売れば五〇ドルの儲けが出る。最初の給料が入るまでの糊口をしのぐには十分な額だ。ティフアナの警察署で数カ月働いたあとに長男のホルヘを呼び寄せれば、ティーンエイジャーの彼がイースト・ロサンゼルスのギャングに入るのを阻止できる。

一九七二年四月一三日の朝、フロンティア航空九一便がアルバカーキ上空を上昇していく間、チャベス・オルティスは置き去りにしてきた自身のみすぼらしい人生に思いをめぐらせた。一日一五時間、皿洗いとトイレ掃除に明け暮れたあまりに多くの日々、家族から遠く離れ、ゴキブリだらけの簡易宿泊所で眠ったあまりに多くの夜。子供の一人は未熟児として生まれ、生後七カ月で死んだ。彼はそれを自分のせいだと思っている。その子を救えたかもしれない特別のサプリメントを買う経済的余裕がなかったのだ。そして今は、家族の住むヒスパニック地区が息子のホルヘをも彼から取り上げようとしている。

突然、彼の打ちひしがれた心の中で目的意識が鮮明になった。生まれてこの方、利用され続けてきたけれども、これからはそうはさせない。

あまりに多くの少年が、人生で最良の時期にさしかかったときに戦場に送られ、人殺しをさせられる。この国の何百万人もの子供たち、特に貧しい子たちや黒人の男の子たちに目を向けると、彼らはドラッグに手を出し、人生を台無しにしている。海や川や湖に目を向けると、それらも汚染されている。食べ物、すなわち人生で最も素晴らしいものすら汚染されている……だから、言いたい。「ああ、神よ、誰かがおれの言葉に耳を傾けなければならない。やつらは自分たちが世界を破壊していることを知っているのだ」。だから、おれは考える。おれに何ができるだろう？　おれたちにも何かができるはずだ。でも、それには誰かがおれの言葉に耳を傾けなくてはならない。

チャベス・オルティスは二二口径のピストルを膝の上に置いて、スチュワーデスにパイロットと話したいと言った。

武器を手にした男がコックピットに入ってくるのを見たパイロットは、間違いなく次に起きること、すなわち、お定まりの金銭要求を覚悟した。その日からわずか六日前に、モルモン教の日曜学校教師で元グリーンベレーのリチャード・マッコイという男がデンバー発のユナイテッド機を乗っ取り、五〇万ドルを手に入れた。スカイダイビングに十分な経験のある彼は、完璧なジャンプでユタ州プロボの自宅付近にパラシュート降下した。彼はリチャード・ラポイントと違い、足首を怪我から守るためコンバットブーツを履くのも忘れなかった。結局、機内で発見された指紋により、マッコイはあっという間に逮捕されたのだが、それでも航空会社は過去の経験から、このセンセーショナルな計画に鼓舞される模倣犯が現れるであろうことを知っていた。

ところが、オルティスは身代金にはまったく興味がなかった。パイロットにフェニックスを通り越してロサンゼルスに着陸すれば、そこでよろこんですべての人質を解放すると約束した。ただし、それには一つ条件があった――彼がアメリカで受けた冷遇について声明を出したいので、同市のスペイン語系メディアを機内に招き入れてほしい。

「誰も傷つけたくないんだ、頼む」オルティスはパイロットにほんの少しブロークンな英語で訴えた。「これはおれの息子だけでなく、あんたたちの息子をも救うためなんだ。おれはアメリカを、いや、全世界を救おうとしてるんだ。なぜなら、おれたちみんな、狂ってるからだよ。みんな、狂ってる」

彼の言葉に嘘はなかった。ロサンゼルス国際空港では乗員の四人だけを残し、すべての乗客を解放した。ジャーナリストが大挙して機内に乗りこんできた。彼の声明をライブで放送しようと、二局の地元ラジオ局が送りこんだ音響技術者もいた。マイクがセットされると、オルティスはスペイン語で演説を始めた。

「こんにちは。こちらはあなたの友達のリカルド・チャベス・オルティスです」

その後、とりとめのないスピーチが三四分間続いた。オルティスは彼に賃金を払わなかったさまざまな雇い主のことから、抜け穴の多いアメリカの福祉制度にいたるまで、あらゆる事柄について語った。そして一〇〇万ドルの身代金を要求してメキシコに飛ぶこともできたのに、彼にとってはこのメッセージを一言一句広めることのほうがより重要であったと、繰り返し、繰り返し強調した。すべてを話し終えると、彼はその日一日にかけた迷惑を詫びながら、弾の入っていないピストルを礼儀正しくパイロットに手渡した。

❖

犯行当時マッコイは国家警備隊のヘリ・パイロットだった。安全にパラシュート降下したあとに、奇しくもハイジャック犯（彼自身）の空からの捜索に参加するよう呼び出しを受けた。それから二四時間以内に彼は自宅で逮捕された。身代金はマッコイがすでに使った三〇ドル分が不足しているだけで、そっくり段ボール箱に発見された。

このぎこちない行動は即座にオルティスを、当時生まれつつあった「チカーノ運動」――メキシコ系アメリカ人の若者たちに政治意識をかき立てることを目指す――の英雄にした。すぐさま三万五〇〇〇ドルの保釈金をつのるため弁護委員会が結成され、何十もの家族が自発的に自宅を担保に入れた。逮捕から一週間もしない間にオルティスはロサンゼルス郡拘置所から姿を現し、外に集まっていた支援者たちの歓声を浴びた。公判を待つ間、かつてはコックや皿洗いをしていた彼がカリフォルニアの一流大学を回って、世の中に疲れた彼の顔とともに「リカルド・チャベス・オルティスを解放せよ」と書かれた巨大なプラカードの下で、移民の体験について調子っぱずれの講演を行った。

ちょうどローマで喝采を浴びたイタリア系アメリカ人ハイジャック犯のミニキエーロのように、オルティスもまた、無意識のうちに人々の怒りの源を刺激したのだ。彼のメッセージは本質的には支離滅裂だったが、その無骨な魂が政治のプロセスから完全に切り離されていると感じていた社会のある階層の人々の心の琴線に触れた。それは何年も行ってきた抗議デモが完全に無駄となった反戦主義者たちであり、大統領が大学キャンパスの爆破事件にやきもきしている間も路上犯罪の恐怖に怯える日々を送ってきた崩壊しつつある都市の住民たちだった。たとえたったの三四分であったとしても、自分の考えを発信するためにすべてを賭ける勇気をもったオルティスに彼らは敬服した。

自身のミッションに向けて準備をしていたロジャー・ホルダーは、このオルティスの受けた惜しみない賞賛に気づいていた。むしろ、それが、もしこの巧妙な計画が実を結んだ暁には自分ももてはやされるだろうとの思いこみに火を付けた。

キャシー・カーコウの手元には今や数ドルしか残っていない。ホルダーと暮らすためのアパートを探すのにはきわめて困難な状況だ。だが最終的には、サンディエゴ大学キャンパス裏のローレッタ・ストリートに一寝室のアパートを見つけた。アパートの管理人には、移動住居の販売会社で受付係として働いていると嘘をついた。さらに、ホルダーがいっしょに住む予定であることは隠しておいた。彼らのような異人種間のカップルは、あからさまに眉をひそめられることを知っていたからだ。管理人はカーコウの魅力に参り、あっさり鍵を手渡した。カーコウはライトバンを借り、ウォーターベッドとわずかばかりの私物を積んで、五月一五日に引っ越した。

数日後にホルダーがやって来たとき、二人は自分たちの将来について率直に話し合った。カーコウはキャッシュ欲しさにフォルクスワーゲンを売り払ったばかりだったが、それでも彼女の当座預金の残高は危険な領域に入っていた。彼女のシアトルにいる父が戦没者追悼記念日《メモリアル・デー》のあとに訪ねてきてもらいたがっていた。フルタイムのジャズ演奏家になるという夢は今一つかなわなかったものの、ブルース・カーコウは不動産販売の仕事でかなりの金を稼いでいたから、よろこんでウエスタン航空のシアトル行き往復チケットを送ってくれ、たぶんいくらかの金も貸してくれるだろう。しかし、そんなプレゼントも二人の経済的な苦境にとっては一時しのぎにしかならない。彼女がサンディエゴに戻って来た時点で、二人とも仕事を探さなくてはならないだろう。

心配するな、とホルダーは言った。すべてうまくいく。星座が二人にとっていい配置になっているからと。

五月三一日、カーコウがシアトルに飛ぶ準備をしている間も、ホルダーはアンジェラ・デイヴィス救出作戦の完成に没頭していた。最近のハイジャック事件についての新聞記事を読みあさり、何がうまくいき、何がうまくいかないかのメモを取った。その月にはケーススタディの材料がたっぷりあったが、その中に同じ日に起きた二件のハイジャック事件があった。一つは軍に召集されたばかりのノース・ダコタ州の若者が、ソルトレイクシティ発ウエスタン航空機を乗っ取ってハバナに飛ばせた事件だ。この男は、自分は、アメリカ政府がインドシナ半島の人々に対する攻撃をやめない限り、アメリカの空をふたたび安全なものにはしないという活動を行っている「反帝国主義運動の重武装グループ」の一員であると記したメモ書きを使って乗っ取りを行った。そのウエスタン機がキューバに着陸したのとほぼ同時刻に、ペンシルヴァニア州に住むフレデリック・ハーネマンという四九歳の男がホンジュラス北部上空でイースタン航空ボーイング727から脱出した。そのとき、彼はワシントンDCでの駐機中に航空会社からせしめた三〇万三〇〇〇ドルの身代金を手にしていた。マルクス主義の反乱者にその金を寄付するらしいという噂の中、彼はジャングルに消えた。

だが、こういった情報が集まれば集まるほど、ホルダー自身の計画は混乱してきた。少なくとも七つのプランを練り上げたが、それぞれに独自の複雑さがあり、いざどれを実行すべきかとなると、なかなか心が定まらない。各シナリオについて、ノートに手順の注意点を書き散らし、もし計画がつまずいた場合に彼自身とアンジェラ・デイヴィスがそれぞれ目指すべき目的地の代替案を、いくつかリストアップした。さらに、ハイジャックの実行中に最も効果的な言葉を正しい口調で言えるよう、携帯するメモも作成した。

ノートの白紙ページも残り少なくなったころ、ホルダーは今回の計画に、ギリシャ神話から、大きな石を永遠に山に押し上げ続ける罰を受けたサディスティックな王の名を取って「シジフォス作戦」と名付けた。

五月二四日かその前後に、頭の疲れでふらふらになったホルダーは気分転換にチャールトン・ヘストンの最新作を観ることにした。「ハイジャック」というタイトルの面白そうなサスペンス映画だ。

その映画はその題材ゆえに物議を醸し、多くのテレビ局が宣伝を断ったくらいだった。ワシントンDCのあるテレビ局のマネージャーは、感化されやすい人々がこの映画を観て飛行機を乗っ取ろうとするのではないかと懸念を表明した。とはいえ、この映画は乗っ取られた飛行機の乗客が味わう恐怖を疑似体験したいと願う人々を引きつけ、公開と同時に大人気となった。

ヘストンに加え、ロージー・グリアやイヴェット・ミミューといった豪華キャストではあったが、「ハイジャック」はプロットに穴がありすぎる劣悪な映画だった。『ハイジャックされて』というタイトルの三文小説を原作とした中途半端なサスペンス映画で、正体不明のハイジャック犯は初め、脅迫文をトイレの鏡に殴り書きする。犯人が三一歳のジェームズ・ブローリン演ずる、お定まりの傷ついたベトナム帰還兵だとわかったときに驚く人はいないだろう。軍の扱いに対する憤りに冷静さを失った犯人は、かの地では英雄扱いされると信じてソ連への逃亡を決意する。彼の間抜けな計画は当然のごとく失敗するが、その前にボーイング７０７はモスクワの地に着陸させられる。

　ブローリン演じる精神を病んだ元兵士に感情移入したホルダーは、この安っぽい映画に魅了された。彼も映画の犯人もともにベトナムから帰還後に無許可離隊し、ともに軍に見くびられたと感じている。あるシーンで、貨物倉から出ようとする瀕死のＦＢＩ捜査官を助けようとヘストン演じるパイロットがしゃがむと、ブローリンがその脇腹を蹴る。「これが職務を果たしたことへの報酬だ」と、痛みのあまり体を二つ折りにしているヘストンをあざ笑う。「そういうことになってるんだ」

　映画のクライマックスが近づくと、ブローリンはソ連のエリートにパリッとした格好で面会すべく正装の軍服に着替えた。その小生意気な調子が気に入ったホルダーは、映画を観た直後に実家に正装用軍服を取りに行き、クリーニングに出し、プレスしてもらった。さらに軍の放出品を売る店でシルバーの大尉用襟章一式を購入して襟に縫い付けた。上級将校になりすませば、ハイジャックはよりスムーズに運ぶだろうとの考えからだ。

　その週末、ホルダーはカーコウに大事な話があると言って、レストランでのディナーに誘った。彼の両親が車で二人をノース・ハーバー・ドライブにある「アンソニーズ・フィッシュ・グロット」に送っていった。シーフードカクテルで知られるサンディエゴの名店だ。彼らの惨めな経済状態を考えればとんでもない浪費だが、散財するだけの理由があるとホルダーは保証した。

　食事の途中で彼はテーブル越しに手をのばし、カーコウにその手を取るよううながした。ついに彼女をシジフォス作戦に引き入れる瞬間がやって来た。

　作戦上の細かい点まで突っこんで話しはしない。それは彼の、彼だけの責任だ。だが、まずはロサンゼルス発ハワイ行きの旅客機を乗っ取る計画から始めて、彼の頭にある大まかなアイデアを伝えた。ハワイ便の機種なら必ず彼の作戦に必要な距離を飛べるはずだと説明する。

いったん航空機を掌握したなら、サンフランシスコ国際空港へ向かわせ、そこでアンジェラ・デイヴィスとかなりの額の金を乗客の半分と交換する。それから途中ホノルルで給油し、残りの乗客を解放して北ベトナムに飛ぶ。ハノイに近づいたところで、ファム・ヴァン・ドン首相に空港でデイヴィスを出迎えて政治亡命者の身分を授けるよう要請する。ひとたびデイヴィスが信頼できる手に委ねられたことを確信したなら、ホルダーはベトナム戦争で自分が担った役割に対する罪滅ぼしに、身代金を公の場でベトコンのリーダーに寄付する。

だが、ハイジャックはハノイで終わらない。デイヴィスと身代金を降ろしたあと、カップルはオーストラリアに飛び、奥地で入植者になれるよう要求する。そこで結婚し、彼の双子の娘を呼び寄せて、カーコウが自分の子供として育てる。

それから二人はいつまでも幸せに暮らす。

カーコウは、そんなにもぶっ飛んだ話は、生まれてこの方一度も聞いたことがなかった。ホルダーの性格に反抗的な部分があることには常々気づいていたが、この計画は正真正銘の反逆だ。ここまで甘く過激なプロポーズに対してできる返事は一つしかなかった。

「それで？　ハイジャックには何を着ればいい？」

準備期間の最後の数日にはやるべきことが山のようにあった。二人が直面した最大の障害は金欠だった。レストランでのディナーでわずかな蓄えもほぼ完全に使い果たしたのに、ハワイ行きの飛行機代は五〇〇ドル以上もする。カーコウは元ルームメイトのニューハウスに電話して金を貸してくれと泣きついた。が、にべもなく断られた。

するとカーコウはずる賢い案を思いついた。計画当日にサンディエゴ空港で最終的には不渡りになる小切手を使ってチケットを購入する。もし何か疑われたら、その日の朝にセキュリティ・ナショナル・パシフィック銀行の入金ボックスに給与小切手を放りこんだと言い張る。嘘がばれるころには、二人の乗った乗継便はすでにロスからハワイに向かっているだろう。

成功の可能性が高いこのチケット購入の企みに気をよくしたホルダーは、ハイジャックを実行する際にカーコウの手を借りたい他のいくつかの点についても、かいつまんで話した。二人は互いに見知らぬ者同士として搭乗し、離れた席に座る。彼が乗っ取りに成功したあともカーコウは客室内で一般乗客になりすまし、何かトラブルが起きないかしっかり見張る。もしＦＢＩの捜査官がこっそり忍びこんできたらホルダーに警告する責任を負うので、この役割は機体が地上にあるときに特に重要になる。

計画の実行中、ホルダーは機内放送を利用して彼女とコミュニケーションを取る。彼女のコードネームは「スタン」とする。これはベトナム時代にホルダーの親友だった兵卒で、仕掛け爆弾により一八歳で命を落としたスタンリー・シュレーダーに対するちょっとした哀悼の表明だった。

五月三一日、カーコウは予定していた父を訪問するためのシアトル行きのフライトをすっぽかした。その日の午後、ホルダーはシカゴにあるユナイテッド航空の集中予約センターに電話して、六月三日のホノルル便を二席予約した。支払いは空港の発券カウンターで行うことにした。だが、数時間後に占星学の星座表を調べると、気が変わった。ふたたびユナイテッドに電話し、予約を二四時間前倒ししてもらった。

ところが、夜明け前に目覚めると、家族にきちんと別れも告げずに出発することなどできないと思った。そこで双子に会いたいと言って、父親に車で迎えに来てもらった。両親の家で、まもなくカーコウとともにオーストラリアに出発し、そこで結婚して自給自足の生活をするつもりだと告げた。両親は完全に常軌を逸した計画だと思ったが、ベトナムから帰還して以来、息子のそんな突飛な行動には慣れていた。母は翌朝七時に二人を空港まで送っていくことに同意した。

その夜、ローレッタ・ストリートのアパートで、カーコウはオーストラリアの入植者としての新しい人生のために、上機嫌でスーツケースに荷造りをした。オーストラリアのことは何も知らないが、燦々と降り注ぐ太陽と、泳ぐ機会がたっぷりあるはずだ。当然、選ぶ服も夏物が中心になる——花柄のトップス二枚、イタリア製の革サンダル、グリーンのニットショーツ、ブルーの「ビーチメイト」製ビキニ。

ホルダーの荷物は簡単だった。黒い小型スーツケースとサムソナイト製ブリーフケースの二つの機内持ちこみ品だけでいい。スーツケースにはノート、爆発物取扱いマニュアル、身代金要求のためのメモ、愛用の占星術用星座表など、計画に必要なものを入れる。

ブリーフケースには爆弾が入る。

第七章
「きみたちの中にウェザーマンがいる」

ホルダーはバスルームの鏡にもたれかかるように立ち、A種正装用軍服の皺《しわ》や飾りの具合を一つ残らずチェックした。ジャケットにピン止めした飛行士用のシルバーの翼のバッジにつばをつけてこすり、ネクタイの結び目《ウインザーノット》を微調整する。さらにメタルフレームのサングラスの琥珀色のレンズをくもり一つなくなるまで丁寧に拭く。シジフォス作戦には完璧なルックスで臨まなければならない。

次に黒い靴を磨こうとしゃがむと、カーコウがバスルームのドアを乱暴に叩いた。

「ねえ、いい加減に出てよ。クソしたいんだから」

ホルダーはカーコウのそんな話し方が大嫌いだ。美しいレディは清らかな生き物だと信じていたい。きまり悪そうにドアを開けると、彼女は朝食の紅茶のカップを手に立っていた。カーコウはこの日のために、パープルのヒップハガーパンツ、お手製のブラウンのマニッシュなベルト、薄物のピンクのブラウスという、ヒッピーっぽい上下を選んでいた。ホルダーのように彼女もまた流行のサングラスをかけているが、ツルの部分は垂らしたブラウンのヘアに隠れて目立たない。

カーコウは制服姿のホルダーを見て、くっくっと笑った。

「ロボットみたい！」金切り声で言って、ホルダーの頬にキスをする。彼はカーコウの浮かれっぷりに不安になった。彼女は自分たちの使命の重要性を軽く見ているのではないだろうか？

一九七二年六月二日の午前六時一五分。カップルがその日に最初に乗る予定のサンディエゴ発ロサンゼルス行きユナイテッド航空機の出発時刻は三時間足らずに迫っていた。


九時二五分、ロサンゼルス国際空港に降り立つと、カーコウがふたたびトイレに行きたいと言った。R・ウイリアムズという偽名を使っているホルダーは、到着ゲート付近で待つと約束した。

待ちながらポールモールに火をつけると、ブルーグレーのブレザーを着た男が近づいてきて、ウイリアムズ大尉ではありませんかと尋ねた。そうだと答えると、男はユナイテッド航空のカスタマーサービスの職員だと自己紹介した。

「お客様、ちょっとお話しすべき事態がありまして」ホルダーの軍における見た目に明らかな階級に敬意を払っていると聞こえるよう最善をつくしながら職員は言った。実はキャスリン・マリー・カーコウがサンディエゴ空港で書いた小切手に問題があると説明する。疑いをもったユナイテッドの発券係の依頼で、セキュリティ・パシフィック・ナショナル銀行がカーコウの最近の出入金の記録を入念に調べたところ、口座は実際、二ドル九七セントの借り越しになっていた。結果、ユナイテッドとしては当然ながら、彼女の五八〇ドル八三セントの小切手を引き受けることはできない。職員はホルダーに乗継便のホノルル行き航空券二枚を返すよう、丁重に求めた。

ホルダーが恋人の経済状態については何も知らなかったと弁明していると、カーコウがトイレから戻ってきた。彼女は職員に、まさに今朝、支店の入金ボックスに給与小切手を落としてきたばかりなのだから、銀行側の間違いだと断言した。給与小切手はその日の終わりまでには必ず入金されると。しかし、職員は彼女の嘘にも、女としての魅力にもぐらつかない。カーコウとホルダーは航空券を手放すしかなかった。

さらに悪いことに、カーコウの預け入れ荷物はすでにホノルル行きの便に移動中で、取り出せないと言われた。航空会社の荷物取扱い部門に連絡して、私物を取り戻す手続きをしなくてはならない。

まだ朝の一〇時にもなっていないのに、シジフォス作戦は早くもつまずいている。

銀行業界の能率の高さをはなはだしく見くびっていたホルダーとカーコウは、空港のバーでブラディマリーを注文し、ならばどうすべきかを熟慮した。カーコウが別の航空会社に不渡り小切手で支払えば、警察を呼ばれかねない。だからと言って、使命を延期するという選択肢はない。アンジェラ・デイヴィスの裁判では、まさにその日に、陪審員が審議を始める予定になっている。

にっちもさっちも行かなくなったと思ったそのとき、カーコウが何かを思い出した。それは彼女の父が送ってくれたウエスタン航空のチケットだった。ハイジャックの準備に追われ、二日前に使いそこねたチケットである。それがまだバッグに入っていた。

カーコウはウエスタン航空の発券カウンターに行き、シアトルまでの未使用の往復チケット一枚を二枚の片道チケットに交換できないか尋ねてみた。発券係は問題ないと答え、しかもロサンゼルス発シアトル行きはサンディエゴ発より少し安いので、一二ドルの返金があると言った。さらに、ホルダーがウエスタン航空の特別割引サービスを利用すれば、もっと安く飛べると言う。それは軍関係者に与えられる半額航空券だが、その場合、空席待ちになる。

それは絶対にだめだとカーコウは言った。どうしても次のシアトル行きである午後一二時五〇分発の七〇一便に席を確保しなくてはならないのだと。

カーコウが返金の申しこみ用紙に必要事項を書きこんでいる間に、発券係はカップルをざっとチェックした。彼らの振る舞いに格別不審な点は見当たらない。七〇一便の他の乗客のうち四人はさらなる検査に回されたが、ホルダーとカーコウは引っかからなかった。

搭乗券を手に二人はバーに戻り、フライト前の最後のカクテルを楽しんだ。それが終わると、涼しい顔で離れ離れになった。以後、北ベトナムに向かう途中で最後の乗客が解放されるまで、二人は見知らぬ者同士になる。

「プレイボーイ」の最新号をバッグに突っこみながら、カーコウがホルダーに最後の言葉をかけた。

「ニガー、私を置いて逃げたりしないでよ」

その中傷語は自分たちの人種的ミスマッチを茶化す、二人にだけ通じるジョークだ。

搭乗時刻は午後一二時三五分。指定席はない。ホルダーは通路側の18D、カーコウは22Dを選んだ。彼らが腰を下ろしてから約一五分後にジェット機の車輪が滑走路を離れた。シジフォス作戦は開始した。

ホルダーはマリファナがやりたくてたまらない。神経をなだめるための、ほんの数服でいい。胸ポケットにマリファナタバコをぎっしりつめたシガレットケースが入っているが、トイレでこっそり吹かせば、間違いなく無用な注意を引いてしまう。仕方がないので、スタイルのいいブロンドのスチュワーデスに持ってきたもらったバーボンのおかわりで我慢することにした。彼女はジーナだと自己紹介した。そのとき、気流の急変で機体が揺れ、彼女はホルダーのジャケットに酒を少しこぼしてしまった。彼女はしきりに謝った。

「大丈夫、ご心配なく」ホルダーは言った。「なんともなってないし」

それでも、ドライクリーニングの券を持ってくると言い張った。後部ギャレーに戻っていく彼女を振り返って見ると、その美しいボディラインにウエスタン航空のピーチカラーのユニフォームがぴったりフィットして魅力倍増だ。一瞬、ホルダーはそのゴージャスなレディを、自分やカーコウとともにオーストラリア奥地でのハッピーな入植者仲間に加わるよう、誘おうかと思った。だが、元の計画からそれるのは愚かだとわかっていた。

持っていたタバコを吸いつくすと、18Eに座っているシアトル郊外に住む自動車販売会社役員に一本せがんだ。男のほうはそれを雑談を始めるチャンスととらえ、ホルダーにまず軍に入ってどのくらいになるのかと尋ねた。

「ああ、それなら生まれる前からだよ」ホルダーは笑いながら答え、父親が全キャリアを軍に捧げてきたと説明した。

これはホルダーが隣席の客に語った最後の真実だった。それからは、ありもしない華々しい手柄話を紡ぎ始めた――仕事はヘリコプターのパイロットで、ベトナムで重傷を負って以来入院していた病院を退院したばかりだ。朝鮮でも任務に就いたことがあり、秘密の爆破指令で三八度線上を飛んでいたときに敵軍に撃ち落とされた。今は軍の諜報部の新しい任務の一環でシアトルに向かっているのだが、それはIQテストで天才レベルの一四一点を獲得した者に与えられる仕事だ。いずれ軍でのキャリアを終えたあとは、警察のパイロットたちに攻撃回避の操縦テクニックをコーチしようと考えている。

ホルダーの四列後ろではカーコウがそれよりは突飛でない作り話を、隣に座っているロス在住の中年主婦相手にしていた。シアトルに飛んでいるのは、父親の誕生日祝いのサプライズ・パーティに出るためで、仕事はサンディエゴの病院で受付をしていると。まもなく通路の反対側に座っている男に誘われたジンラミー〔トランプのゲーム〕で、カーコウはかなり抜け目のない闘い方をした。

飛行機がオレゴン州のフッド山を越えるころ、ホルダーは急に激しい自信喪失に襲われた。乗っ取りを実行するのには、すでに時間がたちすぎていないか？　そんな不安が、彼の準備の完璧さに疑問を生じさせる。機長にかける台詞を考え直して、黄色い法律用箋に狂ったように書きつける。しかし、不明瞭な文のかたまりを五つほど書くと、筋の通ったメッセージにまとめることができないまま書くのをやめた。考えが頭からするすると逃げていく。

彼は隣の男にもう一本タバコをせがみ、五月一五日に暗殺者の銃弾をすんでのところで逃れたアラバマ州知事で民主党大統領候補のジョージ・ウォレスについての「ライフ」誌の特集記事を読もうと試みた。冷静さを装ってはいたが、計画を実行する勇気を奮い起こそうと必死だった。

午後二時二五分ごろ、機内放送から機長の大声が流れてきた。機体の左側に見え始めた雪を被ったレーニア山に乗客の注意をうながしている。さらに、当機は順調に飛行を続けているので、二五分後にはシアトルに着陸する予定だと付け加えた。

ホルダーは雑誌を閉じ、タバコの火をもみ消した。やるなら今しかない、と思った。やるなら今しかない。

前方の座席の下からサムソナイト製のブリーフケースを引っ張り出し、黒い小型のスーツケースと置き換えた。ブリーフケースをほんの少し開けて旅行用目覚まし時計を取り出す。ネジを回し、またブリーフケースに戻す。

「ちょっとこの席を見ていてくれませんか?」ホルダーは18Eの自動車販売会社役員に頼んだ。と同時に立ち上がり、機体の後部に向かって通路を歩いていった。

カーコウは彼が通り過ぎるのを見守った。いよいよだわ。

ホルダーが後部ギャレーの赤いカーテンを引くと、三人のスチュワーデスがビーフとブロッコリーを口にかきこんでいた。かわいいジーナが彼の一番近くに立っている。

あ、まずい、とジーナ・クッチャーは思った。クリーニング券よね。すっかり忘れてたわ。「見せたいものがあります」ホルダーはギャレーのカウンターに七・五センチ×一三センチのノートペーパーを二枚置いて、彼女に言った。「読んでください」

クッチャーは言われたとおりにした。一枚目はこう始まっていた――

「死をもって成功とす」

ジェローム・ジャーゲンスにとって、その日は初めてボーイング727の機長を務める記念すべき日になるはずだった。一九五九年にウエスタンに入社した元海軍飛行士の彼は、数年間、737を操縦してきた。より古くて大型の727はユニークな設計の三発エンジンとT型の尾翼をもち、その敏捷性と反応の良さゆえにパイロットたちに広く愛されていた。もし雷を伴う豪雨の中を飛ぶとしたら、熟練パイロットの多くが727を選ぶだろう。

ジャーゲンスの副操縦士を務めるエドワード・リチャードソンは727に数百時間の乗務経験がある。彼はジャーゲンスの727初飛行を観察し評価するために、七〇一便に配置されていた。締めくくりは航空機関士のトーマス・クロフォードだ。アラスカのツンドラにC130輸送機を着陸させることで飛行経験を積んだ元空軍飛行士だ。彼は機長の真後ろの席に、コックピット右手に搭載された大量の装置に面して座っている。

午後二時三〇分過ぎ、ジャーゲンスがシアトル・タコマ国際空港に向かって速度を落としていると、コックピットの入口のベルが二度鳴った。ジーナ・クッチャーとパーサーのドナ・ジョーンズが入ってきた。クッチャーが二枚の紙を突き出した。

「機長、高度を下げる前にお願いです。これを……これを読んでください！」

間違いだらけのスペルにもかかわらず、そこにあるメッセージは明々白々だった。男が四人、銃三本、爆弾二個。そしてブリーフケースの図を見れば、どう少なく見積もっても、メッセージを書いた人間は軍用爆発物に熟知している。

ジャーゲンス機長は自分の飛行機をハイジャック犯にみすみす手渡すようなことは絶対にしないと常々豪語していた。誇り高き海軍兵として、彼から主導権を奪おうとするような愚か者は、必要とあらば腕ずくででも制圧する自信があった。だが今、現実に機内の九〇人の乗客全員を失う可能性に直面すると、虚勢を張ってはいられなくなった。彼はクッチャーに「戻って、この男にそっちの要求はすべてのむと伝えなさい」と言った。

ジャーゲンスはウエスタン航空のハイジャック対応手順を思い起こした。それは同社のパイロット向けマニュアルの中に、一〇ページにわたって詳記されている。シアトルの管制塔に送るべき特別な暗号がある――「7500」はハイジャック進行中を、「7700」は人命への危険が差し迫っていることを意味する。「TRIP」という暗号も乗客に関する的確な情報を添えてシアトルにリレーされなくてはならない。それには、乗客の中に幼児や、子供だけで旅行している者や、有名人や政治家はいないかといった情報が含まれる。ソビエト連邦や中国、北ベトナムといった敵対関係にある国に飛ぶときのための特別な指令さえある。対気速度の指定（四〇〇ノット）や救難信号を送るときに適切な周波数（一二一・五メガヘルツ）などだ。

副操縦士のリチャードソンはこういった手順をウエスタンのどのパイロットよりもよく知っていた。なぜなら、彼にはハイジャックの直接体験があったからだ。一カ月足らず前の五月五日に、道をはずれた召集兵をハバナに送っていったクルーの一員だった。そのハイジャック犯は中をくりぬいた本に隠した拳銃で武装し、アメリカの帝国主義に反対する準軍事組織に加わっていると主張した。リチャードソンはその生っちょろい若者をただベトナムで戦うのを怖がっているだけのマザコンの甘えん坊として相手にしなかった。その事件についてリチャードソンが最も鮮やかに記憶しているのは、キューバ人兵士たちが機内に入って来たときにその自称革命家が最初に放った「ぼくの荷物を出す人を手配してくれない？」という一言だった。❖

クッチャーは後部ギャレーに戻りながら、神に「どうか私に強さをお与えください」と祈った。彼女はこのスチュワーデスという仕事について、そもそも採用面接で、ウエスタンの面接官が資格について質問するより、バストや太腿のサイズを計るほうに時間を割いていたときから、いやな感じを抱いていた。そして今は、なぜ長年の夢にしたがって看護学校に行かなかったのかと、激しく後悔していた。

ギャレーに戻ると、ホルダーはカウンターにもたれて、くもり一つ残さず磨き上げた靴を見つめていた。クッチャーは機長の伝言をたどたどしく伝えた。

「機長は、……機長はあなたの要求にすべてしたがうと言っています」

「よし。ならばコックピットに案内しろ。二分以内にだ」

❖ マイケル・リン・ハンセンという名のこのハイジャック犯は一九七五年にアメリカに帰った。続く五年の刑期の間に熱烈なネオナチになり、のちに「キリスト教国家社会主義白人解放軍」を結成した。

ギャレーにいた他の二人のスチュワーデス——マーラ・スミスとキャロル・クライマー——はハイジャック犯がその場からいなくなるのでほっとした。彼が機体を爆破しなかったことを悔いてブツブツ言うので震え上がっていたのだ。

通路を行くホルダーとクッチャーに気づいた乗客はほとんどいなかった。赤ん坊を連れて旅行していた一九歳の母親は彼らに気づき、ホルダーの飛び抜けた背の高さゆえ二度見した。若い女性の眼差しに気づいたホルダーは、ほほえみを返し、「ピース！」と言った。

ホルダーはひょいと頭を下げて開いていたドアからコックピットに入り、三人制の操縦クルーを見下ろすように立った。一瞬の間をおいて達成感を味わいつくす。久々に、人生に対する宇宙の意図と自分が完全に調和していると感じられた。しかし、そんな満足感のうねりが引いていくと、次に何をすべきであったかが思い出せない。彼にとって最大の勝利のその瞬間に、複雑きわまりない計画のすべてが、彼の頭の中でぐちゃぐちゃになり始めた。

「リチャード・ブラッドリー・ウイリアムズだ」ホルダーは言った。震える声にかすかな不安が聞き取れる。「フォート・ラッカーでヘリの操縦訓練を受けた。ベトナムではヒューイコブラを飛ばした。帰国して三六日、今は軍の諜報部で任務に当たっている。故郷はオークランド。バツイチだ」

それからホルダーはジャーゲンス機長の後ろの補助椅子に腰を下ろし、黙りこくった。操縦士たちはキツネにつままれた気分になった。それはホルダーが要求を突きつけることより、身の上話をすることに熱心だったからだけではない。彼から受け取ったメモには、パイロットたちは四歩ずつの間隔を置いてコックピットを退出し、「機内後部の客席に座れ」とあった。ジャーゲンスはその危険なアイデアに反駁しようと身構えていた。ところが、犯人は自分が何を書いたか、すっかり忘れてしまったらしい。

ホルダーはサムソナイトのブリーフケースを掲げ、左の人差し指をぴくぴく動かした。金属の輪をはめた指だ。クルーにはその輪に銅線がつながれていて、それがブリーフケースの中に入っていっているのが見えた。

「これが起爆装置をコントロールしている」とホルダーは説明した。「この中には振盪《しんとう》手榴弾が入っている。C4も八本入っている。ところで機長、名前は？」

「ジェリー・ジャーゲンスですが」

ホルダーはジャーゲンスと固く握手し、続いて他の二人とも同様にした。トム・クロフォードはハイジャック犯の手が湿っぽく、汗が眉から滴り落ちているのに気づいた。

「言っておくが、ウェザーマンのメンバーが私の家にやってきたんだ」

彼の言う「ウェザーマン」は悪名高い過激派グループだ。「民主社会を目指す学生連盟（SDS）」の分派で、アメリカのベトナム戦争への関与を終わらせることを目的に一連の爆破事件を企ててきた。二週間前にはペンタゴンの女子トイレに爆弾を仕掛けることにも成功していた。

「やつらはおれの元妻のもとから子供たちを連れ出したと言った。誘拐したと」ホルダーは続けた。「それで、おれにこんなことをさせている。やつらは娘たちを人質に取っている……おれの家族を。今も、やつらのうち四人が機内に……爆弾をかかえて後ろにいる。一人は女で、そいつがリーダーだ。一人はＬＳＤをやっている。ロセンゼルスで……空港で、やつらが待っているところを見かけた。でも、今どこに座っているのかは知らない」

ホルダーはジャケットのポケットからリングバインダーのノートを取り出し、一ページ目を開いた。「サンフランシスコだ。やつらはサンフランシスコに行けと言っている」

「燃料が足りません」とリチャードソン。「とにかく、まずシアトルに着陸する必要があります」

ホルダーは途中でどこかに止まる時間的余裕などないと言い張った。だが、リチャードソンは選択の余地はないと反論した。残りの燃料ではワシントンとオレゴンの州境まで戻るのがやっとだと。

そのとき、ホルダーにとっさの名案が浮かんだ。シジフォス作戦をよりいっそう巧妙かつ個人的な主張に変えるアイデアだ。

「ならばクースベイに着陸しろ」

リチャードソンはハイジャック犯のバカさ加減にあきれて目を白黒させた。たとえ南西オレゴンまで到達できる燃料があったとしても、ボーイング７２７はクースベイにあるようなちっぽけな空港には絶対に着陸できないと、そっけなく説明する。今すぐシアトルに着陸するか、全員が死ぬかのどちらかだと。

ホルダーは折れたが、給油はターミナルから遠く離れた空っぽの滑走路で行えと言い張った。クロフォードはその結論を、ハイジャック関連のすべての交信を取り扱うロサンゼルスのウエスタン配機センターに無線送信した。

七〇一便　燃料補給のためシアトルに着陸する。
それは第一の問題だ。ガソリンと、おそらく金も必要になると予測される。
ウエスタン　了解。

シアトルでの短い駐機が手配されると、ホルダーは架空の主犯の指図だと見せかけて、さらに要求を続けた。

「金だ、お前も金がいると言っただろ。やつらは三〇〇万ドルを要求している」

クロフォードはホルダーと目と目を合わせるため、椅子を右側に回転させた。

「いいですか。信じるかどうかはお任せしますが、私の父はクリーブランド連邦準備銀行の副頭取です」と彼は真実を語った。続けて、三〇〇万ドルの保有金がある銀行なら、連邦準備金制度の規定に則り、毎週金曜には午後五時かっきりに、つまり今から二時間あまりで金庫を閉めるはずだと説明した。金庫の鍵はタイマーで制御されていて、月曜の午前八時までは何者も絶対に開けることはできない。

「今日、この時間に三〇〇万ドル欲しいと言っても、そんなもの、どこにも見つかりませんよ。五〇万ドルがいいところです」

「わかった。なら五〇万ドルだ」とホルダー。「それとアンジェラ・デイヴィスだ。サンフランシスコ空港の滑走路に連れて来ておけ。何か白いものを――白いワンピースでも着せて」

遠くからでも確実にデイヴィスを見つけられるよう、ホルダーはこの最後の細かい点についてかなりじっくり考え抜いていた。

クロフォードはこれらの要求を、乗客の中にＬＳＤをやっている武装した共犯者がいると主張する爆弾をかかえた男から突きつけられていることを強調しながら、ウエスタンの配機センターに伝えた。クロフォードが送信を終えた瞬間に、ホルダーが突然、他にも欲しいものがあったことを思い出した。

「それとパラシュートを五組。我々は五組のパラシュートを要求する」

クロフォードがふたたび無線機に向かうと、ジャーゲンスが機首を上げて機体を左に傾けた。滑走路を空にする間の時間稼ぎの旋回飛行に入らなくてはならない。乗客たちをシアトルでの予想外の短い駐機に備えさせるため、ジャーゲンスは彼らに真実を告げることを決意した。機内放送のスイッチを入れ、慎重に言葉を選びながら話し始めた。

「乗客のみなさま、えー、ここコックピットに当機の最終目的地に行くことを望まない人物がいらっしゃり、現在、私どもはこの方の要求に完全にしたがっています。まもなく燃料補給のためシアトルに着陸します。詳しいことがわかり次第、追ってお知らせします」

乗客たちはたっぷりニュース番組を見ていたので、何が起きているのかを正確に理解した。何人かはハバナに行く途中でハイジャック犯に強奪されるのを恐れ、キャッシュや宝石を靴下に突っこんだ。頭を垂れて祈りを捧げる者もいれば、ロザリオはないかとポケットをまさぐる者もいた。ファーストクラスのある女性は過呼吸に陥ったあげく泣きわめいたので、夫は妻の頭をブレザーの内側に突っこんで泣き声を抑えた。この女性はまもなく気を失ったので、スチュワーデスたちはほっとした。

だが、ホルダーからすれば、ジャーゲンスのあの放送では恐怖心のあおり方が足りない。一人たりとも分別のない行動を取ろうなどという気を起こさぬよう、乗客には限界まで怯えてもらわねばならない。彼は機長から機内放送のマイクを奪い取った。

「ウェザーマン、安心してくれ。我々はいかなる抵抗にも遭っていないし、彼らはこちらの要求をすべて受け入れようとしている」ホルダーは架空の主犯に向かって言った。それから彼は呼びかける相手を乗客にシフトした。

「きみたちの中にウェザーマンがいる。彼らは爆弾を持っている。一人はLSDをやっている。おとなしくしていなさい。何もしようとするな。もし誰かが変な気を起こしたら、彼らは全員を吹っ飛ばすこともいとわない」

客室では、自分たちの中に紛れこんでいるハイジャック犯を見つけようと、いくつもの目が不安そうに動き回った。子供と老人をのぞく誰もが容疑者だった。

座席番号22Dではキャシー・カーコウがほほえみを抑えきれずにいた。彼女の未来の夫の計画は想像していた以上に巧みだ。

七〇一便は午後三時一四分にシアトルに着陸した。ホルダーの指示どおり、すぐさま他機の往来のない滑走路に進んでいった。給油車が近づいてくると、一人の血迷った乗客が左翼側の緊急避難口を開けようと試みた。隣の乗客がその男を羽交い絞めにし、彼にハイジャック犯の脅しを思い出させた。

「聞いてなかったのですか？　おかしな真似をしないでください！」

一方、ホルダーは地上での時間が刻一刻と過ぎていくにつれ、不安でいてもたってもいられなくなってきた。彼の調査結果によると、ハイジャックの成功率は犯行にかかった時間に正確に反比例して急降下する。すでにサンフランシスコから七〇〇マイルも北にいる上に、今朝の不渡り小切手の大チョンボのせいで、もうかなり遅い時刻になりつつある。給油車が機体から離れるやいなや、ホルダーはジャーゲンスの耳に次の命令を吹きこんだ。

「さてと、白人よ、こいつを動かしてくれ」

「了解、ただその前にちょっと……」

「今だ。動かせ、今すぐ」

ジャーゲンスはスロットルを上げ、ジェットを34L滑走路上で急発進させた。脚をほぐそうと立ち上がっていた乗客たちは、ボロ人形のように投げ出された。

いったん機体が南に向かって飛行体勢に入ると、社交的なクロフォードはホルダーから情報を引き出そうと試みた。

「それで、後ろにいる人たち——ウェザーマンですが、彼らの爆弾もあなたのと同じ、手榴弾とC4ですか？」

ホルダーは首を横に振った。「あっちにはタイマーが付いている。目的のものが手に入り続ける限りは二時間ごとにリセットするだろう」

数分後、パーサーのジョーンズがコックピットのベルを鳴らした。乗客の一人の妻がシアトルの病院で死にかかっているらしい。緊急手術を受けていると聞いて、彼はロスで飛行機に飛び乗ったという。妻が無事に手術を乗り切ったかどうかを知りたくて気が気でない。なんとか航空会社に彼女の容態を調べてもらえないだろうか？

クロフォードはホルダーにこのメッセージを送信する許可を求めた。服従を示すクロフォードのこの小さな行為に気をよくしたホルダーは、許可を与えた。この男は交渉可能だ、とクロフォードは思った。私たちの間にはいい関係ができつつある。この男とは協力できる。

取り乱した乗客の妻が回復に向かいつつあるとの連絡を受けたあとで、クロフォードはさらにホルダーに探りを入れた。

「さて、サンフランシスコのあとですが、どこにお連れしましょうか？」

ホルダーはこの質問に不意打ちを食らった。アンジェラ・デイヴィスが無事この飛行機に搭乗するまでは最終目的地を明かすつもりはない。彼はしどろもどろになった。

「たぶん、うーん……えーと、北ベトナム？」

コックピットは恐ろしい静寂に陥った。これは大変なことになる。

クロフォードはホルダーの軍服に留められた銀色の翼を指差した。

「コブラを操縦していた、のですね？」

ホルダーがうなずくと、クロフォードは彼の計器盤にある三つのメーターの並びをコンコンコンと叩いた。

「オーケー、だったら話は早い。ほら、これは当機の三つのエンジンの燃料流量です。各々が毎時三〇〇〇ポンドを示しています、ほらね？　一時間に計九〇〇〇ポンドを消費するので、たった五時間の航続距離しかない。違いますか？」

ホルダーは燃料ゲージをぽかんと見つめている。クロフォードは、もっとはっきり言ってやるべきだと思った。

「つまり、そこまでは行けないってことです、北ベトナムですか？　無理です、７２７では。絶対に不可能です」

ホルダーが自分の犯した間違いの重大さを完全に理解するのにはしばらくかかった。ハワイ行きのユナイテッド航空のチケットを失ったあとに大急ぎでハイジャックする便を探すに当たって、航続距離の問題を完全に忘れていたのだ。そして、偶然にもハノイどころかホノルルまでも飛べない機体を乗っ取ってしまっていた。

だが、シジフォス作戦を放棄するには、時すでに遅し。アンジェラ・デイヴィスは今ごろ絶望的な状況にある。何か代案を思いつかなくては。

「ならば、飛べる機種を用意しろ。海を越せるやつを」

クロフォードはホルダーに考え直して、７２７で行ける目的地に変更するよう必死で説得した。七〇一便のクルーは長距離航空機を操縦する資格がないので、別のパイロットも見つけなくてはならない。代わりにハバナに飛ぶのはどうか、もしくは中米のどこかの国ではどうかと提案する。だが、ホルダーは断固として大洋を飛び越せる機種を用意しろと言って聞かなかった。

「アラスカのキングサーモンはどうですか？」クロフォードが空軍時代に過ごした孤立した町を思い出し、提案した。「あそこには小さな滑走路がありますから、お連れできますよ。私たちが飛び去ったあとは好きにすればいい」

「だめだ。別の飛行機を用意しろ」

クロフォードはウエスタンの配機センターにこの悪い知らせを伝えた。

七〇一便　協議の結果、太平洋横断飛行用の我が社または他社の飛行機と、一組のクルーを用意できるか知りたい。乗客を降ろさせ、クルーと彼らだけで飛べるよう説得を試みる。適切な目的地への飛行を望んでいる。
ウエスタン　了解。今後の指示と情報はサンフランシスコ国際空港の管制塔に接触して得なさい。

さて、ホルダーはこのまったく予期していなかった面倒な移動について、じっくり考えなくてはならなかった。どうすれば飛行機から別の飛行機へ安全に移れるだろうか？　故リチャード・オバーグフェルのことを思い出す。ミラノに連れて行ってくれるはずだったボーイング707のタラップを数歩降りただけで、ＦＢＩのスナイパーにズタズタにされた。自分もあっさり同じ運命になるのではないかと不安になった。

午後三時四五分、アンジェラ・デイヴィスはサンホセのカフェに一人座って、遅めのベジタリアンランチとめずらしく穏やかなひとときを楽しんでいた。この二四時間は、神経が磨り減る目まぐるしさだった。それは前日の公判での、心がかき乱される最終弁論に始まった。彼女の弁護人はこの件を「被告人に対してだけでなく、アメリカの正義という名目に対する途方もないでっち上げだ」と糾弾した。その数時間後、何者かがサンタ・クララ郡地区検察局に電話をしてきて、もしデイヴィスが翌朝の公判に姿を見せたら暗殺されるだろうと脅迫した。したがって、リチャード・アーナソン裁判官による陪審員への最後の詳細な説示も含まれるこの日の公判では、警備がことのほか厳重だった。一三週にも及んだ裁判の評議がついに始まったのだ。

カフェのマネージャーがデイヴィスに食事を中断させ、弁護人から電話が入っていると言った。デイヴィスは最初、陪審員が評決に到達したことを告げる電話だと思った。だが、彼らは一二時に評議を始めたばかりだ。あれほど複雑な案件に、こんなに早く決着を付けられるだろうか？

弁護人は評決についてはまだ何も聞いていなかったが、アーナソン裁判官からの重要な伝言があった――過激派グループがシアトル付近で旅客機を乗っ取り、デイヴィスと人質の交換を希望して、サンフランシスコに向かいつつある。アーナソン裁判官が緊急にデイヴィスに会いたがっているので、今、三人の郡保安官代理がデイヴィスを裁判所に連れ戻しにカフェに向かっている。

このニュースに放心状態となったデイヴィスは、テーブルに戻り、警官が来るのを待った。勘違いをした人間が彼女を自由にするために暴力を使おうとしたのはこれが初めてではない。一九七〇年一一月、ロナルド・リードという男が、ミネソタ州知事を誘拐してユナイテッド機を乗っ取り、デイヴィスとの交換の話を取りつけようと企んだ罪で逮捕された。❖だが、今まで、誰も実際に彼女を連れ去るところまでは行っていなかった。

午後四時ごろ、郡保安官代理がやって来て、大急ぎでデイヴィスをアーナソン裁判官のもとに連れて行った。到着したとき、数十人のリポーターが評議初日についての記事の送信を待って、まだ裁判所に残っていた。彼らはデイヴィスが警官にものものしく護衛されて戻ってきたのを見てびっくりした。彼女は動揺した表情を隠すため、鮮やかな色のショールを顔のまわりに高く巻きつけていた。

ハイジャックの知らせに心からショックを受けているデイヴィスの様子に、裁判官はその事件とは何の関わりもないという彼女の主張を信じた。裁判官はＦＢＩがデイヴィスに、犯人グループと直接話して投降するよう説得してもらいたがるかもしれないと言った。だが、デイヴィスはそのような常軌を逸した人たちとは、いっさい関わりたくないと答えた……たとえ電話越しでもいやだ

❖ リードは最終的にこの件では不起訴になったが、一九七〇年にネブラスカ州オマハの銀行を強盗した罪で一三年の刑を受けた。さらに二〇〇六年には、一九七〇年五月のミネソタ州セント・ポールの警官殺しについて有罪を認めた。ブラック・パンサー党の国内指導部に自分を認めさせるのが、この殺人の動機だったと言われている。

と。
彼女が警官に付き添われてそっと裁判所を抜け出すと、彼女に最も近い支援者たちが、今回のハイジャック事件とは関わりがないことを証明しようと躍起になっていた。アンジェラ・デイヴィス解放全国統一委員会は公判について大急ぎで書いた短い声明文をリポーターたちに配布した。その中には「私たちはこの件について何も知らない。アンジェラ・Y・デイヴィスの自由を獲得するためにこのような方策を用いることには賛成しない」という一文があった。

サンフランシスコに近づいていく七〇一便の客室内では、被害妄想が頂点に達していた。誰もがどの人がLSDでハイになりながら爆弾をかかえている犯人だろうと考えていた。ホルダーは機内放送で架空のウェザーマンに向かってメッセージを流しては、ウキウキとこの緊張感をあおっていた。

「スタン、おれたちはまだ六ページ目の第一二項にいる」と言ったこともあった。そして、そのすぐあとに彼はこのミステリアスな「スタン」に「一六ページの第二項に移れ」と言った。軍事作戦を逐次計画にしたがって実行しているような錯覚を与えようとしていたのだ。

スタンを探して客室を見回した数人の乗客は17Fに座っている二〇代後半の青年に目をつけた。ホルダーをのぞくと機内でただ一人の黒人だ。ウェザーマンが基本的には白人オンリーの組織であることなど、この際、問題ではなかった。七〇一便の乗客の間には、ホルダーのような黒人のハイジャック犯の共犯者は黒人に違いないという共通した思いこみがあった。

スチュワーデスが人質の乗客たちに無料でシャンパンを供し始めると、疑惑はさらに深まった。17Fの男はこのサービスを断ったただ一人の大人だったのだ。パーサーのジョーンズは、数人の男性乗客がどんな道具でこの黒人男を殴り殺そうかと相談しているのを耳にした。

ジョーンズが17Fに視線を向けると、男は殺しの標的にされつつあることに気づかないふりをしながら、窓の外を見つめていた。

一方、その一列後ろでは、少し前までホルダーの隣に座っていた男が、ハイジャック犯が前の17Dの席の下に小さな黒いスーツケースを突っこんだままにしていることに気づいた。彼はファスナーを開けて、中身を用心深くいじくり回した。そうするうちに、犯人のことをもっとよく知ろうと、一八列のまわりに小さな人だかりができた。

スーツケースの中には大量の読み物があった。ホルダーの私物の『ベトコンの機器と爆破装置に関する手引き』には、いろんな部分に書きこみがある。占星術の小冊子も二冊ある。そのうち一冊の『水瓶座一九七二』は、死の本質についての長ったらしい一節で締めくくられていて、そこにホルダーは赤いペンで下線を引いている。さらに夢判断についての本と、薄汚れた『この本を盗め』というタイトルの本もある。これはアメリカという「豚の帝国」を滅ぼすためにケチな犯罪を使えと勧めるアビー・ホフマンの悪名高い指南本だ。

スーツケースの中にはさらに、軍医がホルダーに処方した精神安定剤も一瓶あった。ホルダーの望ましくない解雇についての詳細を記した書類や、「サンディエゴ・ユニオン」紙から切り抜いた東南アジアの地図、茶色のベルボトムのズボン、ルーズフィットの白シャツ、加えてアルカセルツァーも一箱入っていた。だが、乗客たちが最も好奇心をそそられたのは数々の手書きのメモだった。それらは明らかにホルダーがハイジャックの計画に使ったメモの下書きだった。中にはホルダーがシアトルに向かう途中に書きかけた次のような手紙もあった。だが、考えがあまりに混乱したため、途中で放り出したようだ。

機長へ、
残念ながら、あなたと私の協議の内容は、その性質上、至上機密であり、あなたが報道機関へ公表したことは、指揮権に関してあなたを非常に望ましくない立場に追いやったとお知らせしなくてはなりません。

賞賛という最高の感情とともに、私はあなたの指揮を解きます。

今の時点ではまだ、あなたを拘束しろという命令は下っていません。自宅軟禁の状態にあるとお考え下さい。

あなたの今回の職務遂行ぶりは、あなたにとって少しは功績となるでしょう。

（このケースに関連するすべての規則は早急に見直されなければならない）


一八列に集まった乗客たちは、自分たちがきわめて風変わりな人物の手中にあると結論せざるをえなかった。

客室でホルダーの目となり耳となるという任務にしたがい、カーコウは一八列で起きている騒ぎはいったい何かと、通路のほうに身を乗り出した。すると、集まった乗客たちが恋人のバッグを引っかき回して、私物を調べている場面が目に入った。なんとかして、やめさせなければならない。

そのとき、ジーナ・クッチャーがシャンパンのボトルを手に通路をうろついているのに気づいた。

「あの人たち、あんなことするの、許されるべきじゃない」ホルダーの小型スーツケースの中身を調べ上げている男たちを指差して言った。「間違ってるわ」

カーコウは見るからに動揺していて、うわずった声が今にも悲鳴に変わりそうだ。

クッチャーにはどうしてハイジャック犯の私物を調べることの道徳的是非を問うのかがわからなかった。だが、カーコウの振る舞いの何かが、クッチャーに介入しなくてはならないと思わせた。詮索好きな人たちのもとに行き、彼らの行動が乗客に紛れこんでいるウェザーマンを怒らせるかもしれないと警告した。そしてホルダーの持ち物をすべてバッグに入れ直し、17Dの座席の下に戻した。同時に彼女はホルダーの隣席の男に、目にしたものを書き留めておくようささやいた――FBIがその情報を役立つと判断するかもしれないから。

ホルダーがマリファナタバコの最初の一本を吸いこむと、パイロットたちの頭上に煙の雲が漂った。くそまじめなクルーがそんな無節制を非難していることに気づいたホルダーは、その行為はみんなのためになると言って、彼らを安心させようとした。

「心配するな。別にこれで理性を失ったりしないから。実際、これはおれを冷静にしてくれる」

しかし、七〇一便が北カリフォルニアの未開の森林地帯の上空を通過するころには、ホルダーは落ちつくどころか、むしろピリピリしてきた。すでに五時近くになるというのに、彼の数々の要求に対し、まだウエスタンから一言の返事もない。彼は徐々にプレッシャーを上げていく決断をした。

「ウェザーマン、我々は半時間、計画から遅れている」彼は機内放送で告げた。そしてパイロットたちに、そのメッセージはウェザーマンの主犯の一人に、爆弾のタイマーを三〇分後にセットするよう告げる合図だと言った。それまでに彼らの要求が受け入れられなければ、機体はサンフランシスコ湾岸地区上空を旋回中に爆破されるだろう。

クロフォードはロサンゼルスの配機センターに連絡した。

七〇一便　航空機、クルー、アンジェラ・デイヴィス、パラシュート、身代金について有用な情報が得られるまで、オークランドの南南西で待機しなくてはならないと思われる。

ウエスタン　了解、待機しなさい。

ホルダーにもう少し我慢してくれと言おうとしたそのとき、クロフォードにある巧妙なアイデアが浮かんだ――このハッタリに、ハイジャック犯はどう反応するだろう?

「申し訳ない。彼らはパラシュートが手に入らないと言っています」

それは彼の打った小さな先手だった。ホルダーはこんな小さな問題が生じたくらいで、即座に爆弾を起爆するほど分別のない男ではないと踏んだのだ。少なくとも、それをするなら、まず苛立ちを爆発させてからだろうと。

ホルダーは見たところパラシュートが手に入らないことにはまったく動じないらしく、クロフォードの嘘にただうなずいた。

これに勇気を得たクロフォードは、よりリスクの高い策略を試すための布石を打つべく、配機センターとの交信に戻った。

七〇一便　早急に決断を下す必要を訴えたい。もし何か情報があれば、今すぐ教えてくれ。

ウエスタン　了解、待機せよ。調べて数分以内に返事する。

クロフォードは次の手を打った。「あの、アンジェラ・デイヴィスですが――今日、無罪放免になったそうですよ」

心が躁状態で泡立っていたせいか、ホルダーはこのハッタリにまったく疑念を抱かなかった。それどころか、シジフォス作戦がデイヴィスの無罪獲得に担ったに違いない役割に驚嘆した。どの時点で陪審員はハイジャックのことを知らされたのだろう？　また、自由になったデイヴィスは、今この瞬間にも、おれに思いを馳せてくれているだろうか？　自分のためにしてくれたすべてのことに対し、彼女はどう感謝の気持ちを表してくれるだろう？

ふたたびホルダーはクロフォードにただうなずいた。デイヴィスはもはや交渉材料ではない。だが、まだ北ベトナムまで飛べる飛行機は欲しい。それはウェザーマンの主犯者たちがけっして譲らない点だと、ホルダーはクロフォードに厳しく言った。

午後五時過ぎ、無線機がパチパチという音を立て、ロサンゼルスからの新情報を伝えてきた。

ウエスタン　金は手配中。この時間では困難。どのくらいかかるかわからない。

七〇一便　金が最優先事項ではないという事実を強調したい。長距離飛行に適した航空機の獲得が最優先。

ウエスタン　周辺地域に当社機なし。使わせてもらえる他社機もなし。

七〇一便　民間機の用意が無理なら、軍用機の使用を要請できるはず。この状況に妥協の余地はない。逃げ道はないと強調したい。長距離飛行用の航空機を用意せよ。

ウエスタン　了解。

自分の命令がフォローされていることに満足し、ホルダーはデイヴィスが解放されたと知った今、シジフォス作戦をどう調整すべきかアイデアを求めてノートをパラパラとめくった。彼はまだベトナムについての発言の機会を得たいと思っていた。国民にショックを与え、遠い地で行われている戦争の狂気を理解させたかった。だが、デイヴィスの無罪放免は、ホルダーの究極的な目的が少し的外れであったことの紛れもないしるしに思えた。とはいえ、ホルダーは宇宙のアドバイスにとやかく言える身ではない。

したがって、ウエスタン航空七〇一便がサンフランシスコに向かって急降下したとき、ホルダーはノートのリストにある代わりの目的地をじっくり検討していた。たぶん、彼はハノイに行く運命にはなかったのだ。

第八章

「ヘリは使えないのか?」

ウイリアム・ニューウェルのオフィスを訪問した人は、デスクの上のほうにかかった白黒の顔写真に気づかずにはいられない。被写体は耳の大きい口ひげもまばらな少年で、不機嫌さと疲労が半々の表情をしている。胸に当てて持っている小さな黒板には、訳のわからない文字列がある。最初の三文字は「Kfg」。ドイツ語の Kriegsgefangener の頭文字語で、戦争捕虜を意味する。

ドイツの第一航空兵捕虜収容所でその写真を撮られたとき、ニューウェルは一九歳になったばかりだった。破損したP51マスタングから脱出したのち、彼は第二次世界大戦の最後の一四カ月をそこで過ごした。囚われの身だった日々のことは、警備兵が取り上げそこなった一つの思い出の品を心のよりどころとして持ちこたえたと語る以外、めったに話さない。それは彼の若い新妻の一房の髪だった。だが、オフィスの顔写真だけで、ウエスタン航空の機長を務める彼のサンフランシスコ国際空港の同僚や部下たちを感心させるには十分だった。大勢の屈強な戦争体験者の中にあっても、ニューウェルはある種の畏怖をもって敬われていた。

一九七二年六月二日の午後、頭が薄くなってなお好戦的なニューウェルは、ドイツで撮られた顔写真の下に背を丸めて座り、山のような書類仕事を不機嫌そうに片付けていた。とても五時までに終えられそうにない。それはつまり、夏の週末のスタートが遅れるということだ。この分では、サンマテオ郊外にある自宅に着く時分には薄暗くなっているだろう。

四時一五分ごろ、ロサンゼルスのウエスタン配機センター長ノーマン・ローズから電話があった。ローズにはニューウェルに伝えるべき驚愕のニュースがあった。シアトル行き七〇一便がどうやら複数の爆弾を携えた、LSDに頭をやられたウェザーマンのギャングに乗っ取られたらしい。当のボーイング727は現在サンフランシスコに向かっているが、犯人たちはそこで五〇万ドルの金と五組のパラシュート、そしてこれが妙なのだが、白い服を着たアンジェラ・デイヴィスの引き渡しを要求している。FBIのチームがメインターミナルの四階に対策本部を設置すべく、今、サンフランシスコ空港に向かっている。彼らは同空港と空港ビルについては熟知している。これが一九六九年以降、彼らがそこで処理する四件目のハイジャック事件だからだ。

ニューウェルが伸縮式のスチールゲートで隔絶された部屋に設置された仮の対策本部を見つけたときには、すでにFBIの捜査官たちは到着していた。一人は外部とウエスタン通信システムの両方につながる電話を設置していた。別の一人は空港のレイアウトとボーイング727内部の図をテープで壁に張りつけていた。さらにもう一人は布製バッグからショットガンと防弾チョッキを取り出し、折り畳み式テーブルの上にきちんと並べていた。

彼らはそのとき、対ハイジャック戦争におけるめったにない勝利に鼓舞され、大胆な気分になっていた。まさにその日の朝、五月五日にホンジュラスのジャングルにパラシュートで飛び下りた逃亡者フレデリック・ハーネマンがテグシガルパ〔ホンジュラスの首都〕のアメリカ大使館に自首してきたのだ。とはいえ、イースタン航空からせしめた三〇万三〇〇〇ドルの行方については、どうしても口を割らなかった。捜査官たちはそのままあの成功に、七〇一便ハイジャックの早期解決という成功を上乗せしたがっていた。

対策本部にはウエスタン航空の副社長も来ていて、犯人の要求に応じるために同社が何を行っているかについて、ニューウェルに最新の情報を与えた。まずアンジェラ・デイヴィスはこの事件に巻きこまれることを断固拒否したので、この要求は却下だ。だが、ウエスタンの従業員二人がサウス・ヴァン・ネス・アヴェニューのバンク・オブ・アメリカで身代金をかき集めている。ＦＢＩが銀行にすべての紙幣の通し番号を記録するよう強く要求しているので、このプロセスには少なくとももう二時間はかかるだろう。最も重要なことは、ハイジャック犯が今は太平洋を横断できる別の機種を要求していることだ。副社長はその時点でサンフランシスコのウエスタン航空機の中には適当なものがないことに気づいていた。ニューウェルにいくつか電話をしてみてくれと言った。

ニューウェルは部屋に戻り、電話番号簿を繰って、まずユナイテッドとパンナムの地元の支社から試みた。当然ながら、両社とも長距離飛行用のジェット機をウエスタンに貸し出すことには、特にニューウェルが今回のハイジャックに爆発物が使われていることを認めたあとでは、乗り気でなかった。次にどこかに空いている航空機はないかと、ウエスタンの他の運行基地に連絡した。数々の挫折ののちに、彼はついに幸運を引き当てた。ミネアポリスをベースとするボーイング７２０Ｈが午後六時過ぎにラスベガスに着陸する予定だ。❖ 彼は同機が乗客を降ろすなりサンフランシスコに飛んでくるよう手配した。運が良ければ、午後八時ごろには到着する。

しかし、ニューウェルは720Hでは単なる一時しのぎにしかならないことを心配していた。ローズ副社長から引き出した限られた情報とウェザーマンの反戦イデオロギーを考え合わせると、ハイジャック犯たちの目的地が北ベトナムであることが予測される。それは彼らを亡命者として受け入れる可能性がある希少な国だ。だが、720Hの航続距離はたったの四三七〇マイルで、サンフランシスコからアジア大陸までの距離にははるかに及ばない。だが、ハワイまでなら確実に飛べるので、そこでホノルル――ハノイ間にほぼ等しい約六六〇〇マイルの航続距離をもつボーイング707-320Cへの乗り替えを手配できるだろう。東京かマニラで再給油するのがより安全だが、外国でのそういった中継を調整するのは、最も遠い飛行先がエドモントンやメキシコシティである、ウエスタンのような航空会社には難しい。

さらに緊急の課題は、誰がこの720Hを操縦するかだった。ジェリー・ジャーゲンスや彼のクルーにその資格はない。ニューウェルは自分自身が機長になると申し出た――チーフパイロットである彼はその任務を引き受ける義務があると感じたのだ。さらに頼りになる男をもう二人見つけよ

❖ ボーイング720Hはウエスタン航空だけが所有する機種で、人気のある720Bに同社の技術者が修正を加えた改良バージョンだ。720Bより少し軽くして、その分、一マイル当たりの燃費が良くなるよう微調整されていた。

うと、勤務表を詳細に調べた。ニューウェルはすぐさま第二次世界大戦の退役軍人で一九四九年以来ウエスタンにいるドナルド・トンプソンを副操縦士に決めた。航空機関士には、ベトナムでA7コルセア戦闘機を操縦した海軍増援部隊少佐のリチャード・ルーカーを選んだ。

彼はまずトンプソンに連絡した。空港の無料電話を使用して出した彼の指示は、簡潔だが漠然としていた。

「ドン、きみにスタンバイしてもらう必要がある。どうも、いっしょに旅をすることになりそうだ」

ホルダーには今、ベイブリッジの上を走る車が点々と見える。それは滑走路が空くのを待つ間オークランド付近で四〇分も旋回したのちに、ついにサンフランシスコ国際空港への最終的な進入が始まったことを意味する。要求した金と長距離飛行用ジェットはどうなっているのか訊けと、クロフォードに命じた。ウエスタンからの返答にホルダーはひどく狼狽した。

ウエスタン　金は現在サンフランシスコの商業地区でかき集められていて、空港までは装甲トラックで運ばなければならないのだが、この時刻の道路の混み具合だと一時間半から二時間はかかると予測される。

七〇一便　ヘリは使えないのか？

ウエスタン　待機せよ。

七〇一便　それから別機の調達はどうなっている？　言ってくれれば、こちら側の対処の仕方や戦略もある。なぜ手配が遅れているのか？
ウエスタン　了解、待機せよ。
七〇一便　急いでくれ。すぐに何らかの手を打つ必要がある。
ウエスタン　了解。数分以内に返答する。

ウエスタンの煮え切らない態度に、ホルダーの堪忍袋の緒が切れた。補助席の横にある無線マイクをつかんで「二〇分もしない間に、やつらはおれたち全員を殺す！」とわめくと、サムソナイト製ブリーフケースが彼の膝の上で危なっかしく揺れた。「やつらはおれの家族を捕えてるんだぞ！」

ホルダーの怒号を聞いたのはクルーだけではなかった。ウエスタンの配機センターとＦＢＩの対策本部の全員が聞いた。着陸準備に入ろうとして、副操縦士のリチャードソンが管制官の質問に応答しようとしたまさにその時、ホルダーが不安にさせるような放送を流したのだ。不安に駆られた配機センターの職員が「えっ、何だって？」と言った。危険にさらされているのは副操縦士の家族だと思ったのだ。

リチャードソンはこの際、配機センターに状況をはっきり説明しようと思った。

「犯人たちはですね、ここにいる人の家に行って家族を人質に取ってるんです。この人は中継役で、家族が……えー、いわば押さえられているので心配なんです。彼はこっち側です。こっちとあっちの仲介役です。あっちはウェザーマンのメンバーですが、彼らのこの国に対する要求はご存じでしょう」

配機センターの職員はリチャードソンの説明を理解したと伝えた――要するに、クルーは脅迫されていると主張するハイジャック犯を相手にしているのだと。しかし、このやりとりを盗み聞きしたFBI捜査官たちの頭はまだ混乱していた。彼らはホルダーの声とリチャードソンのそれを聞き分けることができず、犯人がリチャードソンの頭に銃を押し付けて、助けを求めさせないようにしているのではないかと恐れた。捜査官たちはロサンゼルスにあるFBI支部に通報し、パロス・ヴェルデス近郊のリチャードソンの自宅に誘拐の証拠がないか調べるよう要請した。

七〇一便は午後六時一五分にサンフランシスコ空港に着陸し、19R滑走路の北端に進んでいった。シアトルの場合と同じく、ホルダーは地上でぐずぐずしてFBIの手中に落ちる気はなかった。大急ぎで給油して、タンクがいっぱいになったら即座に飛び立ち、五〇万ドルと長距離用ジェットが届くまで上空で旋回していろと命じた。

客室に目を戻すと、機体が静止するなりキャシー・カーコウはアクションを起こした。後部出口に向かって歩いていくと、ジーナ・クッチャーが補助席に座っていた。

「ねえ、いったい何が起きてるの?」カーコウは快活に尋ねた。「何か私にお手伝いできることはない?」片目を機体の折り畳み式階段に据え、FBIの奇襲攻撃を呼びこむために、降ろされそうな気配はないかチェックする。

クッチャーはカーコウの心遣いに礼を述べ、席に戻るよう言った。22Dにふたたび腰を下ろしたカーコウは、アンジェラ・デイヴィスの姿が見えることを期待して窓の外を覗いた。だが、見えたのはただ、ターマック上をゆっくり走ってくるウエスタンの給油車だけだった。

ニューウェルがボーイング720Hの手配をすませてFBIの対策本部に戻ると、捜査官の一人が先ほどの濃紺のスーツを着ていないことに気づいた。代わりにウエスタンの整備工の作業服の上に鮮やかなオレンジ色の安全ベストを着けている。磨かれたウイングチップ〔先端にW字型の穴飾りのある靴〕の両爪先が借り物のつなぎ服のすり切れた裾口から覗いている。

エンジンを調整するという名目で、変装した捜査官をボーイング727にこっそり送りこむ計画だと説明があった。その捜査官は状況を判断して、襲撃すべきかどうかを決定する。もし何かまずいことが起きるか、もしくは彼自身がハイジャックを終わらせるチャンスありと見たなら、袖に隠し持ったピストルを使うことになっている。

727は給油が終わり次第離陸するので、この計画を遂行する時間はほとんどない。FBIはニューウェルに、この計略に欠かせないウエスタンの整備用トラックを貸してくれと頼んだ。しかし、ニューウェルは協力をきっぱり断った。

「絶対にだめだ」彼は怒りをあらわにした。「誰であろうと、銃を持った人間は乗せたくない」

彼はハイジャック犯とFBIの間で起きた派手な銃撃戦の記事を、いやというほど読んでいた。満席の機内でそんな暴挙を許すことはできない。

捜査官たちは、乗客の生命を危険にさらすようなことはけっしてしないと言って、ニューウェルに懇願した。ウェザーマンは明らかに爆弾を起爆することをなんとも思っていないようだから、自分たちの作戦は大惨事を防ぐかもしれないのだとも言った。だが、ニューウェルは断固として譲らなかった。

がっくりした捜査官たちが寄り集まって別の手を考えている間、ニューウェルはＦＢＩの通信設備を使って七〇一便にコンタクトを取った。金と長距離用航空機はまもなく、遅くとも一時間半以内にサンフランシスコに届くと言ってクルーを安心させた。

「了解、でも、それ以上は待てない」副操縦士が答えた。「彼らは完全にやる気でいる。本気だ」

午後六時五九分、七〇一便は空港の上空を五時間旋回できる燃料を積んで、空中に戻った。

「スタン、一九ページの第二項を開いてくれ」ボーイング７２７がサンフランシスコ湾上を急上昇していくと、ホルダーは架空のウェザーマンに呼びかけた。乗客たちに爆弾があることを忘れさせたくなかったからだ。

カーコウは一時間以上も耳にしなかった恋人の声に慰められた。彼女にはどうして金も運びこまれず、アンジェラ・デイヴィスも乗ってこないのに、ふたたび離陸したのかが不思議だった。また、なぜ飛行機がハワイを目指して太平洋のほうへ飛び出していかないのかも理解できなかった。だが、彼女はまだ、すべてうまくいくと信じていた。ホルダーほどの頭脳の持ち主なら、抜かるはずがない。

ところが、ホルダーはめちゃめちゃになったプランの立て直しに必死だった。彼が研究したハイジャック事件のどれにも、大勢の人質の一つの飛行機から別の飛行機への移動は含まれていなかった。そうするための安全な方法を早急に考えつかなくてはならない。ウエスタンの配機センターはボーイング720Hがラスベガスをすでに離陸し、午後八時五分にサンフランシスコに着陸すると報告してきた。

ホルダーのノートにある作戦行動の詳細は何の助けにもならない。心の平穏のために占星術の図表が必要だった。スチュワーデスに17D席の下に突っこんである黒い小型スーツケースを持って来させた。シアトルから飛んでくる途中に隣席の男がくまなく中身を調べたバッグだ。ホルダーは切実に欲している導きを『水瓶座一九七二』が授けてくれることを祈った。

彼はコックピットを出て、数冊の小冊子をファーストクラスのトイレに持ちこんだ。星座の中に暗号化されているメッセージを読み解きながら、マリファナタバコをもう一本吸った。人質の飛行機間の移動プランが彼の中で固まってきた。

コックピットに戻ったとき、ホルダーの頭はクルーに対する精細な指示であふれんばかりになっていた。サンフランシスコに再着陸したなら、まず身代金を渡してもらうが、それは油圧リフト付き兵站トラックにより機体の前部ドアから持ちこんでもらう。トラックは必ず機体の左側から接近すること。19R滑走路を観察した結果、車両とその乗員が一番よく見えるのはこの方法だと感じたからだ。

金の受け渡しが終了するなり、720Hに七〇一便の六〇メートル以内まで接近させる。新しいクルーは720Hのタラップの下に、捕えられた兵士のように手を頭の上に当てて立つ。七〇一便の乗客の半分はホルダーを最後尾に一列に並んで第二の飛行機に向かって行進する。彼らが着席したら、第一の飛行機に残った乗客を解放する。

「では、どっちの半分にしますか？」クロフォードが尋ねた。

意味がわからなくて、ホルダーは額に皺を寄せた。

「乗客ですよ。どちらの半分にしますか？」

これはホルダーがシジフォス作戦の計画を立てるときに、なぜか頭から抜け落ちたもう一つの重要なポイントだった。ずっとサンフランシスコで人質の半分を解放しようと思っていたにもかかわらず、乗客を二つに分ける方法を考えていなかったのだ。

「通路の片側はどうでしょう？」クロフォードが提案した。「私はそれが一番簡単だと思いますが、どうですか？」

ホルダーはうなずいた。

「オーケー、では、どっちにしますか？　右？　それとも左？」

彼はその質問を頭の中で繰り返しながら、カーコウがどちら側に座っていたかを必死で思い出そうとした。最後に彼女を見たのは、ジーナ・クッチャーとともに通路を進んでいったときで、五時間近くも前だ。

「右」


サイレンを高々と鳴らすブルーと白のパトカーに両側を護られて、午後七時半に身代金を積んだ装甲トラックが空港に到着した。バンク・オブ・アメリカは五ドル札を一万ドル分かき集めることで、ついになんとか要求された額を用意した。いろいろな額面の紙幣一万二五〇〇枚からなる総額五〇万ドルが大きな「ウエスタン航空所有ステレオヘッドホン」と書かれたキャンバス地の袋に入れられた。中身がぎっしり詰まった袋の重さは一三キロを超えた。

その間、ニューウェルはボーイング720Hの指揮官を務めるための最後の準備に取りかかっていた。彼自らがクルーに選んだルーカーとトンプソンは状況を判断した上で、どちらもハノイに飛ぶことに何の不安も示さなかった。ウエスタンが毎日航行しているホノルルまで720Hを飛ばすのに必要なすべての航空図は手に入れたが、そこから北ベトナムに飛ぶのにどうすればいいかをハワイに着いてから考えなくてはならない。

すべてが順調に進んでいたが、ニューウェルは「七〇一便の右側の座席の乗客は全員、720H機に乗り移る」という、ハイジャック犯の最新の要求についてクロフォードが通信しているのを耳にした。

それまで彼は720Hの乗客はハイジャック犯とウェザーマンの連中だけだと思いこんでいた。だが、ウエスタンのシアトル定期便の顧客が最終的にハノイという非友好的な市まで連れて行かれる可能性が出てきた今、彼らのニーズも考えなくてはならない。ニューウェルは週末を過ごすために帰宅しようとしていたシニア・スチュワーデスのグレンナ・マッカルパインをポケベルで呼び出した。ハイジャックされた飛行機にスチュワーデスが必要だと知ると、マッカルパインは迷わずその役を買って出た。ニューウェルと同じく、彼女もまた、自らの身を危険にさらす責務があると感じたのだ。彼女は何人かに電話をかけ、すすんで手伝ってくれる「女の子」をもう三人見つけた。

パット・スターク、クリス・ヘージナウとディードリー・ボウルズ。彼女たち全員が乗っ取り機での乗務を依頼されたときには夫との夕食を楽しんでいたが、最終着陸地が紛争地帯になる可能性を知りながらも、すぐさま空港に駆けつけた。

マッカルパインがスチュワーデスを招集している間に、ニューウェルはFBIとのミーティングに呼ばれた。ふたたび捜査官たちはハイジャックをこれ以上先に進ませたくないと熱心に説いた。彼らは銃撃戦になることへのニューウェルの懸念は理解しているので、もはや扮装した捜査官を機内に忍びこませるのに彼の協力を無理強いしたりはしないと言った。今、彼らが欲しているのは、ボーイング720Hが到着したときに、機内を調べる許可だけだった。あらかじめ内部のレイアウトを把握しておくためだ。

ニューウェルはFBIの意図に警戒心を抱いた。

「私をなんという難しい立場に追いこむんです！」

彼はかみついた。もしハイジャック犯たちが自分たちの乗る長距離飛行機の中をFBI捜査官がうろついているのを見たら、どう反応するかわからないではないか。彼は捜査官たちがなおも武力を使おうとしているのではないかと疑った。

午後八時少し前に、ニューウェルと捜査官たちの口論はワシントンDCにあるFBI本部からの電話で中断された。それはL・パトリック・グレイFBI代理長官の執務室からで、ある緊急ニュースが伝えられた——新たなハイジャック事件が起き、乗っ取り機はサンフランシスコに向かっている。

第九章

「全部、嘘」

七〇一便の翼の下にあるタンクから間欠泉のように勢いよく吐き出された燃料が、成層圏にぶつかって蒸発し、白いリボンのようにたなびいていく。その壮観な光景を目にした多くの乗客が、コックピットで何か大変なことが起き、自分たちはじき六〇〇〇メートルの降下を経て死にいたるという恐怖にかられた。だが、ジャーゲンス機長が燃料を捨てたのにはちゃんとした理由があった。五〇万ドルの身代金が用意できた今、安全に着陸するには機体の重量を数千キロ軽くしなければならない。

ジャーゲンスは乗客にまもなく再着陸すると告げ、彼らの忍耐強さに感謝の言葉を述べた。ラスベガスから飛んでくる第二の飛行機についてはあえて触れなかった。

午後八時九分、七〇一便は着陸し、ふたたび19R滑走路の北端に停止した。ホルダーは補助席から身を乗り出して、コックピットの左側から外を覗いた。彼の指示どおり兵站トラックが近づいてくる。

「コックピットに女を一人、寄こしてくれ」ホルダーは機内放送を使って要求した。

誰かトラックまで行って金を取ってくる人間が必要だった。彼自身がそれをすれば、スナイパーの標的になる危険性がある。

パーサーのジョーンズがホルダーの呼びかけに応じた。だが、彼女は小柄で、身長が一五八センチしかない。ジャーゲンスは彼女には金の入った袋を持ち上げるのは無理だと判断した。そこで、クロフォードにさせてはどうかと提案した。ホルダーは承諾した。

ジョーンズがクロフォードのために前方ドアを開けた。トラックの油圧リフトにはステレオヘッドホンの袋だけが載っている。クロフォードはリフトの上に飛び下り、袋をつかみ、機内に投げ入れた。通路にドサッという大きな音が響いたので、機内の全員が肝をつぶした。

乗客の気持ちはいっせいに高揚した。身代金が到着したのだ。きっともうすぐ自由になる。


ＦＢＩ捜査官たちは二件目のハイジャックについてできる限り情報を集めようと躍起になったが、詳細はほとんど不明だった。わかったのはただこれだけだ――薄汚い身なりの若者が、ユナイテッド航空ボーイング727がレノで客を搭乗させている間にまんまと機内に忍びこんだ。男はＭ357マグナム銃で武装し、二〇万ドルとサンフランシスコへの飛行を要求した。週末のため銀行はすでに閉まっていたので、ユナイテッドは地元のカジノからキャッシュを調達することにした。ヴァージニア通りのハラーズ〔カジノやホテルのチェーン〕が身代金の四分の三を前払いで貸すことに同意した。

このレノのハイジャック犯は政治的な動機には触れなかったが、ＦＢＩは彼がサンフランシスコに行きたがっていることを単なる偶然の一致として片付けることはできなかった。捜査官たちは、この男が七〇一便のハイジャック犯たちの共謀者で、今、実体を表し始めたアンジェラ・デイヴィスを解放するという巨大な計画の一部ではないかと危惧した。その場合、もしユナイテッドのハイジャック犯がウエスタンに乗っているウェザーマンが射殺されたと知ったら、仕返しに人質の乗客を殺したりはしないだろうか？　それとも、やはり七〇一便への突入が人命を救う唯一の道なのだろうか？　次に打つ手を決定するに当たり、ＦＢＩは非常に慎重にならざるをえない。

彼らがレノの状況について情報を集めるのに四苦八苦している間に、長距離飛行用のボーイング７２０Ｈが着陸し、19Ｒ滑走路に近い格納庫にゆっくりと進んでいった。つかの間ＦＢＩが気もそぞろなのを見たニューウェルは、クルーのルーカーとトンプソンを静かに手招きし、到着したばかりの７２０Ｈのもとに連れて行った。彼らに制服に着替える時間はない。ニューウェルはＦＢＩ捜査官が機内に忍びこむのを防ぐためにも、すぐに７２０Ｈのもとに駆けつけておきたかった。

三人のパイロットは午後八時二三分に格納庫に到着した。コックピットの窓から、ウエスタンの兵站トラックが身代金受け渡しの使命を終え、ターミナルのほうに引き返していくのが見えた。いよいよ交替のときが来た。

ホルダーは五〇万ドルの入ったキャンバス袋のファスナーを開けてみようともしなかった。次の飛行機に乗り移ることで頭がいっぱいだったのだ。でも、どこにあるんだ？　外はとっぷり暮れているのに、彼の目に見える光は滑走路に点々と並んだライトと、照明に輝く遠くのターミナルだけだ。近づいてくる他の飛行機はない。

「もし飛行機が調達できなかったら、やつらはおれたち全員を殺すだろう」ホルダーはクロフォードに言った。「やつらはタイマーをリセットした。それがもうすぐ時間切れだ」

クロフォードはそのメッセージを空港の管制塔に伝えた。

七〇一便　こちらでは一分一秒を争っている。さっさと例の720Hに給油して、ここに寄こしてください。これはインチキじゃない。もう時間がない。タラップを扱うスタッフにもこの点の確認を要請する、早急に。

管制塔　了解。

この不吉なやりとりを耳にしたFBI捜査官たちはニューウェルを探してあたりを見回し、そのときになってやっと機長と彼のクルーがそこを抜け出していることに気づいた。捜査官の一人は720Hが給油中の格納庫に向かってダッシュした。八時半をちょっと回ったころに彼がそこにたどり着くと、ちょうどマッカルパインをはじめとするスチュワーデスたちが到着するところだった。

捜査官は720Hを格納庫に留めておいてくれとニューウェルに必死で頼んだ。FBIはまだ720Hの内部の調査と、できれば19R滑走路のまわりの下調べも望んでいた。捜査官たちは今なおレノの件を正しく判断しようとしててんてこ舞いだが、それでも調査を開始する準備はすぐに整う。どのくらいなら待ってもらえるだろうか？

「一五分はここから出しません」ニューウェルは約束した。捜査官は納得し、同僚を二人連れてすぐに戻ってくると言った。

捜査官が出て行くなり、ニューウェルは無線でジャーゲンスに準備するよう言った――今すぐ19Rに向かうからと。彼はＦＢＩに乗客の命を危険にさらすかもしれない向こう見ずな策略を練る時間を与える気はなかった。


乗客が解放を待つ七〇一便の機内はほとんどお祭り騒ぎだった。提供されていた酒やシャンパンは一時間近く前にすべて飲みつくされていたので、酔っぱらった乗客たちは氷水の入ったグラスで乾杯をした。見知らぬ人同士がハグをし、連絡し合おうとか、いや、それよりもたった今まで共に体験していた地獄を笑い飛ばすために同窓会を開こうなどと誓い合った。ゆっくりと彼らのほうに近づいてくるボーイング７２０Ｈの点滅する光に注意を払う者はほとんどいなかった。

ジョーンズは右側の窓の外に７２０Ｈがちらりと見えるなり、乗客に通路を開けるよううながした。彼女はそれがターンして19Ｒに入り、ハイジャックされた七〇一便のほんの少し左寄りにまっすぐ向かってくるのを見守った。整備用トラックが一組のタラップを牽引しながら、後ろにピタリとついて来ている。

ジョーンズがクッチャーを探して急いで通路を進んでいくと、当のクッチャーはにぎやかな二人の乗客と、共に感じている安堵について冗談を言い合っていた。ジョーンズは彼女の肩をつかみ、耳元にささやいた。

「嘘なのよ。全部、嘘。まだ終わってないの」

コックピットではジャーゲンスが、六〇メートルほど先に720Hが727と互いの機首が向かい合わせになるよう停止するのを見ていた。マリファナでハイになったホルダーに乗り替えの方法を指示されて以来ずっと恐れていた機内放送をすべきときが、とうとう訪れたようだ。

「乗客のみなさま、ここで私たちは別の飛行機への乗り替えをします」ジャーゲンスは言った。乗客はそれをいい知らせだと思いこんだ。自分たちを囚われの身にしているウェザーマンがどこかに出発するのだと。

720Hの前方ドアが開く。ニューウェルと彼のクルーがタラップを降り、手を頭に当ててターマック上に整列した。

ホルダーはその光景が気に入らなかった。女たちは全員がスチュワーデスのユニフォームを着ているが、男たちはジャケットにネクタイという一般人の格好だ。もしこれがFBIの陰謀なら結末は悲惨なものになると、彼はジャーゲンスに警告した。

ジャーゲンスはあのパイロットたちは本物だと誓った。次に彼はホルダーの命令を客室に伝えた。

「スチュワーデスたちはタラップを降ろしてくれますか？　乗客のみなさま、通路より右側の席の方々は一列になって後部ドアから出て、もう一機に移るようお願いします。速足で歩いてください」

すべての笑い声や話し声がいっぺんに止んだ。右側の乗客は不安そうに左側を見回し、移れそうな空席を探した。だが、そんなものはほとんどない。

右側の乗客のうちごく少数の勇気ある者が立ち上がり、後部ドアの階段に向かって進んでいった。キャシー・カーコウもその一人だった。彼女は出口のところでクッチャーの前を通り過ぎた。

「ご無事を祈ってます」クッチャーがささやいた。「どうか神のご加護を」

カーコウは感謝の気持ちをこめてほほえんだ。

右側の他の乗客も、幼い息子を連れた女性一人をのぞき、あとに続いた。この女性はハイジャック犯が目こぼししてくれるのをひたすら祈って、じっとしていた。

コックピットでは、ホルダーがクロフォードに身代金をもう一機に移すよう命令していた。航空機関士は言われたとおりにした。ホルダーは片手でサムソナイトをしっかり胸に抱き、もう片方の手で黒の小型スーツケースをかかえて彼の数歩あとを歩いた。二人はファーストクラスのギャレーに立っているジョーンズの前を通り過ぎた。彼女はカウンターの上にあるシャンパンの空瓶をちらりと見て、自分に命じていた。あれであいつの頭を殴るのよ。頭を殴れば、これは終わるわ！

でも、爆弾がある……爆弾はどうなるの？　ジョーンズはヒーローになろうとする衝動に打ち勝った。

客室の後部近くの右側に、ホルダーは一人の女性と小さな息子が空っぽの座席にぽつんと座っているのを見つけた。もぞもぞと動く赤ん坊をその腕にしっかと抱きしめ、死ぬほど怯えている。ホルダーは無表情のまま、歩をゆるめることなく、クロフォードについてタラップからターマック上に降り立った。

キョロキョロするな——ホルダーは心の中で言った。行け！

対策本部という安全な場所から、ＦＢＩ捜査官たちは双眼鏡で一列の行列が一機から別の一機へと進んでいくのを見ていた。彼らはこの乗り替え方法についてはジャーゲンスからもニューウェルからも何一つ聞いてなかったので、不意打ちを食らう格好になった。19Ｒ付近にスナイパーを配置するという選択肢はもはや実行不可能だ。

怒り心頭に発した彼らは一番近い沿岸警備隊の航空基地を呼び出し、離陸後の７２０Ｈに追尾させてスクランブルをかけるよう要請した。おそらくニューウェルは仲間の軍用パイロットの懇願には耳を傾けるだろう。

不運な乗客たちが第二の飛行機に向かって行進していると、突然、目眩の発作に襲われた女性が列から離れ、ガクッと膝からくずおれた。

「あっちに戻りな、マダム」クロフォードとともにそばを通り過ぎながら、ホルダーは言った。女性は思いがけない恩情に感謝しつつ、よろめきながら７２７に戻っていった。

二七人の乗客が７２０Ｈに搭乗を果たした。自らの運命の突然の暗転に放心し、むっつりした顔で座席を選ぶ。カーコウは左翼の真上に当たる11Ａに落ちついた。相変わらず、彼女にはなぜみんなが飛行機を乗り継いでいるのか、また、なぜアンジェラ・デイヴィスの姿がないのかが理解できなかったが、すべてホルダーのコントロール下にあると信じるしかなかった。彼とオーストラリア奥地で日光浴するのももうすぐだ。

ホルダーは金の入った袋をファーストクラスのシートに置くようクロフォードに命じ、それから別れのしるしにうなずいた。その航空機関士はもう好きなところに行っていい。クロフォードがもとの飛行機に足を踏み入れるやいなや、ジャーゲンスが残りの乗客にアナウンスをした。

「ここにいる方たちにつきましては、終わりました。すべて終わりました」

ニューウェル、ルーカー、トンプソンが720Hのコックピットに入ると、ホルダーがドアのすぐ内側に立って彼らを待っていた。ホルダーは彼らが頭に描いていたイメージとはまったく違っていた。荒々しい目をした薄汚い格好の男を想像していたのだ。細いメタルフレームの眼鏡をかけた、きちんとした身なりの兵士ではなく。

「ここにはヒーローはいないだろうな?」ホルダーがパイロットに尋ねた。

「どういう意味ですか?」ニューウェルが言い返した。状況の微妙さは十分に理解しているものの、言葉のゲームに付き合うつもりはない。

「何か大胆なことをする気など起こしてないだろうなという意味だ」

「ええ。そっちは?」

このぶっきらぼうなやりとりに元気づけられたのか、ホルダーはにっこりした。三人のパイロットと握手を交わし、リチャードだと自己紹介して補助席に腰を下ろす。彼は自分にかなり満足していた——無数の突発事故にもかかわらず、なんとかシジフォス作戦を維持してきたのだ。自分は明らかに宇宙の壮大な計画と調和している。

「それで、どこに行きますか?」720Hを19R上の待ち合わせ場所からバックさせながら、ニューウェルが訊いた。

「あとで知らせる」

正直なところ、ホルダーはまだ決めていなかった。ハノイは今も候補の一つだ、もちろん、戦争に対する彼の不満をぶちまけるには間違いなく最もふさわしい舞台だ。だが、ホルダーはアンジェラ・デイヴィスが示した前兆を無視できないでいた。そのせいで、北ベトナムは悲劇的な誤りではないかという気がしていた。彼には今、敵のミグ17がウエスタンのジェット機に大砲を何発も放つ場面が見える。代わりの目的地の中に良い運気が感じられるものはないかと、リングバインダーのノートをもう一度パラパラと繰った。

午後九時二一分、ボーイング720Hが19Rを轟音とともに滑走し、サンフランシスコ湾の上空へと高度を上げていった。その時点から、同機は管制官とウエスタン配機センターの職員に三六四便として知られることとなった。

ニューウェルは半島を回りこんで西に向かい太平洋上に出るために、ベイブリッジのほうに機体を傾ける準備をした。それは北ベトナムまでの気が遠くなるほど長い旅の第一歩だった。だが彼は最後にもう一度、ハイジャック犯が希望する最終目的地を確認しようと思った。

「どこに行きますか?」

ホルダーは腹をくくった。喉に宇宙的に正しい答えが湧き上がってくるのを感じた。

「アルジェ」

第一〇章
選択

ビル・ニューウェルは世知に長けた男だが、北アフリカの地理の知識は錆びついてしまっている。アルジェだって？　いったいどこにあるんだ？　想定していた方角とは正反対の方向に向かわなくてはならないと気づくのに、しばらくかかった。ハノイを目指して西へではなく、アルジェリアの首都がある東へ――。

彼の中にはハイジャック犯のこの決断にほっとする部分もあった。少なくともアメリカはアルジェリアと戦争はしていないので、まず接近中に空から撃墜される危険性はない。だが、アルジェリア政府が西側諸国を大っぴらに敵視していることも知っていた。一九六七年にイスラエルとアラブ近隣諸国の間で勃発した六日間戦争の間に、アルジェリアはアメリカとの国交を断絶した。以来、かの国はベトコンを含む、世界中の革命運動の名だたる支持国であり続けている。それほどまで敵意に満ちた反米国なら、平気で彼の機体を没収し、彼のクルーを投獄するだろう。

しかし、最も差し迫った問題は、目的地に着いたあとにどうやって投獄を避けるかではなく、むしろ、どうやってアルジェリアに到達するかにあった。彼はホルダーに、燃料補給し、資格のあるナビゲーターを乗せるために、まずニューヨークに向かうことを提案した。ウエスタン航空はミシシッピー川の東には運航していないので、大西洋横断に慣れたナビゲーターが必要なのだ。

ホルダーはこの案を受け入れた。ただし、もしそのナビゲーターが変装したＦＢＩだとわかったら、ただじゃすまないと警告した。もしほんの少しでもそんな疑惑が生じたら、彼の爆弾を起爆せざるをえなくなるだろうと。

航空機関士のルーカーが配機センターに三六四便の新たな目的地を報告すると、ニューウェルは無線機を取り上げて、彼らにある依頼をした。

「クルーの妻たちに電話をして、すべて順調だから心配いらないと言って安心させてもらえませんか？」

三人のパイロットはいずれも７２０Ｈに乗機する前に家に電話しそこなった。家族はまだ、夕食時に彼らが戻ってくるものと思っている。

数分後、ルーカーはヘッドホンで思いもかけない何かを聞いた。それは沿岸警備隊のジェットからの通信だった。ジェットのパイロットは三六四便を尾行していると言い、いくつかの核心に触れる質問をしようとした――機内に複数のハイジャック犯がいると断定できるか？　何か銃器を目にしたか？　どういう針路を取る予定か？

ニューウェルはルーカーに沿岸警備隊の尋問者を無視するよう言った。これ以上、ＦＢＩに引っかき回されるのは御免だった。

乗客たちは、次の中継地がニューヨークのジョン・F・ケネディ（JFK）国際空港だと聞いて大いに安堵した。次の機内食の特別メニューはいつもの「ユーバン」〔有名なインスタントコーヒー〕ではなく「キューバン」コーヒーだという、あるスチュワーデスの軽率なジョークに踊らされ、自分たちはハバナに向かっているという噂が流れていたのだ。午後一〇時四五分ごろ、生温かいチキン料理の夕食を腹につめこんだ乗客たちは、この試練がアメリカの地で終わる可能性もまだあると、希望を新たにした。

しかし、キャシー・カーコウは三六四便の飛行計画に頭が混乱していた。ホルダーは一度たりとも東に飛ぶ可能性を口にしたことはなかった。アンジェラ・デイヴィスの解放の失敗に加え、今、彼女の恋人は北ベトナムとオーストラリアという、二人で決めた目的地から遠ざかる針路を取らせている。シジフォス作戦に対するカーコウの信頼は揺らぎ始めていた。

カーコウから二席離れた11Cには、競艇に行くためにシアトルに飛ぼうとしていた二三歳の若者が座っていた。彼はカーコウを見つめないではいられなかった。彼の関心は、彼女がピンクのブラウスの下に明らかにブラを着けていないという事実にあおられていた。スチュワーデスがフルートグラスにシャンパンを注ぎ足しに回って来たときに、この男は今の不運な状況を最大限に利用して、彼の恋愛運を試そうと決意した。

だが、カーコウはナンパに乗る気分ではなく、会話を始めようという男の試みはあまりうまく行かなかった。シアトルに向かう途中には、ロス在中の中年主婦相手に対し比較的正直だったカーコウだが、今、この男には嘘をつくのが賢明だと思った。自分の名前は「マーティ」で、サンディエゴ州立大学で「リクリエーション学」を専攻する学生だと話す。前の学期にはどんな授業を取ったかという男の質問には、ただ肩をすくめてごまかした。男は彼女の意を察した。

会話が次第に消えていくと、カーコウは失礼して通路の反対側の一列がまるまる空いた席に移った。窓の外を眺め、暗闇の中に点滅する翼端のライトを見つめていると、やがて眠気が襲ってきた。


七〇一便のクロフォードと同じくルーカーも話し好きな男で、ハイジャック犯と親しくなるのが得策だと考えた。いったん機体が高度一万メートルを安全に飛行し始めると、彼は椅子を九〇度回転させて、キャンバス袋の中の金を数えているホルダーと正面から向き合った。そしてホルダーに、補助席の傍らから航空図を取り出す必要があると一言断った。

「どうしてわざわざそんなことを断るんだ?」ホルダーが訊いた。

「あなたをびっくりさせるようなことは絶対にしたくないからですよ」

「何でも好きにすればいい。きみたちが後ろにいる人たちを危険な目に遭わせるようなことはしないと信用している」

ホルダーがほほえみながら話しているのに気づいたルーカーは、より個人的なことに踏みこむチャンスだと思った。「ところで、お子さんは?」

「娘が二人、双子だ。でも、娘たちの母親とは離婚している。ウェザーマンが娘たちを人質にしてるんだ。それで、おれはこんな真似を」

それを皮切りに二人の男は延々と話をした。ホルダーはシアトル便で隣の席の男についた嘘の多くを繰り返した――ベトナムでヘリを操縦していたとか、IQが一四一だとか。だが同時にうっかり事実も漏らしてしまった。軍事刑務所に入っていたことや、それがどんなに気力を奪う二度と繰り返したくない体験かなど。

「失うものは何もない」ある時点で彼は言った。その言葉はルーカーに、ウェザーマンの存在は作り話で、ホルダーは単独犯ではないかという強い疑念を植えつけた。

ルーカーはホルダーとの雑談を心から楽しんでいる自分に驚いていた。ハイジャック犯の紛れもない頭の良さと温かさに感心していたのだ。だが、気さくに冗談を交わしながらも、彼はウエスタンの方針に背いてでも腕ずくでハイジャックを阻止すべきかどうかを逡巡していた。波乱に満ちた長い一日の終わりに、深夜が駆け足でやって来た。もしホルダーが居眠りを始めたら、だらりとなった彼の手からサムソナイトのブリーフケースを奪い取るべきだろうか?

だが、ホルダーは異常に興奮していて、疲労を感じるどころではなかった。砂糖を入れたコーヒーを一杯要求した。それはランチを取って以来、初めて彼が口にしたものだった。それから一人きりで座っていられるよう、ニューウェルにファーストクラスのエリアを空けるよう頼んだ。

ファーストクラスの客が庶民的なエコノミークラスの席に移されたあと、ホルダーは1Bに座って、もう一本のマリファナタバコに火をつけた。つかの間の静けさがひたひたと体に打ち寄せ、彼はアルジェで彼を待ち受けている歓迎に思いを馳せた。

その日の二件のハイジャックに巻きこまれたいくつかの空港には、何十人ものリポーターやカメラマンがわんさと押し寄せた。レノではユナイテッド航空の発券係の運転で二〇万ドルの身代金がボーイング727に運ばれるのを、メディアの大群が金網のフェンス越しに見守った。この発券係の女性をターマック上で出迎えたのは奇妙な光景だった。頭から毛布を被った人物が三人、しっかりと身を寄せ合って立っていた。謎の三人は二人のスチュワーデスと撃鉄を起こした357マグナムを手にしたハイジャック犯だった。この策略は、一発の銃弾でハイジャックにケリをつけようとしていたFBIスナイパーの裏をかいた。

午後一一時半に同ユナイテッド航空機はついにサンフランシスコを目指して離陸し、ワシュー湖方面へ南下した。離陸後わずか二〇マイルのところで、ハイジャック犯はユナイテッドが二つのカジノから借り入れた現金を持って後部ドアからパラシュートで飛び下りた。男は湖の西側に沿ったハイウェイに無事着陸し、低木の茂みの中に消えた。

一方、サンフランシスコ空港では、七〇一便の乗員乗客がメディアを閉め出した通路に隔離されていた。彼らはFBIの事情聴取を待つ間、ローストビーフ・サンドイッチの軽食を取った。この聴取で得られた情報の一つが、捜査官たちには信じられないほど役立つものだった。18Eの乗客が、ハイジャック犯の小型スーツケースの中身をくまなく調べ上げたところ、ウィリー・ロジャー・ホルダーという名の兵卒に対する軍の解雇書類が含まれていたと述べたのだ。

だが、それをのぞくと、FBIの行った事情聴取の大半が役に立たなかった。捜査官たちが残念でならなかったのは、解放された乗客の多くがひどく酔っぱらっていて、事件について有益なことは何一つ思い出せなかったことだ。ウェザーマンの報復を恐れてか、軍服を着た黒人のことは一度もまともに見なかったと訴えた人も多かった。事件の筋道を通そうとしたメディアもまた行き詰まった。もともと通信社から得ていた情報では、七〇一便のハイジャック犯は四人の黒人の急進主義者ということだった。

サンフランシスコでは警察が乗客に対するリポーターの取材をおおむね阻止したが、シアトル・タコマ国際空港ではそのような安全対策は施されなかった。そこには、七〇一便が給油のために短時間立ち寄ったあとも、心配した家族が立ち去らないでいた。彼らは、ハイジャックのエピデミックに歯止めをかけられない政府の無能ぶりに対する民衆の高まる不満を代弁した。

「FBIが（このハイジャック犯たちを）しっかり歓迎してくれることを期待してますよ。すごく温かい歓迎をね」人質の初老の夫が声を荒らげた。「犯人たちを私たちの家族が遭ってるのと同じ目に遭わせるべきだ。弁護士を減らして死刑執行人を増やす必要がある」

「シアトルタイムズ」のある記者は七〇一便に曾祖母が乗っているという五歳の少年を捕まえた。記者は到着が遅れている理由を知っているかと、この子に質問した。

「ハイジャックされたんだよ」少年は答えた。「犯人はお金が欲しいんだ。何百ドルものお金だよ」

「これが現代社会の実態です」記者は嘆いた。「ハイジャックという言葉が五歳児のボキャブラリーにもあるとは」

ホルダーが三六四便内での三本目のマリファナタバコをもみ消してコックピットに戻ると、

ニューウェルがいくつかの問題を話し合おうと待ちかまえていた。機長はまず、キューバ政府がホルダーを大歓迎してくれる安全な選択肢だという点を強調し、アルジェの代わりにハバナに飛ぶというアイデアを売りこんだ。ホルダーが却下すると、今度はカナダのどこかに飛ぶ案をもち出した。ウエスタン航空には過去にハイジャック犯をカナダに連れて行った経験がある。一九七一年二月に、基礎訓練を逃れるためにシアトル行きを乗っ取った一九歳の陸軍徴募兵をバンクーバーに降ろしていた。

だが、ニューウェルが最終目的地について交渉を試みれば試みるほど、ホルダーは余計にアルジェに固執した。彼は星座が告げる深遠なメッセージを解読できる自身の直感を信じて、北京やモスクワなどではなく衝動的にその町を選んだのだ。機長からの抗議は、体制がシジフォス作戦の展開により真に動揺しているのだとホルダーに感じさせた。そして、それは彼の直感が正しかったことを証明していた。

「アルジェ」彼は言い張った。「それがやつらの希望だ」

懐柔に失敗したニューウェルはギアをチェンジした。

「では、たとえばですが、乗客をニューヨークで解放するのはどうでしょう？　乗客たちはもうあなたを助けられない。それどころか、もしあなたがはるばるアルジェまで連れて行こうとしているとわかったら、ひょっとして、あなたにとって危険な存在になるかもしれませんよ」

ホルダーはそれなら問題ないと言った。ニューヨークではなくホノルルであったが、海の向こうへ飛ぶ前に残りの人質を解放することは初めから計画の一部だったのだと。

ニューウェルは次の機内放送で乗客の半分を眠りから覚ました。

「ご搭乗のみなさま、一つ、うれしいニュースをお伝えします。ここにおいでの方と交渉を続けてまいりました結果、ニューヨークでみなさまを解放することに関して同意を得ました。何か進展がありましたら、追ってお知らせします」

カーコウはニューウェルの放送とそれに続く歓声に目を覚ました一人だった。通路の向こうの彼女のファンは、彼女が他の乗客と違い、もうすぐ自由になると聞いてもよろこびを表していないことに気づいた。毛布を首まで引き上げて、ただそこに浮かない顔で座り、真っ黒な空を見つめていた。

南イリノイを過ぎたあたりで、ニューウェルは客室に歩いていった。足をほぐすのも目的だったが、ハイジャック犯の共犯者の一人でも見つけられないかなと思っていた。すると、乗客の一人がよく知っている人物であることを発見した。バッド・ブラウン――次の勤務のために乗客に混じって七〇一便で移動していた、シアトルベースのウエスタンのパイロットだ。ニューウェルは、クルーが疲れすぎて操縦できなくなった場合に備え、救援パイロットとしてアルジェにいっしょに来てくれないかと頼んだ。ブラウンは二つ返事でオーケーした。

六月三日、午前四時四九分に三六四便がケネディ空港に向かって降下を始めると、ホルダーは給油の方法とナビゲーターの搭乗の仕方について具体的な指示を与えた。彼が最も強調した点は、機首が22R滑走路を取り巻くフェンスの反対側を向くように停止することだった。ここが、リチャード・オバーグフェルがＦＢＩのスナイパーに射殺された空港だということを、彼は忘れていなかった。
ボーイング720Hは五時一二分に着陸し、給油はスムーズに行われた。ニューウェルは、乗客を降ろしナビゲーターを乗りこませるためのタラップを積んだトラックがすぐにでも到着するものと思っていた。だが、そんな気配もなく一五分が過ぎた。ニューウェルは管制塔に説明を求めた。受け取った返事は、彼が最も聞きたくないものだった。

JFK管制塔　機長、こちらFBI主任特別捜査官のベイカーです。終日の飛行や何時間もの操縦によるクルーの疲労について、あなたと話し合いたい。

ニューウェル　あのですね、クルーの交替はいっさいありませんし、一刻も早くここを発ったほうがいいんです。さっさとタラップを寄こしてください。それとナビゲーターも！

JFK　安全その他を考慮した上で聞きますが、すでに何時間、操縦していますか？

ニューウェル　いや、それは余計なお世話です。どっちにしろ行かなきゃならない。だから、さっさとやりましょう。

JFK　機長、ハイジャック犯と話させてくれませんか？

FBIが直接ホルダーと話したいと言ってきたのは、これが初めてだった。だが、ハイジャックも終盤に来た今、ホルダーはまともに相手をする気分にはなかった。

ホルダー　何だね？

ＪＦＫ　ハロー。コックピットからですか？

ホルダー　そうだ。おい、言っておくが、もし大ニュースが欲しいなら、数分以内に手に入るだろう。つまり、もうほとんど時間はないってことだ。例のはしご階段を持ってこい、ここに、今すぐだ。

ＪＦＫ　はしご階段は、今、そちらに持って行きます。その前にちょっと話がしたいのですが……

ホルダー　こっちは話したくない。

振り返ったニューウェルは、ホルダーがブリーフケースとつながった銅のワイヤをぐいぐい引っ張っているのに気づいた。おそらくそれは彼が限界に達したサインだ。「彼はこれ以上話したくないんだ！」ニューウェルはＦＢＩ捜査官に吠え立てた。「彼が欲しいのは行動だ。さっさとやりましょう！」

しかし、ある程度の引き延ばしはＦＢＩの計画に不可欠だった。偽の整備工を使う例の計略をもう一度試す気で、扮装した捜査官をタラップとともに送りこもうとしていたのだ。作戦のために借りたアメリカン航空の作業服を、その捜査官が着るにはもう数分必要だった。

数分が過ぎた。ホルダーは独り言を始めた。この上なく物騒な言葉をあれこれつぶやいている。

「おれにとっては、今ここで死のうが、あとで死のうが変わりはない」

ますます不安でピリピリしてきたニューウェルは、今一度タラップとナビゲーターを要求した。が、無駄だった。

午前五時四八分、ホルダーは自分で事を運ぶ決意をした。

ホルダー　FBIを呼び出してくれ。
JFK　こちら、FBI特別主任捜査官ベイカー。
ホルダー　おい、くそったれ。今すぐ例のブツを持って来いってんだ、脳なし。今だよ、今！
JFK　階段はただ今、そちらに向かっています。
ホルダー　お前らの寝言は聞きたくねえ。今すぐここに全部持ってこい！
JFK　移動中です。
ホルダー　頭のいいニガーになめたまねすんじゃねえぞ、わかったか！

三〇秒後、三人の男を乗せた黄色いトラックに牽引されたタラップが、視界に入ってきた。一人はナビゲーターのアイラ・マクマラン。今はFAAの職員だが、公務員になる前はTWAに勤めていた。一人はアメリカン航空の本物の整備工、そして残る一人が扮装したFBI捜査官だ。

ホルダーがコックピットのドアまで来て、機体のオープンハッチから外を覗き見ると、タラップが所定の位置に動かされていた。トラックの運転台が機体の下に突っこまれた形になっているため、中にどんな人間がいるのかが見えない。これに彼は怒り狂った。「くそっ、やつらはどこだ？　おれに見えるところに連れ出せ！」と大声で叫ぶ。「なぜおれの指示に従わない？　あいつらみんな追っ払え、追っ払え！」

ホルダーはコックピットのほうに向き直って、ルーカーにもし命令に従わなければ一〇分後に自分の爆弾を爆発させると警告した。

ホルダーのこの騒ぎは機内中に聞こえた。カーコウは左側の窓のところに行って外を覗いた。整備工の格好をした男が機体に沿って歩いているのが見えた。その男は用心深く、こっそり窓の乗客の顔を見上げた。

カーコウはハッと思い出した。自分の役目を忘れていた。「あの人たち、何かバカなことをしなきゃいいんだけど！」悲鳴を上げ、通路を脱兎のごとく駆けた。気でもふれたように後部ドアを探す。その間ずっと、FBIがまだ急襲を仕掛けていないことを祈った。スチュワーデスに腕をつかまれ、静かに席に戻るよう説得された。カーコウは後部ドアがまだしっかり閉まっていることを確かめてから、その指示にしたがった。

ナビゲーターのマクマランがついにタラップを上ってきた。ホルダーはそのFAAの職員が本物のナビゲーターに見えることに満足し、ファーストクラスに招き入れた。次にコックピットに戻り、乗客とスチュワーデスが去るときが来たとニューウェルに告げた。マクマランとバッド・ブラウンを加えたウエスタンの操縦クルーのみが彼とともにアルジェに行くことになる。

機体から三〇〇メートルほど先に二台のバスが止まると、ニューウェルの指示で客室の乗客は静かに通路に集まった。バスのドアが勢いよく開くと、乗客は出口に向かって列になって進んだ。

まもなく自由になる人質たちの列が彼女の席の横を通り過ぎていくと、カーコウの心は突然湧き上がった疑問に押しつぶされそうになった。まさか彼女がホルダーを知っているとは誰も思っていない。何ら騒ぎを起こさずに、この飛行機からあっさり降りることができる。ＦＢＩが彼女とハイジャック事件の関わりを解明することはまずないだろう。たとえ、わかったとしても、そのときは無理やり引っ張りこまれたとか、この計画についてホルダーから何も聞かされていなかったとか、いつだって嘘が言える。お得意の小悪魔的なスマイルで、どんなＦＢＩ捜査官もイチコロに騙せる自信があった。

ゆっくり立ち上がって、軽く見回した。どこにもホルダーの姿はない。他の乗客たちはいつ彼女が素早く進んでいる列に割りこむつもりだろうと、好奇の視線を送っている。彼女は隣の席に置いたバッグを見下ろした。それをさっと肩にかけ、出口に向かう人質の列に加わるには数秒とかからない。

そのとき、突然、ホルダーの声が機内放送から轟いた。

「キャシー、きみはそこに残りなさい」

カーコウは滑り落ちるようにふたたび座り、他の乗客に顔を見られないように髪の毛を頬と口のほうに引っ張った。

「いっしょに来ないんですか?」パーサーのマッカルパインが、カーコウの座っている列を通り過ぎるときに尋ねた。

カーコウは首を横に振った。彼女は選択をした。

乗客とスチュワーデスが無事バスに乗るやいなや、アメリカン航空の整備工と扮装したＦＢＩ捜査官がタラップの下にやって来た。飛行前の点検を口実に機内に入る気でいる。それはＦＢＩにとって、乗っ取り機がアメリカを離れるのを阻止できる最後のチャンスだ。

二人の男は階段を上がるか上がらないかのうちに、コックピットの窓からニューウェルが彼らに向かって叫ぶ声を聞いた。

「戻れ！　戻れ！　ここに上ってくるな！」

同時にニューウェルはルーカーにハッチを閉めるよう身振りで指図した。熟練パイロットはひたすらホルダーに協力することで、一滴も血を見ることなくここまで彼の飛行機を運んできた。たった今、三〇人の人質を解放した武装した男を敵に回す理由がどこにあるというのか。

企みをくじかれ、整備工とＦＢＩ捜査官はタラップを運び去った。そのころ、空港の管制塔では、ＦＢＩの作戦の指揮を執る捜査官がニューウェルの非妥協的な態度を特記していた。ハイジャックを阻止できなかったことを上司にガミガミ叱られるのは避けられないが、そのときには責任を三六四便の機長になすりつけるつもりだ。

午前六時二五分、ボーイング７２０Ｈはジョーンズ・ビーチに向かい、やや南東方向に離陸した。ホルダーは今一度ファーストクラスの席に移り、夜明け後のキラキラと輝く光がジェットの窓から差しこむ中、もう一本のマリファナタバコに火をつけた。

ルーカーは補助席の下の床に二枚の紙切れが落ちているのに気づいた。それらは明らかにホルダーがニューヨークで走り書きしたメモだった。一枚目にはむしろ励まされた――「この機長なら飛行の安全は保証」とあった。だが、二枚目は威嚇的だった――「まだ機内には二つの爆弾がある」

ファーストクラスのエリアがマリファナの煙でいっぱいになったころ、カーコウがやって来て、恋人の隣に座った。ホルダーは二人の体の上に一枚の毛布を掛け、マリファナタバコを差し出した。前日の朝にロサンゼルスの空港バーで別れて以来、互いの関係を大っぴらにするのは初めてだ。だが、ホルダーとカーコウは一言も話さず、毛布の下で抱き合っていた。やがて灰しか残らなくなるまで、ただマリファナタバコを交互に吹かしていた。

程よくハイになったところで、カーコウは何時間もしたくてウズウズしていた質問をした。

「私たち、どこに行くの？」

「アルジェだよ」

その都市の名はカーコウにはまったくピンと来なかった。立ち上がり、指でホルダーの胸を突く。「もう、この先、あんたに何を言われても、絶対に信用しないから」

それから、カーコウの厳しい表情はとろけてにこやかな笑みに変わった。冒険に身を任せる以外に道がないという状況には奇妙な解放感があった。人質たちが去っていくときに一瞬の迷いが生じた彼女をうまく誘導したとき、ホルダーは、たぶん、彼女にいいことをしてくれたのだ。

カーコウはかがんでホルダーの頬にキスをし、エコノミークラスに戻る自分についてくるよう手招きした。「見せたいものがあるの」

客室の後方でカーコウは座席の間の肘掛けを上げ、仰向けに寝転がった。ホルダーが軍の礼装用ズボンを床に脱ぎ落すと、彼女は踊るように体をくねらせてパープルのパンツを脱いだ。くそっ、ここは寒いな、肌がむき出しになるとホルダーは思った。だが、いったんカーコウの抱擁に包まれると、寒さはどうでもよくなった。

「あの、客室の温度を上げてくれませんか？」

コックピットのクルーは女の声による丁寧なリスエストに驚いて飛び上がった。振り返ると、キャシー・カーコウが頭をコックピットのドアから引っこめるところが見えた。その瞬間まで、パイロットたちはホルダーがアルジェに一人で行くものと信じきっていたのだ。自分たちの目をすり抜けた美しい女性の道連れがいることを知って、彼らは唖然とした。

女たらしと評判のルーカーは強烈な羨望に打ちのめされた。ひょっとして、うまくやれないかな――カーコウの肢体をじっくり値踏みした。だが、彼女のほうにはクルーと仲良くする気など、さらさらなかった。

しばらくして、ニューウェルがハイジャック犯と話をしようとファーストクラス・エリアに行くと、ホルダーは缶からコカコーラを飲んでいた。彼は機長に〝麻薬の手始め〟にいいかもしれないと言ってマリファナを勧めた。ニューウェルはつっけんどんに断り、アルジェほどは危険でない行き先を選ぶよう、説得を始めた。

ルーカーの計算によると、強い追い風を計算に入れると、ボーイング720Hは再給油なしに北アフリカまで一気に飛べる。したがって、アメリカン航空が給油地としてよく使うアイルランドのシャノンに立ち寄るという案は破棄していた。だが、なおもニューウェルは敵対国のアルジェに着陸することに大変な恐怖を覚えていた。すでに人生の一四カ月をナチの捕虜収容所で過ごした彼は、ふたたび囚われの身となるリスクだけは避けたかった。

彼はまずマドリッドへの着陸を提案したが、ホルダーは聞く耳をもたなかった。スペインが年老いたファシストの独裁者に治められていることを知っていたのだ。彼は自分と同類の破壊分子を好みはしないだろう。

「ふむ、ならばもう一カ所、私たちが勧められるのはスイスですが……ジュネーブとか。ジュネーブはどうでしょう？」

ホルダーは興味をそそられた。スイスという言葉は、牧歌的な山小屋と、かわいい赤十字の看護師のイメージを呼び起こす。スイスにはまともな航空宇宙産業はあるのかな、などと考える。なぜなら、いつかそういったところでエンジニアとして働きたいと思っているからだ。

「でも、スイスは恩赦を与えてくれるだろうか？」彼は期待をこめて尋ねた。

ニューウェルは最善をつくして調べると約束した。三六四便はすでにウエスタン航空のいかなる施設の可聴範囲をもはるかに越えてしまっているので、ニューウェルはケネディ空港内にあるＴＷＡの配機センターに接触した。ＴＷＡは、その要請をウエスタンの役員に伝えると約束してくれた。役員たちはＦＢＩにその情報を伝えなくてはならないだろう。そしてＦＢＩは国務省に通知する。

だが、ニューウェルの交信は軍により傍受されていたので、伝達系統は実際、彼が想像したよりはるかに短かった。三六四便はメイン州ローリング空軍基地を緊急発進したKC135ストラトタンカーに追跡されていたのだ。この軍用機は通常、戦闘機に空中で給油するために使われるが、このたびのミッションは三六四便のあらゆる動きをペンタゴンに通報することにあった。これはきわめて異常なことだが、今回のハイジャックもまた、きわめて異常だ。それまでアメリカ人のハイジャック犯が乗っ取り機をアフリカに飛ばせたことは一度もなかったので、このドラマがどう展開していくかについて上層部は注視していた。

ニューウェルがスイスについて問い合わせてから数分もしないうちに、それはワシントンDCの国務省本部に伝わった。その要求はニクソン政権を難しい外交的立場に追いこんだ。当然、ハイジャック犯ごときのために他国と交渉するなどというのは気が進まないが、乗っ取り機はアルジェリアよりはヨーロッパに着陸させたい。相手がスイスなら、少なくとも機体とクルーと身代金は確実に取り戻せる。それに、いったんはハイジャック犯に亡命者の身分を提供しておいて、いずれ世間の関心が薄れた時点で撤回するという策略にも、スイスはすすんで乗ってくれるかもしれない。

在米スイス大使に電話がかかる。フェリックス・シュナイダーという名の、頭の禿げかかった貴族だ。彼は国務省の馬鹿げた申し出をベルンにいる上司に伝える必要すらなしと判断し、乗っ取り機をジュネーブに着陸させるアイデアを、にべもなくはねつけた。スイスが「アルプスのキューバ」として知られるようになるのは御免だった。

今や、三六四便がアルジェに向かう飛行を続けるしかないのは明らかだった。国務省はアルジェリアにおける唯一の代表機関である、在アルジェ・スイス大使館の米国権益部門の責任者ウイリアム・イーグルトンに連絡した。彼はアルジェリア関係当局に事の次第を通知した上で、ただちにメゾン・ブランシュ空港に急行するよう指示された。

三六四便が大西洋を横断中、ホルダーとカーコウは交替で仮眠を取った。イベリア半島の海岸に接近すると、ホルダーは小型スーツケースの中の白シャツとブラウンのベルボトムのズボンに着替えるためトイレに入った。シアトルを発って以来、一ダースものマリファナタバコを吸いつくしたせいで、彼の頭は冴えているとはいえない。それが証拠に、サムソナイトを居眠りしているカーコウの隣の席にうっかり置き忘れてしまった。

トイレのドアがバタンと閉まる音を聞いたルーカーは椅子の背にぐいともたれて客室を覗き見た。すぐに無防備な状態にあるブリーフケースに気づいた。このハイジャックを阻止するために何かをする瞬間があるとしたら、それは今だ。

コックピット内でささやき声の議論が始まった。FAAナビゲーターのマクマランは自身が攻撃の指揮を執ることに大乗り気だ——彼が鈍器を手にトイレのドアの外でしゃがんで待ち伏せし、男が出てきたところをガツンとやるから、その間、他の誰かがブリーフケースを取り上げて、女を無力にすればいい。

しかし、ニューウェルはその案に拒否権を行使した。筋書きどおりに行かないケースが、あまりに多く考えられたからだ。もしマクマランが最初の一撃で男を気絶させられなかったら？　または、もし女が目を覚ましてそばにある爆弾か、または機内のどこかに隠してあると男が言っている爆弾の一つを起爆したら？　ニューウェルには今回のハイジャック犯に人を殺すガッツがあるとは思えなかったが、直感的に自分の飛行機をリスクにさらすことには気が進まなかった。

それで結局、彼らは何もしなかった。ホルダーは自分がシジフォス作戦をおじゃんにする瀬戸際にいたことも知らず、平服で席に戻った。

現地時間の午後五時二〇分、三六四便がスペイン領空を過ぎたところで、アルジェリアの役人が接触してきた。かろうじて通じる程度の英語で、彼はハイジャック犯と話したいと言った。

「あなたは何らかの政治組織に属していますか？」役人がホルダーに質問した。

「いいえ……うーん、それは、えーと、その件については地上で話しましょう。こちらにもいくつか質問があります」

「どうぞ」

「あなたは私の身の安全を保証できますか？」

「安全？　ああ、安全ね。それは問題ないです」

「そう、ならば、私は亡命者の身分が欲しい。亡命者の身分を与えてくれますか？」

「亡命？　ああ、オーケー、わかりますよ。亡命ね」

ホルダーは先に待ち受ける新生活にワクワクしてきた。間近に迫った彼の到着にアルジェリア人たちも興奮しているようだ。それほどまでに温かい人たちなら、彼の最も重要かつ最後の願いも問題なく聞き入れてくれるはず。

「それから、いいですか？　エルドリッジ・クリーヴァーに空港で出迎えてもらいたい」

「はあ？　もう一度」

「エルドリッジ・クリーヴァー！　エルドリッジ・クリーヴァーに会いたい」

第一一章

「私たちは友達になります」

ロジャー・ホルダーが南ベトナムのジャングルで戦車を乗り回していた一九六八年、リロイ・エルドリッジ・クリーヴァーは合衆国大統領選に立候補した。当時、弱冠三三歳の彼は、憲法上は大統領になる資格はなかった。だが、最左翼の平和自由党の代表二一八人がミシガン州アンアーバーの党大会に集結したとき、クリーヴァーは第一回の投票で指名を勝ち取ったのだ。恐れ入りながらもその栄誉を受諾した彼は、もし奇跡的に大統領選に勝利したなら、ホワイトハウスを焼き払い、そこに「過去の堕落を記念する博物館か記念碑を建てる」と誓った。

大統領選の大騒ぎに巻きこまれるちょうど二年前、クリーヴァーはカリフォルニアにある超厳重警備のソウルダッド州立刑務所で、殺人未遂の罪により一四年の刑の服役中だった。高校中退の彼は鉄格子の奥でトーマス・ペイン、ヴォルテール、マルコムXなどの作品を読みあさり、洗練された独学者になった。最終的には執筆意欲をかき立てられ、人種やセックス、暴力について一連の挑発的なエッセイを書き上げた。これらのエッセイが「ランパーツ」という季刊の政治雑誌に載り始めると、クリーヴァーは「言葉に対する生まれつきの才能」と「恐ろしいほどの分析力」に恵まれた男として批評家たちにもてはやされ、文壇の寵児になった。刑期の半分あまりを終えたところで、一九六六年一二月に仮釈放を勝ち得たのは、彼の知性に対する人気の急上昇によるところが大きい。出所と同時に彼は「ランパーツ」誌のスタッフになった。

とはいえ、クリーヴァーは単なる物書きに甘んじるには野心もエネルギーもありすぎた。一九六七年二月、ブラック・パンサー党の創設者の一人であるヒューイ・P・ニュートンが、「ランパーツ」のサンフランシスコ事務所の外で重武装した警官の一団をにらみつけているのを見たのをきっかけに、創成期の同党に入った。クリーヴァーはあっという間に党の情報大臣の地位まで上りつめ、ニュートンが一九六七年一〇月にオークランドの警官を撃って逮捕されたあとは、党の顔になった。ブラック・パンサーの反体制的イデオロギーを一種のたくましい詩に変えてしまえる能力はまさに驚異的だった。「人種差別主義者のゲシュタポ豚」というフレーズを『リア王』からの抜粋のように響かせられる者は彼の他にいない。

だが、クリーヴァーの論争への情熱は、彼の最大の弱点でもあった。「私はビッグマウスの愚か者だ。しゃべりすぎる」と、あるインタビューで告白している。

一九六八年三月、「ランパーツ」の出版部門がクリーヴァーの獄中でのエッセイをまとめた『氷の上の魂』を発売した。これはたちまちベストセラーとなり、「ニューヨーク・タイムズ」の書評で絶賛された。それからわずか二週間後に、クリーヴァーと数人の同志はオークランド警察との九〇分におよぶ銃撃戦に巻きこまれた。その事件は、ボビー・ジェームズ・ハットンという名の一七歳のブラック・パンサー党員の死と、クリーヴァーの殺人未遂容疑による逮捕という結末にいたった。❖ クリーヴァーはなんとか保釈されたものの、仮釈放はきっと取り消されるだろうと確信していた。その夏、大統領選のキャンペーンに出発したとき、彼は妻のキャスリーンに「金輪際、一日たりとも刑務所で過ごす気はない」と断言した。

大統領選の投票総数の〇・〇五パーセントを獲得した三週間後、クリーヴァーはモントリオールに逃亡した。そこで貨物輸送機を捕まえてハバナに飛ぶと、キューバ政府は彼を豪華なアパートメントにかくまい、国務省から二人の世話人を付けた。だが、サトウキビを収穫するためのカストロ所有の強制労働収容所から逃げてきたアメリカ人のハイジャック犯二人を庇護したことで、クリーヴァーはあっという間にキューバに愛想をつかされてしまった。すると一九六九年五月、ロイター通信の記者がクリーヴァーの居所を突き止め、アメリカの新聞に公表してしまった。その結果生じた、カリフォルニアへの彼の送還要求を含む大騒動は、キューバに面倒なゲストは追い払うが勝ちだと思い知らせた。彼らはロイターの記事が引き起こした「騒ぎのほとぼりが冷めるまで」のたった一週間だけだと言い含めて、クリーヴァーをアルジェリア行きの便に乗せた。

だが、キューバの意図したとおり、クリーヴァーは独裁者のウアリ・ブーメディエン大統領の招

❖ この銃撃戦については多くが不透明なままだが、マーティン・ルーサー・キング・ジュニア暗殺への報復としてブラック・パンサー党が扇動したとされている。報道によれば、ハットンはパンサーたちが降参したのちに武器を取り上げられ、地面に押さえつけられて警官に殺された。

待により、アルジェリアに滞在し続けることになった。禁欲主義と冷酷さで知られ、組織力では天才的なブーメディエンは、フランスからの独立運動を率いた民族解放戦線の軍事部門の最高司令官だった。そのときの戦争体験により、凄まじい反植民地主義者となった彼は、世界中の革命を支援することに熱心だった。アルジェリアのオイルマネーはローデシア、エリトリア、ポルトガル、パレスチナほか、多くの国々の反乱グループに流れていた。アメリカにおいては社会主義の反乱分子に最も近いと見なしていたブラック・パンサー党に、ブーメディエンは当然のごとく好奇心をそそられていた。

クリーヴァーはブーメディエンの期待を読むことに名人級に長け、使用する言葉によりいっそう好戦的なエッジをきかせた。アルジェに到着してまもなく、彼はアメリカ人のある報道写真家に、アメリカ政府の打倒とスタンダード・オイル〔ロックフェラーの設立した石油精製会社〕の国有化を目指す「北米解放戦線」という組織を設立する計画があると話した。「心血注ぎ、自らの命を賭して、バビロンの権力機構にいる豚どもの命を奪うつもりだ」アメリカに対する彼一流のあだ名を使って、彼は宣言した。

いたく感心したブーメディエンは、クリーヴァーに毎月五〇〇ドルの生活費支給に加え、アルジェで自由に活動することを許した。妊娠中の妻キャスリーンやアメリカからやって来た数人の崇拝者とともに、クリーヴァーはブラック・パンサー党の公式支部を設立し、「インターナショナル・セクション」と名付けた。オフィスは当初、地中海沿いの狭苦しいバンガローだったが、すぐに高級なエルビアール地区のゲート付きヴィラに格上げとなった。このヴィラはクリーヴァーの著作の大ファンでベトコンの正式な代表である元居住者からのプレゼントだった。クリーヴァーは彼らの親切への恩返しに、ラジオ・ハノイでアフリカ系アメリカ人の兵士たちに暴動を起こすよう呼びかけた。

「もし勇気を奮い起こせるなら、あの白人に迎合する黒人《アンクル・トム》どもや、きみたちにベトナムの人々を殺せと命令するあの豚どもから略奪を始めるべきだ。やつらを吹っ飛ばせ。手榴弾を投げろ。家やジープの下にダイナマイトを仕掛けろ」

彼がアルジェで地盤を固めると、さらに一〇人以上のブラック・パンサーが彼の組織に加わるためにやって来た。その多くはちょうどクリーヴァーのように、党をつぶそうとするアメリカ司法当局からの逃亡者だった。その中に党のカンザスシティ支部を創設したピート・オニールがいた。彼は州境を越えた銃輸送罪の起訴から逃げていた。党の陸軍元帥の称号をもつドナルド・コックスもいた。彼は警察の情報屋の殺人に加担したのではないかと疑われていた。セコウ・オディンガもいた。ニューヨークで警官殺害とビル爆破の共謀容疑により起訴されていたいわゆる「パンサー21」の一人だった。

インターナショナル・セクションは一時期、ハーバード大学の精神分析医からＬＳＤの専門家に転じたティモシー・リアリーを受け入れていたこともあった。彼は一九七〇年一月にマリファナ所持の罪で二〇年の判決を受けたあと、ただちにウェザーマンの助けで脱獄した。その後、アルジェに流れ着くと、クリーヴァーは彼をエルビアールのヴィラに居候させた。クリーヴァーはリアリーを受け入れれば、ブラック・パンサーと白人ヒッピーが手を組むきっかけになると期待していた。だが、すると、リアリーの友達がＬＳＤのぎっしり詰まったステレオを持ってやって来た。アルジェリアのような伝統を重んじる国では、それはきわめて危険な物質だ。クリーヴァーは「きっとリアリーは夫婦で砂漠に行ってＬＳＤをやり、裸で太陽の下に寝転がっただろうが、もしそこに山羊使いがやって来たら、最初に出会った警官に通報しただろう」とのちにぼやいた。さらにリアリーが大勢の女子大生に麻薬をばらまいたことも非難した。数カ月にわたるすったもんだの末、ついにクリーヴァーはリアリーを受け入れがたい人物であると公言した。リアリーはスイスに庇護を求めるしかなかった。

　クリーヴァーはパンサーへの支援を広げるため、アジアにおける共産党政権の名誉ゲストとして、大陸を広く旅した。北ベトナムを回ったときには、ファム・ヴァン・ドン首相が「西欧ではあなたは日陰の黒人だが、ここでは日向の黒人だ」という乾杯の辞を捧げた。ピョンヤンでは北朝鮮の「偉大な指導者」金日成《キム・イルソン》とも時間を過ごし、彼の「天才的な指導力」に惜しみない賞賛を送った。のちにクリーヴァーはキム・イルソンの講演録『チュチェ』の英語版に序文を寄稿した。

　しかしながら、一九七二年の夏までにインターナショナル・セクションは急激な衰退を経験していた。クリーヴァーの『氷の上の魂』の印税がアメリカ政府により凍結されたために、❖組織は極度な金欠に陥っていた。

「借金で首が回りません」妻のキャスリーンはアメリカ人記者に語った。「二月から四月にかけての電話料金が五〇〇〇米ドル……借りている四軒の家の家賃も滞納しています。蓄えは七人の子供と八家族の衣類、病院や医者への支払いと食費にすべて消えてしまいました。どんなにお金がかかるか、想像がつくでしょう」。やりくりのため、インターナショナル・セクションは不正な査証やマルセイユからフェリーで運んできた盗難車を売買した。

クリーヴァーは、しだいに被害妄想をつのらせてもいた。ヒューイ・P・ニュートンがインターナショナル・セクションをつぶそうとしていると密告する手紙を何通も受け取ったことで、彼の不機嫌さはいっそう増していた。ニュートンが彼のことを「タマのない殺人犯の青二才」と呼んだと申し立てる手紙が、党の上層部に亀裂を生じさせようとするFBIの巧妙な捏造《ねつぞう》であるとはゆめゆめ思わなかったのだ。

一九七二年六月三日の午後、アルジェリアでの未来が厳しいものに見えていた矢先に受けた驚きの電話に、クリーヴァーは大いに興味をそそられた。それはセネガルでの会議に出席するため、ちょうど国外にいたブーメディエン大統領の執務室からだった。大統領補佐官はただちにブーメディエン宮殿に来るよう要請した。

クリーヴァーがドナルド・コックスを引き連れて参上すると、補佐官は招集をかけた理由を説明した。ハイジャックされたアメリカの航空機が史上初めてアルジェに向かっている。政府にわかっているのは、機内に爆弾が少なくとも一つある——もういくつかあるかもしれない——ということ

❖ アメリカ政府はクリーヴァーがアジア旅行の間に北ベトナムと北朝鮮の市民になったと主張した。結果、対敵国貿易法が適用され、クリーヴァーのアメリカをベースとした財産は凍結された。

と。そして、犯人が五〇万米ドルの入ったキャンバスの袋を持っているということだけだ。クリーヴァーの目はその最後の部分にぱっと輝いた。無論、革命はハーフ・ミリオンダラーを最高に役立てることができる。

三六四便がメゾン・ブランシュ空港にかなり接近した今、ホルダーの目には、その日最後の日差しを浴びる海水浴客でいっぱいの地中海沿岸のビーチが見える。もうすぐ自分も砂浜で思い切り体をのばし、波と戯れることができるのだと思うと、彼は有頂天になった。星座が彼をアルジェに導いたのは正解だったのだ。

「ほら、ここはおれのような男が自由になれる場所だ」彼は喜色満面でクルーに言った。「自由になれる唯一の場所なんだ」

ニューウェルは身代金をウエスタンに返せるよう、機内に残していくことを考えてみないかと提案した――そうすればアメリカの当局はホルダーの平和な暮らしを邪魔しないかもしれないと。だが、ホルダーはおとなしく五〇万ドルもの金を放棄するという考えにあきれて、小さく笑った。「悪いな」彼はニューウェルに言った。「あの金はおれのためじゃないんだ。世界中の貧しい人や困っている人たちのものだ。それと、ものすごく長生きできたらだけど、いつか自分用に航空会社でも買うよ」

三六四便は現地時間の午後六時五七分にメゾン・ブランシュ空港に着陸した。22滑走路をゆっくり進んでやがて停止すると、少なくとも一〇台の、いずれも兵士ですし詰めの軍用車に取り囲まれた。機体の前方ドアに据えられたタラップのそばに黒いセダンが止まった。そこから降り立ったのは途方もなく高そうなスーツを着た、キラキラした目の小ざっぱりした男だった。通訳をしたがえ、階段の下まで歩いて来て待った。

コックピットでは、ホルダーがまともな別れの言葉も出ないほど興奮していた。彼は「オープンに何か残しておいたから」とルーカーに言い残し、金のぎっしり詰まった袋を右肩にかけ、客室のほうに戻っていった。

客室では、カーコウが一九列目の席の窓から、機体を取り囲む兵士たちを見つめていた。

「先に降りてくれ。やつらは女は撃たないから」

カーコウは窓から向き直ってホルダーの目をじっと見つめた。

「ロジャー、二人いっしょに出て行くのよ」

その強い語気から、彼女にいっさい妥協する気がないのは明らかだった。

前方のドアに近づいたところで、ホルダーは立ち止まって靴と靴下を脱いだ。裸足の姿を世の人々に見てもらうのは、飛行機からの登場をよりドラマチックにする一種の演出だ。

さながら逃亡奴隷のように……と彼は思った。

タラップを半分降りたところで、上等な仕立てのスーツを着た男の出迎えを受けた。付き添いの通訳が、その男の早口のフランス語を英語に訳した。

「ようこそアルジェリアへ。私はサラーフといいます。同志よ、ここはあなたの故郷です。私たちは友達になります。すごくいい友達に」

サラーフ・ヒジャブについて階段を降り、待機している黒塗りのセダンのほうに向かいながら、他にどんな選択肢があるっていうんだい？　とホルダーは心の中で言っていた。彼がカーコウとともに車に乗りこもうとすると、まだ左手に持っていたサムソナイトのブリーフケースを手渡すよう兵士に身振りで指示された。ホルダーが慎重に手渡すと、兵士は銅線に不必要な力が加わらないよう用心しながら受け取った。

やがてセダンがターマック上を走り去るのを、ウエスタンのクルーはコックピットの窓から見守った。すると、けたたましい金属音を立てながらタラップを上ってくる二〇人ほどの足音が聞こえた。他に爆発物がないか、調べにやって来たアルジェリアの兵士たちだ。

ホルダーが残した言葉にしたがい、ルーカーはギャレーに行ってオーブンの中を覗いてみた。そこには、クルーの素晴らしいサービスに対するチップとして五〇〇〇ドル分の紙幣が入っていた。

セダンがメゾン・ブランシュの空港ビルにゆっくりと向かう間も、ヒジャブは通訳を通してホルダーとカーコウに話し続けた。彼はブーメディエン大統領がじきじきに出迎えられなかった失礼を詫び、閣下がセネガルから帰国し次第、謁見の機会を設けると約束した。ヒジャブは自身をかなり控え目に「警察の代表」であると説明したが、実際には総合情報局《ランセイヌマン・ジェネロー》——アルジェリアの残忍な秘密警察の支部——の局長であり、また大統領お気に入りの暗殺者でもあった。

空港ビル内では、ヒジャブの案内で通されたアルジェリア航空のＶＩＰラウンジで、少し放心状態の二人にオレンジジュースと一皿のデーツが供された。ヒジャブはゲストが落ちついたころを見計らって、例の金を拝見できないかと丁重に尋ねた。聞いていたとおり、五〇万ドルの金がそっくりあるのかどうかを確かめたかったのだ。

ホルダーは袋を手渡すのは気が進まなかったが、ヒジャブはすぐに返すと約束した。ホルダーが渋々承諾すると、身代金はヒジャブの側近により素早く持ち去られた。

その間、VIPラウンジの外では、クリーヴァーと数人のブラック・パンサー党員が鍵のかかったドアを今にも叩き破ろうとしていた――金が欲しかったのだ。この件の扱いを任されたアメリカ人外交官のウイリアム・イーグルトンもまた、そわそわしていた。怒りに任せて、聞いてくれる者なら誰彼なしに、もし機体と身代金が返却されなければ、ペンタゴンはアルジェリアを海上封鎖するのも辞さない構えであるとうそぶいていた。

ヒジャブは最終的にクリーヴァーとパンサーたちにラウンジに入ることを許した。イーグルトンは追い返された。

ハイジャック犯を生で見たクリーヴァーはまず失望した。彼は眼鏡をかけたやせぎすの黒人とその恋人の白人ヒッピー娘ではなく、四、五人のがっしりしたブラック・パンサー党員を思い描いていたのだ。

反対に、ハイジャック犯のほうはクリーヴァーを前に畏怖の念に打たれていた。カーコウは一九七〇年にオレゴン大学のシンポジウムに参加して以来、長年、パンサー神話に魅了されてきた。それが、歴史上最もワイルドな犯罪をまんまとやってのけたばかりの今ここで、逃亡中の党の情報大臣その人と向かい合っている。ニューヨークでどんな疑問を抱いたにせよ、それは跡形もなく消え失せ、代わりにあるのは目もくらむほど純粋な歓喜だった。

ホルダーはクリーヴァーを見たとたん、アルジェリアに来た理由をすべて理解した。彼をズタズタに引き裂いた戦争を引き起こした「体制」にとって自分と同じく脅威となっている同類の精神と結束するためだったのだ。彼もホルダーも危険でかつ知的な男だ。二人は間違いなく世界のあらゆる腐敗との闘いにおいて、密接に協力するよう運命づけられていたのだ。

二人の男は握手を交わした。その最中に、クリーヴァーがホルダーに対する第一声を発した。

「それで、金はどこですか?」

ホルダーは落胆のあまり思わず手を引っこめた。そう、偉大なエルドリッジ・クリーヴァーはホルダーをそんなふうに――革命家としての対等な相手ではなく、ドルのマークとして――とらえていたのだ。彼らの関係はぎくしゃくしたスタートを切った。

クリーヴァーは五〇万ドルを見せてもらわなければならないと声高に抗議していたが、急き立てるように部屋から追い出された。だが、その前に電話番号を書いた紙をホルダーにこっそり手渡した。次にカメラ班と数人のアルジェリア人ジャーナリストが入ってきて、マイクをホルダーとカーコウの顔に突きつけ、彼らを動揺させた。記者たちはブロークン・イングリッシュで質問を浴びせた。カップルはまぶしいライトと質問の集中砲火にうろたえ、手で顔を覆った。「何も言うことはありません」自分の膝を見下ろしながら、ホルダーはつぶやいた。「一つもない」

次にカメラ班は隣室に移動した。そこではアルジェリア警察が金の入った袋と黒いサムソナイトのブリーフケースを公開した。ブリーフケースがパッと開けられると、中身があらわになった――

目覚まし時計、ページの角が折れたマダム・ブラヴァツキーの『シークレット・ドクトリン』、使い捨て剃刀の空箱。

ホルダーとカーコウはまともな武器一つ持たずに、アメリカ史上最長距離のハイジャックをやってのけたのだ。

その夜、カメラ班が最後に向かったのは空港のカフェテリアだった。彼らはそこで、ウエスタン航空のクルーがニューヨークを発って以来初めての食事を取っているところをフィルムに収めた。五人の男は満面の笑みを浮かべていた。投獄されるのではないかという恐怖が根拠のないものだったと知らされたからだ。アルジェリア航空は政府から、ボーイング720Hに給油してすぐに離陸させろという命令を受けていた。訪問先のセネガルに到着したブーメディエン大統領は、アメリカ合衆国と真っ向から軍事的対立に陥るリスクは冒さない決断をした。彼はベトコンやブラック・パンサーといった自分の代わりになってくれる組織に資金援助することで、西側の敵と闘うほうを好んだ。

ニューウェルたちが空港で腹いっぱい食べているころ、ホルダーとカーコウは政府所有のセダンの後部座席に座って、アルジェの町を通り抜けていた。運転手はヒジャブの最も信頼する工作員の一人で、ムスタファという名の英語が話せる男だった。彼は助手席にいるヒキガエルのような男を「タマのない男《ノー・ナッツ》」だと紹介し、そのニックネームは独立戦争時に起きた不運な出来事に由来していると説明した。

ムスタファとノー・ナッツはアメリカ人カップルを町の港を見下ろすアールデコ調のホテル・アレッティに案内した。彼らがホテルのカジノの中をゆっくり通っていくと、ささやき声がバカラ〔トランプを使うギャンブル〕のテーブルの上をさざ波のように広がっていった。誰もがハイジャックのことを知っていた。数人のギャンブラーが立ち上がってホルダーとカーコウに拍手を送ったが、二人はそのようなジェスチャーをありがたく思うには疲れすぎていた。極度に緊張を強いられる環境で優に三〇時間以上もノンストップで旅をしてきたのだ。

ホテルのダイニングルームで赤ワインのボトルと一皿のハムやパテを分け合う間に、カップルは一定の保安上の検査を行うために必要なもう数日間は、アルジェリア政府のゲストとして扱われることを知らされた。金は翌朝、公式な事務処理がすみ次第、返却されるということだった。

ほろ酔い加減でおなかも膨らむと、上階の、コンスタンティン通りに面した設備のいい部屋に通された。部屋の外の廊下には、警備警官が一〇人あまり、ずらりと並んでいた。ムスタファとノー・ナッツにおやすみを告げられると、疲れ果てたカップルは服を着たまま――ホルダーはベルボトムのズボンに裸足、カーコウはピンクのブラウスにパープルのパンツ姿で――ベッドに倒れこんだ。暖かいそよ風にレースのカーテンがこすれ合うサラサラという音に癒やされながら、二人はしっかり抱き合って眠りに落ちていった。

第一二章

「私の唯一の爆弾は私の人間的な心だ」

ベス・ニューハウスは裸のまま、ふらつきながら玄関近くまで行った。そこはクース川上流の森の中にひっそりとたたずむ、彼女の家族が所有するキャビンだ。日曜もまだ早朝で、友達の誰かがやって来るには早すぎる時間なので、外の砂利道に響くザクザクという音に、彼女はひときわ不安になった。窓から外を覗くと、新型セダンが私道に止まるところだった。覆面警官が好む種類の車だ。

恋人のリー・デイヴィスがぐっすり眠っている寝室に走って戻った。

「大変、大変！」大急ぎでジーンズを履きながら叫ぶ。「やられたわ！」

二人はファースト・エディのマリファナを大量に売ろうと、車でクースベイに戻って来て以来、一週間、そのキャビンに寝泊まりしている。数百グラムのドラッグがまだ車のトランクにある。彼らの違法な商売が地元警察に勘づかれたのだろうか。

服を着るなりニューハウスは警官たちを迎えるため玄関に戻った。何も知らないという媚を含んだ言い訳で、彼らの疑いが解けるよう祈った。だが、セダンから降り立った二人の男はクースベイ警察の署員ではなかった。一人はベスの父親で、町の重鎮格の弁護士アンドリュー・ニューハウス。もう一人は彼の友人でFBI捜査官のトーマス・エリオットだ。彼の息子はマーシュフィールド高校をベスと同じ年に卒業した。

それでニューハウスは心底震え上がった。彼女は大量のドラッグを州境を越えて運んできた。これは連邦犯罪だ。それこそがFBIがここにいる理由に違いない。

ところが、エリオットは即座に「あなたには何の問題もありません」と言って彼女を安心させた。彼は「ちょっと話を伺いたい。実はハイジャックがありまして」と切り出した。

キャビンのキッチンでコーヒーを飲みながら、FBI捜査官は問題のハイジャック事件について、できる限り詳しく話した。キャシー・カーコウとロジャー・ホルダーがどうやってウエスタン航空七〇一便に搭乗するにいたったか。カーコウがニューヨークで降りるのをどう拒んだか。そして見たところ、アルジェリア政府が二人の引き渡しを渋っているらしいこと。さらにホルダーは偽名で乗っていたが、隣の席の男が目にした軍の解雇書類により本名が確定したとも。対照的にカーコウはシアトル行きのウエスタン航空のチケットを手に入れるに当たり、まったく身元を隠そうとはしていなかったと。

ニューハウスの驚きは尋常ではなかった。彼女とカーコウは少々モラルは欠如していたものの、札付きのワルではない。つかの間の若さを楽しもうとしているだけの、よくいるただのヒッピー娘だ。カーコウが飛行機を乗っ取って五〇万ドルをかっぱらうなんて、ばかばかしすぎてお話にならない。それにホルダーだって、いつもぞっとさせてはくれたけど、そこまで常軌を逸したことをするとは思えない。

エリオットには捜査の助けになりそうなことならどんなに小さなことでも教えてくれと迫られたが、たいした役には立てなかった。カーコウにハワイ行きのチケットを買う金を貸してくれと言われたことを思い出したが、彼女が与えられる有用な情報は、せいぜいその程度だった。カーコウの知らないところでホルダーが気まぐれにハイジャックを思いついたのではないか――そうとしか考えられない。それ以外の説明は納得いかなかった。

ニューハウスの父は、アルジェリアに飛んでカーコウに帰るよう説得する気はないかと娘に尋ねた。だが、ニューハウスはそのような使命を受けることをきっぱり拒絶した。それはただアルジェリアが危険な場所だと聞いていたからだけではない。裁判所が有罪となったハイジャック犯に厳しい処罰を科すことを知っていたからだ。彼らは子供にキャンディでも与えるように、軽く三〇年の刑を与える。親友を何十年も刑務所に送りこむのに一役買う気には、とうていなれなかった。

カーコウの犯罪を知ったクースベイの他の人たちも、ニューハウス同様に、ただもう唖然とした。カーコウの母のパトリシアははじめ、女性ハイジャック犯の髪がブロンドだという当初の誤報を引き合いに出して、何かの間違いに違いないと言い張った。だが、事実、キャシーが強奪した五〇万ドルの金とともにアルジェに行ったことが明らかになると、今度は、娘は騙されているに違いないと主張した。

「聞いた限りでは、私の娘が多少なりともそんなことに自主的に加わっているなんて、とても信じられません。きっと、もう一人の側の衝動的な行動だったのでしょう。そんなことをする計画に娘が参加するとは想像できません」

カーコウを知る人たちの多くもまた、クースベイの町に押しかけた大勢の報道陣を前にただ驚きを表すしかなかった。

「当校の職員の全員が衝撃を受け、茫然としています」マーシュフィールド高校のエルマー・ジョンソン校長は吐き出すように言った。「これが私たちのキャシーだとは、とても信じがたい。三年前にここにいたときの彼女はいい子でした」

もっとも、カーコウのことをそれほどは褒めそやさない地元民も何人かいた。高校時代の友達の一人はカーコウのことを、マリファナの快楽を覚えた「奔放な子」だったと描写した。「でも、頭は良かったわ」と急いで付け加え、「それに警戒心をゆるめたくないだろうから、ハイジャックの最中に機内でマリファナをやったというのも信じられない」と言った。

ホームセンターの元同僚は、あんなにボーッとした子がそれほど野心的な犯罪に加担できるとは」と仰天し、「ハイジャック犯になれるほど命令を正しく理解できる子だとは思わなかった」と語った。

一方サンディエゴでは、六月三日の朝にＦＢＩが玄関に現れてもホルダー夫妻は驚かなかった。奇しくもその前夜にハイジャックのニュースがテレビに流れたときにも、「おれたちの頭のおかしい息子がやりそうなことだね」とスィーヴネスが何気なく言ったくらいだった。

夫妻は捜査に全面的に協力し、マリーが金曜の朝に息子とガールフレンドを空港に送っていったことを話した。ロジャーは両親にオーストラリアの入植者になるという計画を打ち明けていた――

もっとも、そこにどうやって行くかは話していなかったが。ホルダー夫妻は次にＦＢＩをカーコウが三週間前に借りたローレッタ・ストリートのアパートに案内した。捜査官はハイジャック犯の政治的意図の手がかりを求めて部屋をひっくり返した。彼らはまた、その日の朝五時半ごろにネバダ州ワショー湖付近で逮捕された六月二日のもう一件のハイジャック犯とホルダーが、何らかの関係にあるのかどうかも知りたがっていた。犯人のロブ・ヘッディは第一〇一空挺師団の元落下傘降下兵だったので、ベトナム時代にホルダーと知り合った可能性もあった。

しかし、事件の動機のヒントとなるようなものも、ヘッディと知り合いだったことを指し示す証拠も、何も見つからなかった。カーコウのウォーターベッドをのぞけば、捜査官が見つけたものは、衣類、占星術の本、いくつかの航空会社の時刻表だけだった。

翌日、太平洋標準時間の午後一二時三五分、アンジェラ・デイヴィス裁判の陪審員が評決のため法廷に戻ってきた。結果はすべての起訴に対し無罪。いつもは感情を表さないデイヴィスも、法的試練が終わったと知ったこのときばかりは号泣した。

「今日は最高に幸せな日です。なぜなら、このことが片付いた今、抑圧に対する闘いを再開できるからです」彼女は集まった報道陣を前にそう語ると、列になって法廷を出て行く陪審員に挨拶とハグをした。

デイヴィスも、彼女の支援者の誰も、七〇一便のハイジャックについては一言も触れなかった。

六月四日の日曜、ついに目覚めたホルダーとカーコウはお祝いに、色鮮やかな多数の釣り船が淡いブルーの海にプカプカ浮いているアルジェの活気あふれるウォーターフロントを散歩でもしようと思った。ところが、部屋から足を踏み出したとたん、廊下でムスタファとノー・ナッツの配下の警官たちに阻止された。ムスタファは二人に、身の安全のため、当分ホテル・アレッティから出てはいけないと伝えた。ただし、少なくとも二人の警備官を伴えば、ホテルのカジノを利用するのも、レストランで食事するのも自由だった。

ホルダーは金のことを尋ねた。ムスタファはホルダーたちがブーメディエン大統領に会い次第、返すと答えた。閣下は火曜日に帰国する予定で、その時点で二人は謁見にあずかれる。

ホルダーとカーコウは部屋に戻り、空港でエルドリッジ・クリーヴァーにそっと渡された電話番号でブラック・パンサーへの連絡を試みた。だが、部屋の電話は切れていた。

アルジェのエルビアール地区にあるインターナショナル・セクションのヴィラでは、クリーヴァーもまた、身代金を入手しようとする試みを妨害されていた。アルジェリアの官吏は彼の無数の問い合わせを、金は「手続き」を経なければならないとの説明で、にべもなくはねつけていた。だが、パンサーは五〇万ドルのためなら、大々的な作戦を立てるのもいとわない。「オレゴン・ジャーナル」紙の記者は、クリーヴァーの副官であるピート・オニールに電話すると、金の使い道についてうんざりするほど聞かされた。「我々の仲間である男女が到着した際、空港で彼らと話をした。略奪した金はすでにいくつかの運動資金に割り当ててあると彼らは言っていた。シオニズムやアメリカ帝国主義と闘うために相当額がパレスチナ解放軍に贈られるが、大半はアフリカ系アメリカ人の闘争資金になる」

金はまだ宙ぶらりんの状態だったが、クリーヴァーはこのハイジャック事件に有頂天だった。インターナショナル・セクションはアルジェでの活動の新鮮味が色褪せるにつれ、この数カ月、注目度を失いつつあった。話題性のあるクリーヴァーと彼の華やかな妻の一回のインタビューに四〇〇ドルかそれ以上も払う気でドアをノックしてくれるジャーナリストも、ほとんどいなくなった。その文学的才能に加え劇的な出来事に嗅覚が働くクリーヴァーは、アメリカ一般大衆のハイジャックに魅かれる気持ちを利用すれば、ふたたび人々の関心を取り戻せることを知っていた。

したがって、インターナショナル・セクションはホルダーとカーコウを、豚の権力機構に大きな打撃を与えた英雄的革命児であると賞賛する次のような公式声明を発表した。

「ベトナムの同志たち同様、アメリカのすべての黒人や他の虐げられた者たちは、同じ資本主義的殺人者に対する正義の解放戦争に着手している。（ハイジャックは）人々から何十億ドルも巻き上げている資本主義的大企業からできるだけ多くを略奪する的確で公正な戦法である」

六月六日の午後、約束どおりホルダーとカーコウはホテル・アレッティから車で大統領官邸に連れて行かれた。白いロングケープをまといサーベルを操る兵士たちに護られたピカピカのムーア様式の館だ。三日前にメゾン・ブランシュ空港で二人を出迎えた秘密警察のサラーフ・ヒジャブ局長が待っていた。彼はカップルを大理石の狭い廊下を通って、息をのむほど美しいアンティークのラグが敷かれた、木製の羽目板で囲まれた執務室に案内した。金色の額に入った祈りを捧げるアルジェリア人農夫の絵の下に、ワシ鼻ともじゃもじゃの口ひげが特徴のいかめしい顔をした男が座っていた。細身のスーツの上に黒っぽいマントを羽織っている。頬骨が肉を突き破って飛び出しそうなほどやせているが、最高権力者のオーラを放っている。

ウアリ・ブーメディエン大統領は立ち上がってホルダーと握手を交わしたが、カーコウのほうは無視した。それ以上の挨拶もなしに、彼はヒジャブと、ホルダーたちが一言も理解できないアラビア語で何やら話し始めた。この話し合いが数分続いたのちに、大統領はホルダーとカーコウをホテルに連れ帰るよう命じた。彼はたったの一瞥で二人の運命を決定したのだった。


三六四便のニューウェル機長と彼のクルーが最初に事件のとてつもない大きさを理解したのは、マドリッドを発とうとしていたときだった。何杯かのウイスキーで緊張をほぐし、切望していた睡眠をむさぼるため、彼らは六月三日の夜をスペインの首都で過ごした。翌日、空港ターミナルを抜けようとすると、UPI通信社の記者とカメラマンに呼び止められた。

「サングラスを取ってください」カメラマンがシャッターを押すときに、記者がニューウェルに催促した。「みんな、あなたの目を見たがるでしょうから」

ビジネスライクなニューウェルはその厚かましさにうんざりしたが、ともかく、いくつかの質問をさばくことに同意した。記者はハイジャック犯がどんな人物だったかをできるだけ詳しく話してくれと言った。ニューウェルは答えた。

「軍での経験に不満を抱いているきわめて頭のいい男です。アルジェに行きたい理由は、そこが彼が真に自由になれる唯一の場所だからだと言っていました」

ボーイング720Hがロサンゼルスに帰着するころには、今回の事件はハイジャックのエピデミックが今や国家の安全保障の存亡にかかわる脅威である証拠だとして、報道と政治の両機関にとっての一大事件になっていた。ホルダーとカーコウはアルジェリアの庇護を得たことで、ベトコンの類を積極的に支援するまったく新しいハイジャック犯の避難港を開放したのだった。さらに彼らは航空会社に払わせた身代金の額においても、それまでの最高額を二〇万ドル近くも上回る新記録を樹立した。七〇一便の事件は、ハイジャック犯がせしめる額には上限がないという印象を与えた。間違いなく次に起きるであろうことに、誰もが怯えた。それは、自分たちも賭けに勝って、ハイジャックで幸せな状況を得られると信じる、ますます乱心の度を増す模倣犯の大量発生だった。

二年前にニクソン大統領が国のハイジャック対策の責任者に指名したデイヴィス・ジュニア中将はホルダーとカーコウの逃亡を許したウエスタン航空を公然と非難した。今回の大失態は航空会社の完全服従の方針が破棄すべきでものであることを証明したと論じた。

「ハイジャックと身代金の要求には、人命の安全を確保できる限り最大限抵抗する決意をすべての関係者に浸透させなくてはならない。あまりに頻繁にハイジャック犯がファーストクラスの客さえ受けられないもてなしと迅速な対応を受けてきた。あまりに頻繁にあきれるほどのスピードで、言いなりの金額が用意された」

さらにデイヴィス・ジュニアはFBI捜査官たちが「むやみに発砲したがる殺し屋」ではなく、乗客の負傷を避けるために考えうるあらゆる努力をする経験豊かなプロであることを強調し、空港会社にもっとFBIを信頼するようながした。

対照的に航空機パイロット協会（ALPA）は連邦政府に怒りの矛先を向け、ニクソン政府がホルダーとカーコウの送還要請に際し、アルジェリアに十分なプレッシャーをかけていないと非難した。パイロットの労働組合はアルジェリアへの着陸を許可しているすべての国の航空輸送をボイコットするよう大統領に嘆願した。それはスペインやフランスといった同盟国に北アフリカの国への毎日の運航を一時停止させろという、とてつもなく大きな圧力をかける措置だ。ALPAはまた、ウィスコンシン州のウイリアム・プロックスマイヤー上院議員に、ホルダーとカーコウが訴追手続きのためアメリカに送還されるまでは解除しないという条件でのアルジェリアに対する全面的な経済制裁をおし進めるよう嘆願する公開書簡を送りつけた。

だが、このワシントンへの嘆願がすぐには何の対応も引き起こさなかったので、ALPAは前例のない思い切ったアクションに出た。パイロットに六月一九日の午前二時から二四時間のストライキを決行するよう呼びかけたのだ。

ストライキの発表をしたあとに、ALPAはウエスタン航空のハイジャック事件にいつになく動揺したのはアメリカ人パイロットだけではなかったことを発見した。団結の意思表示として、六四カ国の労組の連合である国際航空操縦士協会連合会がストライキへの参加を宣言したのだ。少なくとも丸一日、ホルダーとカーコウのせいで世界中の航空輸送が急停止することになった。

主要なアメリカの航空会社は、予定されているストライキは基本的サービスに対する公衆の不可侵の権利を侵害するとして、いくつかの連邦地域でALPA相手に訴訟を起こした。何人かの裁判官はその論理に同意し、パイロットにストライキを禁止する一時的な差止め命令を下した。しかし、労働組合は「我が組合員は逮捕の脅しにもひるまない」と言ってストライキの決行を誓った。

「政府がすすんで行動しそうにないので、乗客に対し責任を負う私たちパイロットがなんとかしなくてはならないのだ」とＡＬＰＡ代表は公言した。

国際的なストライキは、最初の数時間は、素晴らしく効率よく実行されたと見えた。なぜなら、その時間帯はおもにヨーロッパ各地がフライトの最終目的地となるからだ。パリのオルリー空港は完全に閉鎖し、ロンドンのヒースロー空港では離着陸が六〇パーセント減少した。だが、やがて合衆国の夜が明け、アメリカ人のパイロットが目を覚ますと、ストライキに対する差止め命令が午前零時少し前にウォレン・バーガー最高裁判所長官に支持されたというニュースが入った。国の最上級の法廷での敗北にしゅんとなり、自信のぐらついた多くのパイロットが土壇場になって仕事場に行く決断をした。それでも、イースタン航空の一四〇〇便を含む数千便が空港に釘付けになった。だが、ノースウエスト・オリエント航空、パシフィック・サウスウエスト航空、ユナイテッド航空のパイロットが最後の最後に権威に屈したので、合衆国全体では、混乱は当初に恐れられていたほど深刻なものにはならなかった。

ＡＬＰＡは強がって、今回のストライキが組合員の苦境に世界規模の注意を引いたとして「きわめて効果的だった」と総括した。さらに、ストライキ決定の翌日に国連がすべての国に対しハイジャック阻止のための「国際的な協力体制を広げ、また強化する」という決議案を満場一致で通過させた事実を自慢した。

だが、評論家たちは国連のこの形ばかりで意味のない決議をせせら笑った。あるコラムニストは「母性を一〇〇パーセント支持するようなものだ」と一笑に付した。

決議案が通過した二日後、マーティン・マクナリーという内向的な海軍退役軍人がセント・ルイス空港でアメリカン航空のボーイング727を乗っ取った。トロンボーンのケースにしのばせて機内に持ちこんだ自動小銃を使用した犯行だった。ホルダーとカーコウが打ち立てた最高額の記録を破ろうと、彼はアメリカン航空に五〇万二〇〇〇ドルの身代金を要求し、手に入れた。そしてインディアナ州ペルー近くの雑木林に向かってジャンプし、ヒッチハイクでデトロイトにある自宅に戻った。五日後、そこで逮捕されたときにはポケットにたった一三ドルしか入っていなかった。供述によると、パラシュートのリップコードを引くときに、身代金から手を放してしまったのだとか。

マクナリーのハイジャック事件を受けて、ＡＬＰＡは抗議のための新しいアイデアを試した。それは、同連合が警備体制が弱いと判断するすべての国内線空港のボイコットだった。しかし、空の移動はアメリカ人の基本的な権利であるという論理に裁判所が共感を示した結果、その計画は維持不可能として早々に中止となった。いらだった多くのパイロットたちはＦＢＩが正しいのではないかと思い始めた。つまり、武力に訴えることが唯一の解決法なのではないかと――たとえ乗客が銃撃戦に巻きこまれようとも。

ホルダーとカーコウは完全に外界から締め出され、ホテル・アレッティに閉じこめられた状態で二週間を過ごした。その間、アルジェリアの諜報部員から過激派との関係や政治的な目標について、何時間もぶっ続けで尋問を受けた。諜報部員は占星術やアンジェラ・デイヴィスやハノイについて堂々めぐりするホルダーのとりとめない話についていくのに苦心した。彼らはまた、どうして人好きのするカーコウがかくも由々しい犯罪に巻きこまれたのかが理解できなかった。

ホルダーとカーコウは尋問が終わると毎晩ホテルのカジノにしけこんでルーレットに興じ、新鮮なロブスターの夕食を取ったが、常にムスタファとノー・ナッツが付き添っていた。彼らは片時もあのアメリカ人から目を離すなという厳令を受けていた。

ついに、事件はカップルの単独犯行であり、彼らにはありふれたベトナム戦争反対以外にはこれといった政治的関心もないと結論し、アルジェリア当局はカップルを自由放免とした。だが、ホルダーとカーコウは疑いを抱いた。メゾン・ブランシュ空港に連行され、アメリカ行きの便に乗せられるのではないかと恐れたのだ。だが、ムスタファとノー・ナッツは約束どおり彼らを車に乗せ、カスバの曲がりくねった中世の道を抜けて、ブーメディエン大統領の政府与党である民族解放戦線の本部に降ろした。そこにはクリーヴァーと彼の副官たちが二人の若いアメリカ人を引き受けるために待っていた。ホルダーとカーコウは正式にアルジェリアの亡命者となり、インターナショナル・セクションからは「革命の学生」の身分を授けられた。

引き渡しがすむと、パンサーたちの間でカップルを誰の家に滞在させるかで言い争いが始まった。エルビアールにあるクリーヴァーの家には、インターナショナル・セクションのリーダーである彼自身とその妻、二人の幼い子供が暮らしており、スペース的に余裕がない。すると、パンサーのかつての陸軍元帥で軍需品の専門家であるドナルド・コックスが、市内北部のバブ・エルウィド地区にある自分のバンガローに泊めてもいいと申し出た。彼の動機は純粋な親切心からは程遠い。

彼はハイジャック犯を物理的にコントロールする者が、最終的には彼らの金もコントロールすると信じていたのだ。問題の金はまだアルジェリア政府が押さえていた。

ホルダーとカーコウは新しく住む地区が、かつてフランスの植民地だった時代にエリートたちに愛された、ポアント・ペスカードという三日月形のビーチに近いことを発見して大よろこびした。彼らは自由の身になった一日目を砂浜で、アルジェリア人の家族連れが穏やかな波と戯れるのを眺めて過ごした。夜にはフレンドリーな隣人――フランス人の経済学教師とアメリカ人の妻――とチェスをしたり、ハシシを吸ったりして過ごした。計画のくるいが数々あったにもかかわらず、シジフォス作戦はついにホルダーとカーコウを地中海のパラダイスに連れてきた。

しかし、そんな小康状態はつかの間だった。六月三〇日、コックスは「ヴォイス・オブ・アメリカ」というラジオ放送で衝撃的なニュースを聴いた――金がなくなったのだ。

官邸でハイジャック犯を品定めしたブーメディエン大統領は、一発で彼らを革命家よりはケチな泥棒に近い人間だと見破った。そして、厳密にビジネス上の理由から、彼らのような向こう見ずな連中がアルジェリアに庇護を求めるのは阻止したいと考えた。西欧諸国に一泡吹かせるのは小気味よいが、同時に彼はアルジェリアの石油や天然ガスに対する西欧の旺盛な食欲に依存している。それは国庫を潤沢に保ち、ひいては彼がひいきしている第三世界の反乱者たちへの資金提供を可能にする。事実、国営石油会社「ソナトラック」は天然ガスのアメリカへの輸出を秘密裏に交渉中である。その取引を危険にさらすくらいならと、ブーメディエンは身代金をアメリカに返すよう命じた。

金の移動は中立的立場にあるパリのバンク・オブ・アメリカで行われた。アルジェリア航空の役員が渡した金をウエスタン航空の副社長がその場で数えた。袋には四八万七三〇〇ドルしか入っていなかった。五〇〇〇ドルはホルダーがチップとしてクルーに渡したのだが、不足分の残りの七七〇〇ドルは明らかに手癖の悪いアルジェリア人警官がくすねたのだ。ウエスタンの役員は文句を言うほどバカではなかった。

ホルダーとカーコウは金がアメリカに返されたと知って悲しかった。ホテル・アレッティに閉じこめられていた間、彼らは略奪金の使い道に夢を膨らませていた——ジブラルタル海峡をヨットで渡ろうか、北ベトナムの病院に寄付しようか、それともクースベイに不気味な像でも建てようかなどと。けれども、パンサーの落胆は彼らのそれとは比べ物にならなかった。クリーヴァーも他のパンサーたちも、自分たちに正当な権利がある金をアルジェリア政府が勝手にアメリカに返してしまったと考えた。

それでもドナルド・コックスはハイジャック犯を利用して金儲けすることを夢見ていた。彼にはそういったことに長けているとの評判があった。たとえば、一九七〇年に彼は作曲家レナード・バーンスタインのニューヨークのアパートで、数々の著名人を呼んでパンサー党のための資金調達イベントを開催した(トム・ウルフが「ニューヨーク」誌の「ラディカル・シック」という記事で風刺したのは有名)。コックスはハイジャック犯の話をアメリカのマスコミに売れば、少なくとも三〇〇〇ドルにはなると見積もった。どこにでもいるかわいい女の子からたちの悪い革命家に転じたキャシー・カーコウの独占インタビューという誘惑に勝てる新聞社はないと踏んでいた。

自分たちの話を小売りしようとするコックスを、ホルダーはしだいに軽蔑するようになった。そもそもシジフォス作戦の目的地の代替案にアルジェを選んだとき、躁状態にあったホルダーは、クリーヴァーと彼の信奉者たちが自分と同じような理想家で、歴史の進路を変えるよう運命により選ばれた男たちだと信じていたのだ。それが今、強引なセールスマンにすぎないコックスの本性があらわになりつつある。まもなくホルダーは、一度はブラック・パンサーの銃撃訓練を率いたその男と同じ部屋にいることさえ耐えられなくなった。強い嫌悪感はお互い様だった。コックスはインターナショナル・セクションの仲間に、ホルダーはおそらくFBIの情報提供者だろうと話していた。

一方、カーコウは芽生え始めた罪悪感と格闘していた。家族に別れを告げそこねたことを後悔し始めていた。母のパトリシアはクースベイの共和党議員ジョン・デレンバックの事務所の助けで、もう何週間も電話での連絡を試みていた。だが、パンサーはパトリシアの要望をはねつけ続け、カーコウはコックスの監視下にあるとき以外は電話をかけることも禁じられていた。しかたなく母宛てにアルジェでうまくやっているとだけ記した短い手紙を書いた。なぜ七〇一便のハイジャックを助けたのかについては、何も手がかりを与えなかった。

少しのちに、コックスは「オレゴン・ジャーナル」紙にハイジャック犯の話を売りつけようとして、カーコウをロラ・J・クリックという記者の電話に出させた。

「私は大丈夫よ」カーコウはクリックに言った。「今は何も説明しない。でも、家族のことが心配なの。家族のことはしょっちゅう考えてるわ」

クリックはカーコウのアルジェでの体験を事細かに聞き出そうとした。だが、カーコウは十分な額の金がインターナショナル・セクションに送金されるまではあまり話すことはできないと言って、誘いに乗らなかった。結局、「オレゴン・ジャーナル」は、コックスが接触した他のすべての新聞雑誌と同様、取引を断った。倫理的に最も堕落した新聞社すら、ハイジャック犯との接触に金を払うというアイデアには耐えられなかったようだ。

メディアから金を引き出す試みに失敗すると、コックスは一か八《ばち》かの代替案を考えついた。彼はカーコウから、かつてサンディエゴでベス・ニューハウスといっしょにマリファナの売買をしていたと聞いたことがあった。そこで彼女に、ニューハウス宛てに巧妙な麻薬取引をもちかける手紙を書いてくれと頼んだ——銃を送ってくれれば、インターナショナル・セクションは大量のアルジェリア産ハシシを送ると。

クースベイで夏を過ごしている間にその手紙を受け取ったニューハウスは、すでに誰かに——たぶんFBIに——開封され、読まれていることに気づいた。でも、たとえ自分宛ての郵便物が監視されていなかったとしても、そんな常軌を逸した悪巧みに巻きこまれる気はさらさらなかった。カーコウは彼女を傷つけることに何のためらいもない人たちに利用されているという気がした。

手紙の中のある個所がニューハウスにはとりわけ不吉に響いた——「ここでは闇に滑り落ちるのはとても簡単なの」

ジーン・ヴォーン機長ははっきり世の中に知らしめたかった。彼を含むパイロットが、自分の飛行機の制御権を過激派や泥棒どもに譲り渡すことに、どんなに辟易しているかということを。だから彼は彼のパンナム航空ボーイング747を乗っ取った若者を、ただ殺すだけでは足りなかった。ハイジャック犯の死体を警告に変えたかった。その昔、イギリス人が絞首刑になった海賊の死体をテムズ川沿いにぶら下げたように。

ヴォーンの怒りの標的はグエン・タイ・ビンという名の南ベトナム出身の二四歳の大学生だった。一九七二年六月一〇日に漁業経営学の学位を取得してワシントン大学を卒業した彼は、その後もアメリカにい続けるつもりだったが、反戦運動への参加を理由に、六月七日にビザが取り消された。ニューヨークの南ベトナム領事館を占拠した罪で逮捕されたことがあったからだ。北ベトナムでのじゅうたん爆撃に加え、この国外退去命令に怒りを爆発させたビンは、「報復行為」として、故国に帰る便を乗っ取る決意をした。

七月一日、ホノルルでパンナム八四一便に乗る前日、彼はいくつかの反戦グループに、これから取ろうとしている行動についての意志表明を書き送った。

「平和を呼びかける私の声が届かないことも、アメリカのB52爆撃機の轟音を打ち消すことができないこともわかっている……私の唯一の爆弾は私の人間的な心だ」

ビンはなかなかパンナム機のクルーに乗っ取りの意図を明かさなかったが、南シナ海上空に到達したところでようやくスチュワーデスに「私をハノイに連れて行きなさい。この機体は着陸後に爆破する」と書いた紙を手渡した。ヴォーン機長が言いなりになることを拒むと、ビンは二枚目のメモ書きを作り、自分の血をたっぷりなすりつけた。それには「私がどれほど本気でハノイに連れて行けと言っているかが、これでわかるはずだ」とあった。

ヴォーンが犯人と話そうと客室に行くと、意気地のなさそうな、身長が一五〇センチにも満たない若者がいた。ビンはフォイルで巻いた包みを爆弾だと言って誇示した。ヴォーンには騙される気はなかった。ホルダーのブリーフケース入り偽爆弾に関するあらゆる記事を読んでいたので、このチビの若者も同じような小洒落た犯罪をやってのけようとしているのだと推測した。

ヴォーンは乗客の一人がサンフランシスコ署を退職した元警官で、３５７マグナム銃を持ちこんでいることを知っていた。彼にハイジャック犯の命を奪うチャンスがじき訪れるので準備をしておくよう言った。

それからヴォーンは給油を口実に同機をサイゴンのタンソンニュート空港に着陸させた。機体がターマック上に停止するなり、ふたたびハイジャック犯と話すため客室に戻ると、ビンは極度に興奮していて、すぐに離陸しないと爆弾を起爆すると何度も繰り返した。

「言葉がよく聞き取れません」ヴォーンは言った。「もう少し近くに寄らせてください」

彼がひざまずくと、ビンが頭を前に傾けた。彼が要求を繰り返す前に、ヴォーンはその喉元をつかんで床に押し倒した。

「この悪党を殺してくれ！」暴れるビンを釘づけにして、ヴォーンは叫んだ。

警官が武器を手に飛んで来た。そして、乗客に丸見えの場所でビンを至近距離から五発撃った。

ヴォーンはビンの死体を首と脚を持ってかかえ上げ、ボーイング７４７の後部ドアまで運んでいった。そして、その五〇キロあまりの死体を、世の中に見せつけるようにターマック上に投げ捨てた。

アメリカに戻ると、ヴォーンはフェニックス空港に集まった人々に喝采で迎えられた。ヴォーンは彼を支持する群衆に説明した。

「その行為は人類に対する侮辱だと感じたので、男には私の前から消えてもらうしかなかった。ハイジャックを防止するために多くの時間と試みが費やされてきたが、効果があるのはハイジャック犯全員に対する抜け道なしの強制的な死刑のみだ」

群衆は熱狂的な拍手で応えた。ヴォーンに対する幅広い賞賛は当然、航空会社やＦＢＩの耳に届いた。

ビンの射殺から三日後、乗っ取られたパシフィック・サウスウエスト航空のジェット機がサンフランシスコ国際空港に着陸した。担当のＦＢＩ捜査官たちは、一カ月前にホルダーとカーコウが自分たちの指の間からするりと抜け落ちるのを見守ったときと同じ四階の対策本部で、今回は絶対に飛び立たせないとの決意を固めていた。彼らはハイジャック犯を甘やかすことに対する国民の嫌悪感が膨れ上がっている状況のもと、今度は労せずして、ＦＢＩの介入に抵抗を示すのは賢明でないとパシフィック・サウスウエスト航空を説得することができた。

問題のジェットはボーイング７３７で、サクラメントから搭乗した二人のブルガリア移民――ミカエル・アズマノフとディミトリ・アレクセイエフ――に乗っ取られていた。離陸から一二分後に機体を掌握し、それぞれがスチュワーデスに銃を押し付けて、小額紙幣で八〇万ドル、パラシュートを二組、彼らをシベリアに連れて行くために必要となる航空地図という、三つの要求を出していた。

彼らは身代金の到着を待つためサンフランシスコに着陸するなり、同機の機長にはソ連まで操縦する資格がないと知らされた。航空会社はアラスカ湾を回りこんでベーリング海を横断するのに必要な経験のある別のパイロットを用意すると言った。二人のハイジャック犯は七〇一便のハイジャックをよく研究していたので、アルジェリアまで飛ぶときにも別のクルーが使われたことを知っていた。彼らは提案を受け入れた。

四時間近くたったのちに、パイロットがターマック上に現れた。パンナムの制服を着け、要求された二組のパラシュートをかかえている。ハイジャック犯の注文どおり、彼はタラップから少し離れたところで立ち止まり、次の命令を待った。

スチュワーデスが彼と話すために降りていった。犯人の要望を伝える。

「武装していないことを彼らが確かめられるよう、ここで服を脱いでください」

パイロットはまずズボンから脱ぎ始めた。ズボンがターマックに落ちると金属音がした。スチュワーデスは怪しんだ。

「あなたは機長には見えませんけど」

「機長に見えないとは残念だな」男は引き続き服を脱ぎながら言った。「私は捜査官です。落ちついて」

スチュワーデスは尾翼付近でかすかな動きがあるのに気づいた。よく見ると、白い作業服を着た男が三人、機体の下を這っている。全員がショットガンを手にしている。彼らもまたＦＢＩ捜査官で、サンフランシスコ湾を沿岸警備隊のゴムボートで渡ってきて、こっそり機体に忍び寄っていた。

機長に扮装した捜査官は下着だけになったところで、機内に入ってよしとの合図を受けた。ハイジャック犯は彼の下着のポケットに隠された三八口径のピストルには気づかなかった。偽パイロットがドアから入った直後に、ショットガンを振りかざした三人の捜査官がタラップを駆け上がってきて発砲した。

ドアの近くに立っていたアレクセイエフが最初に死んだ。何が起きているかもわからないうちに、ショットガンが彼の胸をズタズタに引き裂いた。後部のギャレーにつめていたアズマノフはFBIの発砲に激しく応戦した。弾を使い果たすと、ハンティング用ナイフを引っ張り出し、近づく者は誰であろうと殺すと脅した。その往生際の悪さのせいで、彼はパイロットに扮装した捜査官から頭に二発、弾を食らった。

だが、FBIが勝利の祝福に浮かれ騒ぐことはなかった。というのは、彼らの攻撃がかなりの巻き添えを引き起こしたからだ。乗客の中に三人の死傷者が出た。負傷した二人のうちの一人は、「ボナンザ」というテレビ番組でコックの役を演じた中国系アメリカ人の男優だった。死亡したのは、妻の隣の席で流れ弾を受けた六六歳の鉄道の元車掌だった。

これこそがまさしく、アルジェリアへのハイジャックの過程で、ウエスタン航空のビル・ニューウェルがFBIの要望を拒絶することにより回避しようとした悲劇だった。だが、FBIの攻撃性に対する国民の糾弾はなかった。エピデミックを食い止めるには血を流すしかないという支配的な空気があった。したがって、鉄道の元車掌は価値ある大義のための不運な殉教者だと見なされた。アレクセイエフとアズマノフの殺害に対する賞賛の中、ある有力な人物がもっと残酷な形態の暴力が必要だと提言した。それはロサンゼルス市警察のエド・デイヴィス署長で、ＦＢＩの昨今の大胆さについてコメントを求められ、こう答えたのだ。

「空港の大型バスの中に移動式法廷を作ることをお薦めします。それと移動式絞首台もね。そうなれば、ハイジャック犯を速攻で裁判にかけ、正当な法の手続きを経て、空港で吊るし首にできますから」

サンフランシスコで銃撃戦があった翌日に、フランシス・グッデルという名の無許可離隊兵がまたもやパシフィック・サウスウエスト航空の旅客機をサクラメントに接近したあたりでハイジャックした。彼は同機をサンディエゴに飛ばせたあと、要求の内容を発表した。まず身代金として四五万ドル。これはパレスチナの二つの機関に寄付すると言った。それにパラシュートとスカイダイビングの教本。

グッデルは最終的には人質の中にいたカリフォルニアのハイウェイパトロール警官に、スナイパーの銃弾にやられた脳がどんなにむごたらしい状態になるかを説明され、怖気づいて投降した。だが、二日間に立て続けに起きたこの二件目のハイジャックに、ニクソン大統領は今ふたたび彼の個人的介入が必要だと確信した。そのとき彼はちょうど「西部のホワイトハウス」と呼ばれるサンクレメントの邸宅で休暇を過ごしていたので、グッデルのフライトは直接、大統領の頭の上を飛んでいったことになる。もしグッデルが暗殺を決意していたらどうなっただろうと考えるとぞっとして、ニクソンは連邦航空局（ＦＡＡ）のジョン・シェファー長官を呼び出し、なぜこのハイジャック犯が空港で当局の選抜システムによりはじき出されなかったのかと詰問した。シェファーは、今回、チェックリストによる判定はなかったと答えた。グッデルが乗っ取ったような近距離のシャトル便は、この選抜システムから除外されていたのだ。

ニクソンはＦＡＡにその抜け穴をただちにふさぐよう命じた。しかし、何も変わらなかった。チェックリストによる選抜がすべてのシャトル便にも義務付けられた六日後には、同じ日に二機のシャトル便がハイジャックされた。一つはフィラデルフィアからニューヨークに向かう途中、もう一つはオクラホマシティからダラスに向かうルート上だった。二人のハイジャック犯はその逸脱行為が投降という形で終わる前に、いったんは計一一五万ドルの身代金を手に入れた。

連邦議会では、ある大物政治家が、それまで考えられなかったことがもはや避けられなくなったという考えにいたっていた。七月二〇日、ペンシルヴァニア州のリチャード・シュワイカー上院議員が、航空会社に乗客全員の金属探知機通過を義務付ける航空旅客保安法案を提出した。彼は「もしこの法案が採択されれば、袖の中にショットガンやナイフを突っこんで飛行機に乗りこむ人間はいなくなる」と断言した。

航空輸送保安部隊を新設するといった議案を内包することによりいっそう強化されたシュワイカー法案の修正案が、ついに賛成票七五対反対票一で上院を通過した。しかし、この法案が下院に到達するころには、航空会社のロビイストたちが、多くの主要な議員たちに、乗客全員に対する金属探知機検査など実行不可能だと納得させていた。したがって、同法案が委員会を通過していく過程で、この部分ははぎ取られてしまった。議会の二院は互いの違いを調整することができず、同法案はひっそりと葬られた。

第一三章

「革命家を辞職するなんてことが、どうしてできるんだ？」

ドナルド・コックスは自宅のバンガローに滞在させていたホルダーとカーコウを利用して儲けることに失敗すると、二人を追い出すことにした。それで七月半ば、クリーヴァーに、アメリカから客がやって来るので、ビーチサイドの家の部屋を空ける必要があると言った。ハイジャック犯たちは他に滞在場所を見つけなくてはならなくなった。

ホルダーとカーコウにとって幸運なことに、彼らが追い出された時期は頻繁に海外に行くエレーヌ・クラインが再び旅行に出るタイミングと重なった。クラインはコネチカットにある婦人服店の裕福なオーナーの娘で、パリの美術学校に通っていた一九五〇年代初期にアルジェリア民族解放戦線の熱烈な支援者になった。のちにその行動主義により、アルジェリア初代大統領アフマド・ベン・ベラの秘書職を得たが、この政権は一九六五年にブーメディエンにより倒された。ボスのベン・ベラが続く四半世紀、自宅軟禁されたのとは対照的に、クラインはブーメディエンの無血クーデターのあとも情報省に翻訳者としての職を見つけるという軟着陸を果たした。彼女はまたクリーヴァーの最も親密な相談役となり、しばしばインターナショナル・セクションのリーダーとアルジェリア政府の間の連絡係を務めた。

クラインは六月に友人宅に長期滞在するためパリに発ったとき、エルビアール地区にある自宅の鍵をクリーヴァーに預けていた。ヴィヴィアニ通りのブラック・パンサー本部からは角を曲がってすぐのトレーテ通りにある広々としたアパートメントだ。クリーヴァーはホルダーとカーコウにクラインが帰ってくるまでそこに泊まっていいと言った。加えて、必需品をまかなうために、ディナール〔アルジェリアの貨幣単位〕紙幣が詰まった封筒も手渡した。

ホルダーとカーコウはその金をレストランでの豪勢な食事に使い果たした。二人が入ってくるたびにレストランにはざわめきが起きた。カーコウは女性の慎み深さを重んじるアルジェリアの文化にまったくと言っていいほど頓着《とんちゃく》しなかった。ハイジャックの間に履いていたローウエストのパンツでぶらぶらするのを楽しんでいたが、それは多くの女性が白いベールで口と鼻を覆っている国にあっては言語道断の振る舞いだ。生来のトラブルメーカーらしく、カーコウはホルダーとともにロブスターの尻尾をしゃぶりながら、彼女を見て嫌悪と欲情で顔をしかめる男性客に対し、むきになっていた。

カーコウはこういった挑発を小生意気なゲームくらいにしか考えていなかったが、ホルダーは彼女が自ら大変なトラブルを招いているのではないかと感じていた。彼女のおふざけに万が一暴力で対応するアルジェリア男が出てきた場合に備えて、彼はクリーヴァーの私用武器庫から357マグナムを拝借した。

シーフードを楽しんでもいないし、ホテル・サンジョルジュのカフェにたむろしてもいないときは、二人はホルダーとカーコウはブラック・パンサー党の政治教育クラスに引っ張りこまれていた。ピョンヤンやハノイへの旅に感化されて以来、クリーヴァーはマルクスレーニン主義の細かい点にまでマニアックに魅了され、カセットテープに第一インターナショナルとトロツキストの修正主義について、とりとめのない考えを吹きこんでいた。したがって、彼が率いる討論には、ホルダーとカーコウにはちんぷんかんぷんの「弁証法的唯物論」だの「ブルジョア・ナショナリズム」だのといった言葉がたびたび登場した。革命がこんなにも退屈なものだとは思ってもみなかった。

クリーヴァーは「バビロンを階級のないパラダイスに変える」というビジョンを繰り返すだけでなく、アメリカのスラム地区に平和維持軍を送りこむよう国連を説得するというお得意のプロジェクトへの賛同を取りつけるため、アルジェで挨拶回りをしていた。ワッツ暴動〔一九六五年八月一一日にカリフォルニア州ワッツ市で起きた黒人暴動〕の七周年記念日に当たる八月一八日に予定している大演説の原稿も書き始めていた。そして、ほんの少しでも暇な時間ができると、彼を崇拝するザイール人警官から贈られたお気に入りのピストルで的を撃って遊んでいた。

だが、そういった気晴らしも厳しい現状からほんのつかの間、気をそらしてくれるだけだった。ハイジャック犯の五〇万ドルが消えた今、金欠にあえぐインターナショナル・セクションが、この先、長期にわたって存続できる見込みはほとんどなかった。とにかく養うべき人の数が多すぎるのに、入ってくる金は少なすぎた。

ところが八月一日の深夜過ぎにかかってきたコックスからの電話で、クリーヴァーの落ちこんだ気分は一気に高揚した。数時間前に短波放送を聴いていたコックスの耳に、フロリダで起きたハイジャックのニュースが飛びこんできた。

「行き先を確かめるまで、きみを起こしたくなかったんだ」と彼は言った。「やつら、一〇〇万ドルを奪ってアルジェリアに向かっているぞ」

デルタ航空八四一便が乗っ取られた前夜、デトロイトのネズミが徘徊する家で、五人の住人がまもなく決行する犯罪を祝福して、ある宗教儀式を執り行った。リビングの床に小山のように土を盛り、その上に胸に赤い柄のペンナイフを突き刺した白人の人形を置く。人種差別の国アメリカに対する拒絶を象徴するこの模擬埋葬は、「デルタ航空のビッグジェットで飛ぼう」という華々しいコピーの宣伝ポスターの下で行われた。

ルームメイトになって一年にも満たない五人は全員がアフリカ系アメリカ人の若者で、それぞれにアメリカを去りたい理由があった。ノースカロライナ州出身のメルヴィンとジーン・マクネア夫妻は軍からの逃亡中だった。メルヴィンはウィンストン・セーラム州立大学の元スター選手で、西ベルリン駐留中にベトナム戦争反対派になり、東南アジアで戦うよう命じられたので脱走した。ジョージ・ライトとジョージ・ブラウンはともに一九七〇年にニュージャージー連邦刑務所を脱獄した逃亡者だ。ライトはガソリンスタンドの経営者を殺した罪で長期の刑に、ブラウンは武装強盗罪で五年の刑に服役中だった。残る一人、ジョイス・ティラーソンはマクネア夫妻の幼なじみで、オベリン大学で臨時雇いの仕事をしていたときにマーカス・ガーヴィーとマルコムXの作品に出合い、急進主義者になった。

五人は一種のコミューンを形成するためデトロイトに集まった。それは酒を排し、マリファナを愛し、アフリカ神秘主義をむさぼるように勉強する菜食主義者の所帯だった。コミューンにはいずれも三歳にも満たない三人の子供が含まれていた。マクネア夫妻の息子ヨハーリと娘アヤーナ、ティラーソンの娘ケニヤだ。

ハイジャックをしようという彼らの決断はデトロイト警察とのいざこざのせいで当初の計画より前倒しになった。一九七二年一月にジョージ・ブラウンが同警察の強盗犯罪防止課との暴力がらみのもめ事に巻きこまれた。ホームレスを装った警官を犯罪率の高い地区に配置する強盗犯罪防止課は、その残忍さで名を轟かせていた。二年間の活動期間にこの課は一七人を殺害していたが、その全員が黒人だった。ブラウンはかろうじて強盗犯罪防止課との衝突を生き延びたが、強盗の容疑者と間違われ、六回も撃たれた。

ハロルド・シングルトンという偽名で暮らしていたブラウンは、この負傷からの回復期にも、奇跡的に脱獄囚であることがばれなかった。発砲から四カ月後に、裁判で強盗暴行の無罪判決を勝ち取ったが、これは警察にとっては面目丸つぶれだった。法廷を無罪放免となって出て行くブラウンに強盗犯罪防止課の人間が何人か近づいてきて、彼と彼の同居人たちがこの夏を無事に生き延びることはないだろうと脅した。

コミューンのメンバーは警察がその約束を果たす前にデトロイトから逃げなくてはならないという意見で一致した。彼らは西欧の退廃がない魅惑の地として理想視しているアフリカへの移住を熱望していたが、いかんせん、金もパスポートもない身ゆえに、それは手の届かない夢だった。

すると、ホルダーとカーコウが無料で「母なる地」に到達でき、おまけにかなりの金まで作れる方法を実演して見せてくれた。大いに感心したコミューンのメンバーたちは、完璧なハイジャック計画の作成に乗り出したのだった。

七月三一日に彼らが乗っ取った飛行機はマイアミ行きのDC8だった。カトリックの神父の装いをし、三八口径のピストルで武装したライトが、目的地への到着予定時刻の一時間前にパイロットと対決した。ブラウンとメルヴィンは二二口径の拳銃二本で客室の乗客の見張り役を務めた。ティラーソンとジーンは、親たちが何を企んでいるのかを理解するには幼すぎる子供たちの面倒を見ていた。

ハイジャック犯たちは「自分たちはアルジェの革命同志に加わるのが望みであり、身代金の一〇〇万ドルは彼らに捧げる計画である」と主張した。そして、金はマイアミで、武器を隠せないようピチピチの水着だけを着けた男に届けさせ、このセミヌードの運搬人に、DC8の前部ドアから降ろしたロープに金をくくりつけさせるよう要求した。

予想どおりデルタが完全にハイジャック犯の言いなりになるというポリシーを順守したおかげで、計画はとどこおりなく運んだ。海水パンツ姿のFBI捜査官が一〇〇万ドルの入ったスーツケースを飛行機まで運んだ。ハイジャック犯たちは重さ三〇キロのスーツケースを引っ張り上げたあと、八六人の乗客を解放した。次に八四一便はアルジェまでの長距離飛行の資格をもったナビゲーターを乗せるために、ボストンのローガン国際空港に飛んだ。FBIは機内に子供が三人いることに気づき、ボストンでの攻撃を断念した。したがって「ハイジャック・ファミリー」と呼ばれた犯人たちは、当局からの何の介入もなくアメリカからの出国を許されたのだった。

八月一日午前八時ごろ、クリーヴァーは八四一便が同日正午にメゾン・ブランシュ空港に着陸することを知った。彼は数人のパンサーを引き連れ、サラーフ・ヒジャブより先に金を手にできることを祈りながら空港に急行した。だが、アルジェリア軍はあらゆる入口に戦車を配置して空港を完全に封鎖していた。ハイジャック犯の一人が脱獄した殺人犯だという話が伝わり、アルジェリア側は仲間たちも同じくらい凶暴かもしれないと恐れたのだ。

ホルダーとカーコウの前例と同じく、ハイジャック・ファミリーも最初はこの上なく温かい歓迎を受けた。

「私たちはあなたたちの同志です」メルヴィン・マクネアを出迎えにタラップを上がっていった政府の役人がほほえみながら言った。「おかえりなさい」

ハイジャック犯たちは空港のＶＩＰラウンジに通され、そこで子供たちは冷たいミルクを与えられた。ブーメディエン大統領おかかえの秘密警察のメンバーが、金を調べさせてくれと丁重に頼んだ。

ところが、スーツケースの中に七〇万ドルしか入っていないことを発見すると、彼らはやさしさの仮面を脱ぎ捨てた。ハイジャック犯と子供たちを荒々しく身体検査し、下着やブラジャーやアヤーナのおむつにまで突っこんであった五〇ドル札や一〇〇ドル札の束を発見した。ホテル・アレッティ行きのアルジェリア航空のバスに追い立てるようにして乗せられたとき、ファミリーは一文無しだった。

バスがアルジェの中心部に向かって飛ばしていると、クリーヴァーが彼のルノー16を並走させてきた。副官の一人のセコウ・オディンガが助手席の窓から身を乗り出して、ハイジャック犯に向かって叫んだ。「金を手放すなよ！　金を手放すんじゃないぞ！」

バスも、護衛のパトカーも、キーッと音を立てて停止した。自動小銃を手にした男が八人、クリーヴァーの車を取り囲み、Uターンしろと叫んだ。クリーヴァーとオディンガは彼らに猥褻な言葉をさんざん浴びせたあとにようやく走り去った。ハイジャック・ファミリーはそのやりとりを狼狽のうちに見守った。ブラック・パンサーとアルジェリア警察は、堕落した帝国主義の西欧に対する敵意で団結し、仲がいいものと思いこんでいたのだ。

ハイジャック・ファミリーの大人たちがホテル・アレッティで尋問されている間に、パンサーたちはエルビアールに集まって次に打つ手を話し合った。当然自分たちのものであるはずの大金をまたもや奪われ、クリーヴァーは激昂していた。さらに悪いことに、彼は本国から矢のような催促を受けていた――ニューヨークにいるパンサーの役員たちが、ハイジャック犯の金の分け前を寄こせという電話攻勢をかけていた。

クリーヴァーの副司令官ピート・オニールが、アルジェリア政府に対し自分たちが抱いている不満をアピールするために、カスバにある民族解放戦線の本部前で座りこみをするとか、大統領官邸前でデモ行進でもしてはどうかと大胆な提案をした。だが、クリーヴァーはそんなことをしたら間違いなく大惨事になると、一笑に付した。「いったいここがどこだと思ってるのか？　まさかハーレムだとでも？」

百万人もの同胞が殺された戦争から抜け出てまだ一〇年しかたっていないのだ。そんなことをしたら、アルジェリア軍が何のためらいもなく路上でパンサーを皆殺しにするだろう。代わりにクリーヴァーはブーメディエン大統領宛てに、なぜ自分たちにハイジャック犯の一〇〇万ドルを受け取る権利があるかを説明する公開書状を出すことにした。彼には自分の文章力が勝利をもたらすという絶大なる自信があった。

八月五日、ハイジャック・ファミリー八人全員の身柄がパンサーに引き渡された。インターナショナル・セクションにはメルヴィン・マクネアかジョージ・ブラウンと話させてくれというアメリカのジャーナリストたちからの依頼の電話が殺到したが、メディア担当のオニールがすべてきっぱり断った。しかし、ある若い意欲的な記者が、違う要求を出してオニールの関門を突破した。キャシー・カーコウと話したいと言った「オレゴニアン」紙のビル・ケラーという記者だった。「オレゴン・ジャーナル」のロラ・J・クリックがバブ・エルウィド地区にこもっていたカーコウと軽く話をしてから三週間近くがたっていた。二三歳のケラーはカーコウが今度はもっと自由に話してくれることを期待していた。クリックと話したときのような純情ぶった態度では、自分の話の商業的価値を高められないことを悟ったはずだからだ。

ケラー記者が時の人であるハイジャック・ファミリーより白人の女の子に興味をもったことに不意を突かれたのか、オニールはあっさり電話をホルダーに取り次いだ。女性差別主義者らしく、オニールはホルダーのことをカーコウのボスだととらえていた。カーコウは恋人が記者の質問に答え始めるのを、肩越しに聞いていた。

ホルダーは最初のうちこそ用心深く、「オレゴニアン」紙に掲載される話はどんなものであれ「我々の組織に不利益になる」と牽制していた。しかし、ケラーが彼の過去にやんわり探りを入れると、あっさり警戒を解いた。そして数分もしないうちに、オレゴンでの家族の悲劇的な経験（「クースベイではニガーはおれたちだけだった」）や、脱走兵時代の話（「あいつら、おれがいなくなったことに気づいてすらいなかった」）や、その年一月のカーコウとの再会（「他の子に会いに行ったのに、ドアをノックすると目に石鹸が入った彼女が現れたんだよ」）について語り始めた。カーコウが七〇一便のハイジャックに渋々加わったのではないかというケラーのほのめかしに対しては猛烈に反論した。

「（キャシーは）世界のひどい混乱状態について、ただ待ってるより何かしたいと思ったんだよ。彼女は世の中に大きく目を見開いている。ただおれを愛してるから、とりあえずついて来たってわけじゃない。だって、これって終身刑ものだぜ！」

ついに電話に出たカーコウは、もはや前年にオンボロのフォルクスワーゲンでクースベイを出て行った気立てはいいが悪戯好きなパーティガールではなく、むしろ百戦錬磨のパンサーだった。「世の中を見回してみてよ」なぜ自分が国際的な航空機乗っ取り事件に訴えたのかの説明を試みる。「いわゆる急進派って、何も成果を上げてないじゃない。ただ踏みつけられて、ぺしゃんこにされてるだけ」

ホルダーと行動を共にすることを決断するにいたるまでによく考えたかとケラーに尋ねられると、カーコウは自己防衛に出た。

「よおく考えもしないで、あんなことをする人がいる?」カーコウはぴしゃりと言った。「考えなくちゃならない人がいっぱいいいたし、心配しなくちゃならない結末もいろいろあった。でも、ほら、私はやったわ」

アルジェに到着して以来、カーコウが母親と一度も話していないことを知らないケラーは、娘が指名手配のハイジャック犯になったというニュースに両親がどう反応したかを尋ねた。

「私と同じことをしたら、あなたの両親は何て言う?」カーコウは言い返した。

「ああ、しかもニガーとだぜ!」ホルダーが後ろから勝ち誇ったように叫んだ。

彼らの無礼さにひるむことなく、ケラーは別の切り口を試みた。逃亡者となる決断に今は満足しているか? するとカーコウの気分は一変し、物悲しさを漂わせた。しばらく考えたあとに、彼女は静かに答えた。

「これには多くの異なる面があるの」

ならば、もう一度やるかと尋ねられたら?

「それはわからないわ」

デルタ航空八四一便に身代金を届けた海水パンツ姿のFBI捜査官は、対ハイジャック戦争の敗北の最新の象徴となった。国中の主要新聞が、一〇〇万ドルの入ったばかでかいスーツケースを運ぶ捜査官の、粒子の粗い現実離れした同じ写真をこぞって載せた。添えられた記事には、ハイジャック・ファミリーの成功は、対ハイジャック戦争において真の進展をもたらす寸前だと見られていた航空会社とＦＢＩの双方にとって、大きな後退だとあった。六月半ばのパイロットによる二四時間ストライキ、七月初めのアズマノフとアレクセイエフの射殺、シャトル便に対する保安検査の強化など、ターニングポイントとなるはずのすべてが何の役にも立たなかったのだ。念入りに計画を立て、子供を使ってＦＢＩを遠ざけたハイジャック・ファミリーは、民間旅客機が相変わらず無防備であることを証明した。

その夏に起きたこの二度目のアルジェリア行きハイジャック事件を受けて、ＦＡＡは今一度、保安規則を見直した。その結果、航空会社はＦＡＡのチェックリストに引っかかった乗客について は、有効な身分証明書を提示できるかどうかに関係なく全員を検査するよう命じられた。だが、皮肉屋たちはこの新しいポリシーでもデルタ航空八四一便のハイジャックは防げなかったであろうことに気づいた。なぜなら、犯人の誰も再検査に引っかからなかったからだ。

ハイジャック・ファミリーがアルジェに到着した翌日、イースタン航空はニューヨークのラガーディア空港で画期的な実験を始めると発表した。それにより、同社のボストン行きとワシントンDC行きのシャトル便に乗る乗客は、全員、手荷物をフィリップス・ノレルコ社製のX線検査機器「セーフレイ」に通さなくてはならなくなった。セーフレイは一九六八年の初めから開発されていたが、人間へのリスクはほとんどないという連邦放射医学局の結論を得て、ようやくＦＡＡがお墨付きを出したのだ。セーフレイは荷物一個を五〇ナノ秒〔一ナノ秒は一〇億分の一秒〕間に〇・二ミリレントゲンという微量の放射線でスキャンする。装置の内側は散乱X線を吸収するよう鉛が張られている。さらにコンベヤーの両端には、乗客や検査係が中に手を突っこむという愚かな行為をしないよう、鉛のカーテンが吊るされている。

セーフレイが乗客の健康に害を及ぼすことはなくても、イースタン航空は電子検査により搭乗手続きのスピードが落ちるのではないかと心配していた。だが、わずか一〇日後には、結果に満足したと公言した。一〇パーセントのバッグに不審な像が映り、手による再検査が必要になったものの、「装置の使用は出発時間にまったく影響を与えなかった」と発表した。

とはいえ、イースタンはラガーディア空港の一台きりで、即座にセーフレイを買い足す計画は立てなかった。そして、この実験についての好ましい報道にもかかわらず、フィリップス・ノレルコ社もまた、他の航空会社に一台三万ドルの機械を売り込むことはできなかった。ユナイテッドやパンナムといった潜在顧客は、まず議会から新しい検査機器導入のために二〇〇万ドルの助成を受けるのが先だと言った。だが、その金額を計上する財政法案は、どれだけ助成金を上乗せできるかといった問題に議員たちがあれこれ難癖をつけた結果、委員会で行き詰まってしまった。

こうして議会と航空会社がぐずぐずしている間に、ハイジャック犯たちは空港の警備をくぐり抜ける巧みな術を次々と思いついた。八月一八日、フランク・マーコー・スィブリーという四三歳の男が、レノ空港で乗客を搭乗させている最中のユナイテッド航空ボーイング727を乗っ取った。彼は空港を取り巻くフェンスにあった大きな穴をくぐって、自転車で構内に侵入した。スキー用目出し帽をかぶった男がターマック上を自転車で走っていても、手遅れになるまで誰も気づかなかった。

スィブリーはサンフランシスコ行きをバンクーバーに向かわせ、そこで二〇ドル札と五〇ドル札で揃えた二〇〇万ドルの身代金と、金の延べ棒を七キロ分、四五口径のピストルを二丁、自動小銃を三本、覚醒剤《アンフェタミン》のボトルを二〇本、トランシーバーを一組、懐中電灯、ラジオ、手錠、そして理由はわからないがジョッキに一杯のアンモニアという法外な要求を出した。スィブリーはさらにCJORというローカルラジオ局のキャスターに、用意してきた長々しい声明文を読ませろとも要求した。それは「我々は訓練された準軍事組織である。タイ、ラオス、カンボジアで秘密裏に行われた軍備増強により明らかになったニクソンの約束の反故《ほご》と欺瞞に我慢がならなくなった」と始まり、「アメリカ人兵士の最後の一人がベトナムを去る日まで、ユナイテッド航空のジェットをハイジャックし続ける」という誓いに続いた。

スィブリーは最終的にはシアトル空港で捕えられた。代替パイロットに扮した二人のFBI捜査官を機内に入れるという、ハイジャック犯がよくやるミスを犯したのだ。捜査官は彼を複数回撃った。まもなくスィブリーがアメリカン航空の元パイロットで、一九六〇年代半ばにはCIAの裏工作による秘密の補給任務でラオスに飛んでいたという事実が明らかになった。戦争における自分の役割に対する罪悪感にさいなまれ、東南アジアから帰ったあとはたびたび精神に異常をきたし、次々と仕事を失い、彫像のように美しいドイツ人の妻も失った。ユナイテッド航空から奪った身代金と金の延べ棒を北ベトナムの孤児院に寄付することで、彼は良心の呵責から解放されようと考えたのだ。

「私は真の意味での犯罪者ではない」と、すっかりおとなしくなったスィブリーはのちに公判で申し立てた。彼は三〇年の実刑判決を受けた。

エルドリッジ・クリーヴァーは断固とした態度とへつらいのちょうどいいバランスに苦慮した結果、ブーメディエン大統領宛ての公開書状の執筆に数日を費やした。八月一〇日、完成した手紙を世に出すために記者会見を開いた。記者たちの前に出る数分前に、彼はその書状を組織の出す公式声明文のすべてを承認することになっているピート・オニールに見せた。オニールはボスの言葉遣いのぶっきらぼうな率直さに不安をかき立てられ、クリーヴァーに公開を踏み留まるよう懇願した。だが、このところ被害妄想がますますひどくなっていたクリーヴァーはオニールの動機を疑った。一番の側近であるオニールがアルジェニア側とぐるになっているのではないかと勘ぐったのだ。彼は記者会見の決行に踏み切った。

ハイジャック・ファミリーのメンバーを両脇にしたがえ、クリーヴァーは「同志であるブーメディエン氏」宛ての書状を一語一語、朗々と読み上げた。

革命家や自由の戦士たちの誰もがよく理解していることですが、民族解放の闘争を行うには資金が必要です。この点については異議も条件も例外もありません。闘争を組織し経済的に支える金なくして自由はありません。したがって、我々からその資金を奪う者は我々から自由を奪っているのです。これは自明の理です。ここにいるアメリカの革命家や自由の戦士たちが最近入手した一五〇万ドルがブラック・パンサー党インターナショナル・セクションの手に渡る可能性に合衆国の支配層が異常なまでに神経を尖らせたのは、この理由ゆえ、ひとえにこの理由ゆえであって、けっして人道的配慮ゆえではありません。

アフリカ系アメリカ人はアルジェリアの人々に自分たちの闘いを代わりに闘ってくれと頼んでいるわけではありません。アルジェリア政府に、アメリカ国民全体を抑圧している支配層に味方するアメリカ政府に、加担しないでくれと頼んでいるだけなのです。


クリーヴァーはブーメディィエン大統領の行った選択をこういった形で非難する自分は非常に狡猾であると考えていた。この公開書状が事実、インターナショナル・セクションに破滅をもたらすとは夢にも思っていなかったのである。

ブーメディィエンはクリーヴァーのこの公開作戦に深く辱《はずかし》められた。問題の書状は、アルジェリアが革命的な主義を貫くよりむしろアメリカの要求によろこんで屈する西欧の追従者だと当てこすっていると受け取ったのである。また、アメリカに対する象徴的な刺激剤としての役割に月々五〇〇ドルも払ってやっていた、本質的には下賤の使用人だとしか考えていなかった男から政治的なアドバイスを受けることも面白くなかった。「大口をたたく男」を自認するクリーヴァーは、アルジェリアでその意見が真に効力をもつただ一人の男の気分を害する発言をしてしまったのだ。

翌日の午後、ホルダーとカーコウがエレーヌ・クラインのアパートでくつろいでいると、外のトレーテ通りの騒ぎが耳に入った。窓から覗くと、人々がヴィヴィアニ通りにあるブラック・パンサーのヴィラに向かって走っているのが見えた。二人は階下に降り、興奮した群衆に加わった。ヴィラに着くと、何十人もの兵士が建物を取り囲み、見物人を近づけないように制していた。大勢の警官が敷地内に出入りし、電話機やタイプライターやAK47自動小銃を放り出している。急襲を受けたとき、インターナショナル・セクションの上層部全員がヴィラの中にいた。クリーヴァーが広報で犯した大失策への報復として、一人残らず自宅軟禁になった。

五日後、クリーヴァーとオニールはサラーフ・ヒジャブの執務室に呼び出され、彼らの取った不遜な行動について説明を求められた。二人のパンサーは、ハイジャック・ファミリーの金は自分たちのもので、アルジェリアはそれをデルタ航空に返したことで自らの理念に背いたと心から信じていたので、自分たちは何も悪いことはしていないと言い張った。

パンサーたちに悔いる気持ちがないことにヒジャブは怒りくるった。クリーヴァーとオニールを、口ばかりで行動しない「宮廷の革命派」と呼んで蔑《さげす》んだ。自分たちの闘争のために金がいるなら、ハイジャック犯がアルジェリアに来るのをのんびり待つ代わりに、アメリカ本土で強盗か誘拐でもする勇気をもつべきだと言った。そして、パンサーのことを、気前のいいホストを侮辱した忘恩の徒だと糾弾した。「アルジェリア政府があなたたちを亡命者としてここに住まわせ、大っぴらに活動することを許し、十分な活動資金を与えてきたことに感謝すべきだ」

頑固なクリーヴァーはヒジャブの激しい叱責にも怖気づかなかった。我々はアルジェリア政府が「運営費として相当な額」を支給しない限り、その重要な使命をまっとうできないと反論した。そして、ヴィラの手入れの間に没収されたお気に入りのピストルを警察に返させるよう要求した。

この喧嘩腰の話し合いの少しあとに、ヒジャブの諜報員の一人がオニールのもとを訪れ、最後通告を突き付けた。

「クリーヴァーはインターナショナル・セクションの日常的な支配を手放さなくてはならない。さもなければアルジェリアでのパンサーの活動は終了する」

ブーメディエン体制はオニール自身が統率するよう強く要求した。アルジェリア側は彼を強情なクリーヴァーよりは柔軟なパートナーだと見なしていた。

クリーヴァーがアルジェリア側の要求を受け入れ、オニールにトップの座を譲ると聞いたホルダーは唖然とした。革命家を辞職するなんてことが、どうしてできるんだ？　ドナルド・コックスの金に対する執着とクリーヴァーの言葉数の多すぎるマルクス主義講釈のせいで、すでに彼はインターナショナル・セクションに幻滅していた。だが、組織がアルジェリア秘密警察のなすがままであることを知った今、完全に愛想がつきた。

ホルダーの悲観はオニールのトップとしての在職期間の短かさによって正しかったことが証明された。オニールがリーダーになって最初に行ったことは、ヒジャブに自分自身とセコウ・オディンガとラリー・マックほか、アルジェでの生活に疲れてきたパンサーたち数人にパスポートの提供を依頼することだった。クリーヴァーとの対決以来、インターナショナル・セクションを解体したくてウズウズしていたヒジャブは、渡りに船とばかりに願いをかなえてやった。

九月一六日、オニールと妻のシャーロットはクリーヴァーに一言も告げずにカイロへと旅立った。彼らは左翼の過激派を厚遇することで知られるもう一つの国タンザニアにふたたび定住することを目指していた。オニールは置き手紙の中にインターナショナル・セクションのトップの後継者を指名していた。そこには「ウィリー・ロジャー・ホルダー」とあった。

第一四章

「オリンピックの事件なんか、何でもなかったってことをわからせてやるぜ」

エピデミックの終焉を飾ることになったハイジャックは、地味な始まり方をした。ニクソン大統領の地滑り的再選の三日後、ウエスタン航空七〇一便のハイジャックから二三週間後の一九七二年一一月一〇日の夜、三人のアフリカ系アメリカ人の男がアラバマ州中部上空を横断中のサザン航空四九便を乗っ取った。犯人はバーミンガムの軍放出品の店で購入した銃と三個の手榴弾で武装していた。彼らはそれをたたんだレインコートの中に隠して機内に持ちこんだ。首謀者のルイス・ムーアがスチュワーデスの一人に背後から首絞め技をかけてコックピットまで歩かせ、パイロットにまずミシシッピー州ジャクソンに着陸して給油し、続いて、彼が過去数年間レストランや工場で働いたデトロイトに飛ぶよう要求した。

ハイジャック・ファミリーのメンバーと同じく、ムーアもまた問題の多いデトロイト警察と悶着を起こしていた。一九七一年末にバーの外で強盗犯罪防止課のメンバーに殴られたことに対し訴状を提出すると、警官たちに妻と子供たちを殺すと脅された。彼が市に四〇〇万ドルの賠償金を請求することで対抗すると、市は二五ドルの和解金を提示した。この額をムーアは自分に対する侮辱だととらえた。一九七二年一〇月一三日、ムーアと親友の一人ヘンリー・ジャクソンが強姦容疑で逮捕された。だが彼らは、これは強盗犯罪防止課に刃向かったことに対する罰としてのでっち上げだと申し立てた。二人は保釈金を納めたあとに逃亡し、ムーアの異父兄弟のメルヴィン・ケールと合流した。ケールは有罪判決を受けた家宅侵入窃盗犯で、テネシーの更生訓練施設を脱走したばかりだった。こうして逃亡者トリオは、デトロイト当局に「永久に忘れられないほど思い知らせてやる」と誓い合った。

四九便がミシガンに向かう飛行中に、ムーアは機長に二六人の人質の命と引き換えに何が欲しいかを言った。それはパラシュート一〇組、防弾チョッキ一〇着、現金一〇〇〇万ドル、加えてその金が返却不要の「政府からの授与」であることを保証するホワイトハウスの公式文書だった。一九七〇年にアーサー・バークレーが要求した一億ドルという馬鹿げた額を別にすると、これはハイジャック犯が要求した身代金としては史上最高額で、去る二月に西ドイツ政府がルフトハンザ機をハイジャックした数人のパレスチナ人に支払った身代金の二倍の額だった。所有する航空機が四〇機にも満たない通勤用フライトの航空会社であるサザン航空に、そのような法外な金を作れるわけがない。

サザンの役員はハイジャック犯との交渉を試み、身代金の減額と引き替えに、どこでも好きなところに妨害なしに送り届けるという案をもちかけた。だが、ムーアとその仲間には一〇〇〇万ドルを一セントたりともまける気はなかった。濃霧のためデトロイトに着陸許可が下りないとわかると、話し合いは過熱した。行き先変更を余儀なくされた彼らは、代わりにクリーブランドに行くよう命じた。

ＤＣ９がエリー湖に向かって南東に進路変更すると、犯人たちは機体に備え付けの酒類用キャビネットから酒を存分に飲んで神経をなだめ始めた。三人であっという間にウイスキーとウォッカのミニチュアボトルを四〇本空にした。アルコールが回ると、彼らの行動は常軌を逸してきた。

クリーブランドでの給油を終えると、酔っぱらった犯人たちはトロントに行けと命じた。トロントに着陸したところで、高齢の乗客が心臓発作を起こした。なんとか大急ぎで五〇万ドルをトロント空港に届けさせたサザンの役員たちは、ハイジャック犯にその金を受け取って急病の人質を解放してくれと懇願した。しかし、この訴えは無視された。彼らは再度離陸を命じた。今度はテネシー州ノックスヴィルへ。

ノックスヴィルで育ったムーアの頭には最後の一手があった。

「これが最後のチャンスだ」オンタリオ湖上空を急上昇中の四九便から、サザンの役員に無線で通告した。「おれたちの要求するものを用意しなかったら、オークリッジを爆破する」

ムーアが言っているのは、ノックスヴィルの中心街から二〇マイル西にあるオークリッジ国立研究所だ。その中心的施設は原子炉で、広島を壊滅させた原子爆弾の主材料である高濃縮ウラン２３５を核燃料としている。

全額が用意できたというサザンからの知らせを待ちながら四九便がオークリッジの上を低空旋回している間に、ペンタゴンとホワイトハウスはこの破滅をもたらしかねない状況について報告を受けた。ある時点で酔っぱらったムーアが人質の乗客を恐怖に陥れる決断をした。「おれは死ぬ運命にある」機内放送を使って、呂律の回らないアナウンスをする。「だから、お前ら全員を道連れにすることになっても、知ったこっちゃねえ」

一一月一一日の正午前後、ニクソン大統領の最高顧問の一人ジョン・アーリックマンが四九便のコックピット内と無線でつながった。彼はサザンが一〇〇〇万ドルをかき集めるには数日、いや数週間かかるかもしれないと説明し、ムーアに理を説こうとした。しかし、ムーアのほうは寛容になる気分ではなかった。

「オリンピックの事件なんか、何でもなかったってことをわからせてやるぜ。あのミュンヘンの事件なんか、たいしたことなかったってな」

彼はパレスチナ人のテロリストにより一一人のイスラエル選手が殺害された九月のミュンヘンオリンピック事件を引き合いに出して、アーリックマンに毒づいた。

結局、サザン航空は小銭までかき集めるようにして、どうにか総額二〇〇万ドルの金を作った。ハイジャック犯が七〇キロ超という身代金の純然たる重量に圧倒され、わざわざ数えないかもしれないという、一か八かの賭けに出るしかなかった。

午後一時半、四九便は身代金受け渡しのためチャタヌーガ空港に着陸した。まさにサザンが望んだとおり、ムーア、ジャクソン、ケールの三人は現金のあまりの量に我を忘れ、八〇〇万ドルもごまかされていることに気づかなかった。彼らは新しく手にした富を祝って、札束を乗客や乗員に振る舞った。機長と副操縦士だけで三〇万ドルも受け取った。

しかし、有頂天のハイジャック犯は人質が自由になったとたんFBIが機内に突入してくることを恐れ、チャタヌーガで乗客を解放するという約束を破った。彼らは代わりにハバナに飛べと要求し、亡命者の身分を乞うために、カストロ首相と直接話すことを希望した。

だが、カストロが犯罪者を嫌っていることに、彼らは気づいていなかった。四九便がメキシコ湾に向かって南下している間に、キューバの首相はハイジャック犯がテネシー州でちょっとしたハルマゲドンを引き起こそうとしたことを知らされた。彼は自らホセ・マルティ国際空港に足を運んで、そのような凶暴な人間にけっしてキューバの地を踏ませないことを確認した。

ハイジャック犯たちはハバナに着くなり、彼らも人質も機外に出ることは許されないという、取りつく島もない通告を受けた。かくして四九便はふたたび離陸するしかなく、アメリカに針路を戻し、最終的にはフロリダ州オーランドの空軍基地に着陸した。そこでFBIは自分たちの出番だと考えた。

DC9がハイジャックされて以来六回目の燃料補給をしている間に、六人のFBI捜査官が着陸装置の破壊を狙い、機体に向けて発砲した。犯人たちはパニックに陥り、機長にすぐ離陸しろと怒鳴った。混乱状態の只中に、ジャクソンが副操縦士の左腕を撃った。タイヤはバラバラになり、加圧系統は破壊されたが、同機は基地の境界フェンスのわずか一メートル上をかすめ飛んでなんとか上昇した。たった数時間前にあんなにも露骨に追い返されたキューバではあったが、ハイジャック犯はそこに戻るよりましな方法を思いつかなかった。

ルイス・ムーアが最初に腕をおびえたスチュワーデスの首に巻きつけてから二九時間近くたった

一一月一二日の深夜一二時一五分ごろ、四九便はホセ・マルティ空港への二度目の降下を始めた。キューバの空港職員は同機のむき出しになったタイヤのためにクッションの役を果たす泡で滑走路を覆おうとしたが、やり終える前に材料が尽きてしまった。乗っ取り機のクルーが胴体着陸に備え、機体の非常口を開けると、巻き起こった猛烈な突風に、五〇ドル札や一〇〇ドル札が機外へ吸い出された。DC9のゴムタイヤのない車輪が滑走路のアスファルトにぶつかると、大量のオレンジ色の火花がキューバの夜を照らした。

DC9は軋む音を立て、ガタガタ振動しながら停止した。恐慌をきたした乗客は漆黒の煙にむせながら、出口から垂らされたエアバッグ式の緊急脱出シュートを、先を争うように滑り降りた。彼らはいったんターマック上に安全に降りると、仰向けに倒れ、空気を求めてあえいだ。全員が、トロントで心臓発作を起こした老人さえもが、この試練を生き延びた。

ムーア、ジャクソン、ケールは滑走路沿いの草地を走って逃げたが、キューバの兵士に取り押さえられた。彼らの悪夢はまだ始まったばかりだった。三人が歓迎されざる人《ペルソナ・ノン・グラータ》であることを百も承知でハバナに戻って来たことに激怒したカストロは、彼らを最大限の残酷さでもって扱うと誓った。そして四九便の機長に、彼らを生涯「一メートル四方の箱」の中で過ごさせると約束した。❖

一方、アメリカではFBIがオーランドで乗っ取り機を作動不能にしようとした試みを厳しく責められていた。フロリダのある上院議員はその攻撃を、何十人もの罪なき人々を死にいたらしめかねない「おろかな大ドジ」だと糾弾した。FBIは機体を作動不能にすることに失敗しただけでなく、批評家によると、給油車につながれているDC9に発砲するという過ちまで犯した。もし犯人の手榴弾の一つがこぼれたガソリンの近くで爆発したら、致命的な大火災が発生していただろう。ＦＢＩのＬ・パトリック・グレイ代理長官は、彼の部下たちは少なくともハイジャック犯がアルジェリアのようなもっと遠い場所に到達するのを防いだと反論しながらも、この大失態に対し個人的に責任を取った。

だが、オーランドの銃撃についての議論はほんの余興にすぎなかった。それよりはるかに深刻な問題は、ハイジャックのエピデミックの予期せぬ新展開、すなわち、航空機が大量殺人兵器として使用される可能性の出現だった。このような狂気に直面し、航空会社はもはや考えうる最も極端な手段で対応するしかないと、認めざるをえなくなった。

無差別に保安検査をするという考えが上院の公聴会で初めて提起された一九六一年八月四日から、一一年の年月がたった。かつてＦＡＡの局長はそれを一瞬の検討にも値しない実行不可能なアイデアだとして退けた。航空会社側は病的ともいえるほどの熱心さでその意見を擁護し、彼の否定的態度を引き継いだ。ハイジャックのエピデミックが頻度と激しさの両方を増してくると、航空会社は乗客全員の身体と荷物の検査の導入を避けるためにあらゆる手をつくした。一九七二年の夏には、シュワイカー上院議員の航空旅客保安法案を頓挫させ、かろうじてその運命を逃れた。だが、

あわや原子炉に飛びこむところだったサザン航空四九便の事件後、航空会社は乗客全員への保安検査に反対するキャンペーンがもはや続けられない運命にあると悟った。抜け穴だらけの警備がもたらすリスクは、彼らと最も親密な政治家たちでさえ無視できないほど重大なものになっていた。

一二月五日、ニクソン政権は新年五日から航空会社に乗客全員の金属探知機による検査と、機内持ちこみ手荷物の中身の点検を義務付ける緊急FAAルールを発令した。加えて、国内五三一カ所の主要な民間空港は、武器を所持していることが発覚した乗客に対処するため、すべての搭乗ゲートに地元の警官または郡保安官代理を配置しなくてはならなくなった。

「我々は今、新種のハイジャック犯に直面している」と、この徹底的な新保安規則を発表する記者会見の席で、国のハイジャック対策の第一人者ベンジャミン・デイヴィス・ジュニア中将は語った。「彼らはその非情さと人命に対する不当な軽視ぶりにおいて、過去に例を見ない人々だ。このハイジャック時代の初期の段階では、乗客に対するシンプルなチェックで犯行を防げたかもしれないが、今は搭乗ゲートで強制的に阻止するしかない」

❖

三人のハイジャック犯はキューバで服役したあと、一九八〇年に他の二七人のアメリカ市民とともに帰国した。そのとき大よろこびのメルヴィン・ケールはリポーターに、アメリカの刑務所はキューバでの体験に比べれば「カントリークラブかパラダイスのようなものだろう」と語った。彼はルイス・ムーアとヘンリー・ジャクソンとともにさらに七年間、アメリカで刑に服した。

熱烈な人権擁護者たちはニクソン政権の一方的な決定に憤慨した。彼らは無差別な保安検査は不法な捜査を禁じる合衆国憲法修正第四条に抵触すると信じていた。その見解はいくつかの判決により支持されなくもなかった。ロサンゼルスのウォレン・ファーガソン連邦判事は少し前に、空港でFAAのチェックリストに引っかかったせいで所持していた麻薬が発見された事件の容疑者に、好意的な判決を下していた。ファーガソンは次のような情熱的な意見を表明し、ハイジャックを防止するという建前のもとに基本的人権が軽視されるのではないかと恐れる人々の英雄になった。

一般の人々が大いに不安を感じている分野に関しては、一時のご都合主義に屈し、憲法に反して目的が手段を正当化する方針を採用しやすい。今、まともな人間なら誰しもが、航空機のハイジャックと麻薬の取引が深刻なレベルに達していることに気づいている。しかしながら、この問題は過去や未来の他のすべての問題と同じく、あくまで私たちの憲法に照らして解決されなければならない。さもなければ、この国の礎《いしずえ》となる原則が恐怖という雲の中に消え失せてしまうだろう。

だが、法学者の間では反対の声は少数派だった。令状のない検査でも、それを強制せざるをえないほど大きな利害がかかっていると政府が明示できれば妥当であると見なしうる。ハイジャック犯がノックスヴィル一帯を放射能に汚染された荒野にしかねなかったことを考えれば、空港での検査の拡大がその条件をクリアできることは明らかだった。

乗客全員への保安検査の導入をめぐる最大の論点は合法か否かではなく、年間三億ドルにも上ると見積もられる膨大な経費をどこが引き受けるかにあった。航空会社と空港は金属探知機の購入に何百万ドルかを大盤振る舞いすることは渋々承諾したが、その機器を扱う検査官の人件費まで引き受けることには声高に反対した。航空会社は運輸省に警官隊を組織させ、そこの警官に日に五〇万人の乗客を検査させるよう、盛んにロビー活動を展開した。対照的に、ニクソン政権はどんな形であれ政府の予算の拡大には断固反対した。政府の高官たちは、空港は連邦の援助がなくても安全に運営されているバスの発着所や電車の駅と異なる扱いを受けるべきでないと論じた。

乗客全員への保安検査の開始日である一九七三年一月五日が近づいてくると、ニクソン政権はハイジャック防止対策における別の重大な案件においてもイニシアティブを取った。それはエピデミックの初期には戯言《ざれごと》としか見なされていなかった、キューバとの犯罪者の身柄引き渡し協定の締結だった。

ハバナのスイス大使館を通じて散発的に手紙を送り合い、キューバとアメリカの両政府は数年をかけてそのような協定の可能性を秘かに探っていた。常に障害となったのは、盗んだボートでフロリダに渡ったキューバ人難民の引き渡しに対するカストロ政権の固執だったが、ホワイトハウスの歴代の住人にとって、それは政治的に不可能なことだった。一九六〇年代を通して続いていたこの問題をめぐる話し合いは、米国務省が浅はかにも交渉のペースの遅さについてキューバ側を叱責したため、一九七〇年一二月に断絶した。絶対的権力を行使する男の例にもれず、カストロも自分本位のスケジュールで事を運ぶことを非難されるのは好まない。

国務省の外交上のこの失策により、その後、交渉は完全にストップしていたが、一九七二年一〇月三〇日、キューバ側が難民の問題について譲歩する用意があると唐突に知らせてきた。ついにカストロが西半球全域からハイジャック犯を受け入れることにうんざりしたのだ。乗っ取り機を返却するたびに得られるたかだか数千ドルくらいで、頭のいかれた暴力的な外国人を扱うのは割に合わない。キューバの外交官によると、カストロはハバナ大学に通うことを希望していた四人の若者がニカラグアの航空機をハイジャックした事件に特に肝を冷やしたそうだ。彼らはジェット機を乗っ取る過程でニカラグアの大臣の息子を撃ち、その後、サンホセで運命に呪われた給油寄港をした際に、コスタリカの防衛大臣を負傷させた。

❖

米国務省はこの申し入れに対し、キューバ側に協定の草案を提出するよう求めた。アメリカ側はこの要請によりふたたび交渉が決裂するのではないかと考えた。なぜなら、以前のキューバは、この件に関しイニシアティブを取ることにけっして乗り気ではなかったからだ。ところが、サザン航空四九便の劇的な展開を見て、ぐずぐずしている場合ではないと悟ったのだろう。一一月二五日、カストロ政府はハバナのスイス大使館にハイジャック防止協定の草案を提出した。

キューバは、フロリダへのボート難民のうち、他には罪を犯さなかった者については、アメリカが政治的亡命者の身分を授けるという案に同意した。これはアメリカ政府が長年求めていた調整案だった。米国務省は修正案のリストを送り返した。ハイジャック犯を自国で訴追することもできるが、本国への迅速な引き渡しがより望ましいとする点を強調するための、ちょっとした言葉の調整が主だった。国務省が驚いたことに、いつもは融通のきかないキューバ側が今回は修正案も受け入れる構えを見せた。

「興味深いことに、犯罪者の引き渡しの件について、キューバはその案をはねつける代わりに、まずその手続きについて問い合わせてきた」とアメリカ側の交渉者の一人が一二月一二日にロジャーズ国務長官に書き送っている。その月の終わりには、カストロの革命以来、キューバ・アメリカ間で初めての公式条約となる協定の調印は当然の帰結となった。これが実現すれば、ハイジャックを目論む者に、ハバナには悲惨な運命しか待ち受けていないことが確実に知れ渡る。カストロの「パラダイス」で真の自由を享受しようという幻想は永遠に消え失せるだろう。

キューバとの歴史的な協定が完成間近になると、国務省は同じような協定を世界第二位のハイジャック天国であるアルジェリアとも結べないかと考え始めた。


ホルダーにインターナショナル・セクションを押し付けてオニールがカイロに逃亡すると、残るブラック・パンサーたちもいっせいにアルジェリアから脱出を始めた。ラリー・マックとセコウ・オディンガは九月二三日にエジプトに逃げたが、その前にヴィヴィアニ通りの本部から数台のカメ

❖ この空港での銃撃戦で四人組のうち二人が殺された。銃撃戦は六五歳のコスタリカ大統領ホセ・フィゲーレス・フェレールがじきじきに指揮を執った。ドン・ペペとして広く知られる同大統領が自動小銃で機体めがけて発砲しようとしたので、ボディガードは彼の手から銃をもぎ取らねばならなかった。

ラやテープレコーダーや謄写版をくすねて売り払っていた。ドナルド・コックスもバブ・エルウィド地区にあるバンガローを空にして、すぐあとに続いた。ホルダーと他のハイジャック犯たちはさっそくそこに移り住んで、ポアント・ペスカードのビーチ近くに住めるチャンスをものにした。

クリーヴァーはこういった仲間の国外逃亡の件については虚勢を張り、話を聞いてくれる者には誰にでも、インターナショナル・セクションはけっして終わったわけではないと言っていた。「政治的には、まもなく実現するかもしれない良い計画がいくつか進んでいる」とザンビアの友人への手紙に書いている。「そうなれば、多くの問題が解決するだろう」とも。しかし、現実には、パンサーがかつては友好的だった国々からのけ者にされるにつれ、彼は漂流でもしているような無力感を覚えていた。大使館のカクテルパーティの常連だったクリーヴァーだが、彼の最も熱狂的なファンだった北朝鮮や北ベトナムの外交官からの招待状は来なくなった。いずれの君主国家も、あのクリーヴァーの無礼な記者会見以来パンサーに対する好意をすっかり失ったブーメディエン大統領の怒りをあえて買うような真似はしたくなかったのだ。

どこに行こうがアルジェリアの諜報部員につけ回されるので、クリーヴァーはしだいに家にひきこもるしかなくなった。しかたなく、ベイ・ヤン・チャオの一九四九年のベストセラー料理本『中華料理の作り方と食べ方』に没頭することで暇をつぶした。その一〇月、「料理に本気で取りかかり、また理解したのは、人生でこれが初めてだ」と彼は日誌に記している。「中国人が料理に立ち向かう論理的で系統立った姿勢が好きだ。そして、結果にはこの上なく報われる！」カーコウは時々トレーテ通りの彼の家に顔を出して、油炒めを作るのを手伝った。だが、レシピに忠実に作るよりむしろ即興的に料理したがる彼女を、彼は認めなかった。

一方、ホルダーはインターナショナル・セクションの新しいボスとしての仕事を、おそらくはオニールの意図したとおり、しくじっていた。ベトナムからやって来た仲間の証言によれば、ホルダーの知性は変人と紙一重だった。彼は人々に「変わり者」という印象を与えた。それは保守的なアルジェリア人官僚やソビエト圏から来たユーモアを解さない外交官との関係を構築するにあたってマイナスに作用した。しかも、ホルダーにはただ世界を変えたいという漠然とした野望があるだけで、活動のための具体的なプランはなかった。組織の日常業務の些末さに苛立ち、すぐにその任務に興味を失った。

そのくせインターナショナル・セクションのトップの座に対しては、しだいに被害妄想的に執着していった。バブ・エルウィドの通りでCIAの工作員に尾行されただの、ライバルのパンサーたちにホテル・サンジョルジュのカフェで待ち伏せされただのと言い出した。ベトナムで彼を苦しめた神経の高ぶりが戻ってきたが、ハシシでももはや彼の不安をなだめることはできなかった。シジフォス作戦とアルジェでの最初の数カ月に彼を支えてきた躁病的なエネルギーは、不安と憂鬱に置き換わっていた。

一二月になり、クリーヴァーがインターナショナル・セクションの残党に、自分たちは重大な危機にあると通知すると、ホルダーの精神状態はさらに悪化した。ニクソン政権がキューバとハイジャック防止協定を締結したというニュース記事を読んだあとに、クリーヴァーは米国務省の高官がブーメディエン政権と同様の協定の締結について話し合うためアルジェに来ているという噂を聞きつけた。彼は全員が逮捕されてアメリカに送還され、起訴される前に、アルジェでの活動を停止すると皆に告げた。

クリーヴァー自身はすでに出国準備を始め、友人のエレーヌ・クラインの協力でフランスへの遠回りの旅程を調整していた。その間、妻のキャスリーンはカリフォルニアにいるパンサーの準会員から、偽のパスポートと運転免許証を手に入れようとしていた。その男の暗号名は同志Tといい、そういった精巧な仕事を専門としていた。キャスリーンが身分を偽ってまず子連れでフランスに渡り、それからクリーヴァーと合流して地下に潜伏するという計画だ。そしてフランスに落ちついた時点で、アルジェに残してきたメンバーの出国の手配をする。

ハイジャック・ファミリーのうち子供のいるメンバー三人――メルヴィンとジーン・マクネア夫妻とジョイス・ティラーソン――は、子連れで逃亡するか、それとも子供だけ本国に送り返すかのつらい選択に直面した。苦悶の末、彼らは後者を選んだ。ノースカロライナの古くからの知り合いに連絡し、ケニヤ、ヨハーリ、アヤーナの三人を引き取りにアルジェに来てもらった。子供を手放した三人は打ちのめされた。娘と息子を乗せた車がメゾン・ブランシェ空港に向かって走り去るのを見送るメルヴィンは、胸から心臓をえぐり取られるかのような痛みを感じた。だが、彼は正しい選択をしたことを知っていた。子供たちをこれ以上狂気の沙汰に付き合わせるわけにはいかなかった。

アルジェの町がまだ眠りの底にある新年一月一日の午前七時、クリーヴァーはルノー16でそっと国を脱け出した。九時間後にはチュニジア国境の町ネフタに到着した。そこはフランスへの秘密の旅の最初の立ち寄り先だった。彼はヒジャブほかアルジェリアの諜報部に情報が漏れることを恐れ、予定を早めたこの出発については、組織の誰にも言わなかった。

一度は世に知られたインターナショナル・セクションだが、今ではアルジェに着く前にはブラック・パンサーですらなかった七人のアメリカ人ハイジャック犯のみが残された。

アルジェリア政府は引き続き月五〇〇ドルの支給金でグループを支えたが、他のすべての収入源は枯渇した。通信機器をはぎ取られたエルビアールのヴィラは役に立たなくなり、荒廃し、最終的には民族解放戦線の手に再び渡った。バブ・エルウィドにあるドナルド・コックスのバンガローに身を寄せ合い、生活苦にあえぐハイジャック犯たちは、クリーヴァーがフランスで浮上し援助の手を差し伸べてくれるのを待つしかなかった。だが、クリーヴァーの運命について何一つ伝わってこないまま、数週間が過ぎていった。

冬が過ぎ春になると、ホルダーのパニック障害はますます頻繁になった。まず、カーコウと自分は実在する敵と想像上の敵——ヒジャブ、パンサーのメンバー、CIA、ベトコンなど——の誰かにアルジェで殺されると信じるにいたった。そのような運命が避けられないのならと、彼はシジフォス作戦の計画を立てていたときにカーコウにした約束を守ることにした。

「結婚しよう」ある日、ポアント・ペスカードのビーチに二人で寝転がっているときに、不意に言った。「少なくとも、そうすりゃ、いっしょに埋めてもらえるよ」

カーコウはいとおしげに指をホルダーの密生したアフロヘアの間にすべらせた。

「幸運を祈ってニグロの頭をなでなさい」カーコウは小悪魔めいた笑みを浮かべた。そしてそんな陽気なからかいの言葉とともに立ち上がり、波の中に入っていった。その露出度の高い肢体に水をはねかけ、ビーチにいる男性たちの釘付けになった眼差しに酔う。

ホルダーのプロポーズにはけっして答えていなかった。

第一五章

「ムッシュ・ルカニュエ、誰だって金を盗んでおいて……」

一九七三年一月五日の朝、空港保安検査の前に史上初の行列ができ始めたとき、人々がどう反応するかをわかっている者は一人もいなかった。旅行者の多くが犯罪容疑者のごとくに扱われることには耐えられず、プラスチックのトレイに鍵を置けと言われれば派手に抗議するだろうというのが大方の予想だった。そのような怒りの瞬間をとらえようと、リポーターたちが、今では国のすべての搭乗ゲートへの自由なアクセスを阻止するゲート式金属探知機のそばに陣取った。

結局、その日は何のいざこざも起きず、彼らはがっかりした。ハイジャック犯があまりにも大胆になった結果、プライバシーにきわめてうるさい人々さえ、安心と引き換えに便利さを犠牲にする必要性を受け入れていたのだ。したがって、保安検査という試練を通過するのに平均一五分かかったが、その煩《わずら》わしさに文句を言う人はほとんどいなかった。

「このところのハイジャックには、誰かがストップをかけなければならない」ニューヨークのラガーディア空港で、アラバマ州のある男性は機内持ちこみ用バッグを調べられている間に、ＡＰ通信社の記者に語った。「これくらいですむのなら、ありがたいね！」

こういった検査の過程で見つかったドラッグが法的証拠となるかどうかはまだ明確になっていなかったので、警備官は武器だけを探すよう指示されていた。武器は大量に発見された。拳銃、ナイフ、刀、こん棒、ねじ回し、魚類用鋸、広口瓶に入ったクロゴケグモまで。武器の所持者は必ずしも逮捕されたわけではない。多くは新しい保安ルールについて知らなかったと訴えた結果、それらの凶器になりうるアイテムを預け入れ荷物に移すことが許された。

検査による遅れを減らそうと、多くの空港がまもなく搭乗券を持った乗客以外が保安検査を通過するのを禁じたため、搭乗ゲートで愛する人に家族が別れを告げる伝統は終わりになった。航空会社はX線検査機器を何百台も買い始めた。それはハイジャック防止の圧力が千載一遇のチャンスをもたらした工業技術系会社の生産ラインから繰り出されていた。こういった会社は自社の機器が手荷物バッグを三秒で検査できると自慢した。それは人間による検査より七秒から一〇秒も速い。

最高裁まで無差別保安検査を弁護し続けなくてはならないだろうと覚悟していた司法省にとって驚きだったことに、FAAの新ルールに対する重大な訴訟は起きなかった。新ルールがらみの訴訟で最も注目すべきものは検査の合憲性の是非ではなく、むしろX線機器の安全性についてだった。消費者運動家のラルフ・ネイダーがベンディックス社とアストロフィジックス社の製造した機器から放射線が漏れているとして、FAAを相手取って訴訟を起こした。ネイダーは正しかった。両社の製品の開口部は鉛のカーテンで防護されておらず、X線の放出器もきちんと遮蔽されていなかった。しかし、FAAがめずらしく迅速に手を打ち、今後製造される機器に対して技術ガイドラインを定めたので、何千人もの乗客が知らないうちに有害な量の放射線を浴びていたという事実に対し、一般市民の抗議はほとんどなかった。

その間、航空会社とニクソン政権は警備強化にかかる費用をどこが支払うかという議論を丸く収めた。新しく運輸省警官隊を組成するというアイデアも、航空会社に金属探知機とX線検査機器を扱う検査官を雇わせるというアイデアもともに破棄された。代わりに航空会社は民間警備会社に委託契約することを許された。先進諸国ではめずらしい取り決めだ。この契約料は航空運賃の値上げと、チケット一枚につき平均三四セントの政府の認めた追加料金を組み合わせて捻出した。消費者はこの経済的負担をいやがっているようには見えなかった。チケットの値上がりにもかかわらず、航空機を利用する人の数は一九七三年には七パーセントの堅調な増加を見ることになる。

ロジャーズ国務長官の秘書がついに長年懸案の身柄引き渡し協定をキューバと締結した二月一五日から振り返って六週間以上、アメリカでは一件のハイジャックも起きなかった。エピデミックが始まり、ピークに向かってエスカレートしていった一九六七年以来、ハイジャックのない期間としては最長だった。その期間は春を通して続き、そして夏、さらに秋へと続いていった。乗客全員に対する保安検査をまだ導入していない国々では、相変わらず流行は続いていた。リビアで、ベネズエラで、航空機は乗っ取られていた。フランスでさえ起きた——ボーイング747を乗っ取った犯人は、すべてのフランス製の車を丸一日ストップさせろという要求をしたあとで、パリの映画プロデューサーの妻を殺害した。だが一九七三年を通して、アメリカ領空ではただの一件も起きなかった。一九七四年にも、民間旅客機はハイジャックされなかった（同年一二月にチャーター機が乗っ取られ、ハバナに向かったが、キューバ政府はすぐさま犯人を本国送還した）。

ハイジャックの一時休止期間が長くなればなるほど、かつてのエピデミックは人々の想像力から遠のき、その延長として、失望した者や乱心した者たちの現実逃避の空想からも薄れていった。ハイジャックの魅力の真髄は、常にその犯罪の劇場性にあった。掌握した機体は巨大なステージであり、地上の国民はどんな結末になるのだろうと、サスペンスに恍惚となる観客だった。だが、多くの劇場型ブームと同じく、ハイジャックも時の試練をうまくくぐり抜けることはできなかった。いったん身代金の受け渡し場面やターマック上の銃撃シーンが放送電波から消え失せると、この犯罪はあっという間に時代遅れの雰囲気を漂わせ始めた。人々の心に長く残ったのは、犯人たちの不敵さではなく、空虚さだった。

というわけで、自暴自棄になったアメリカ人の多くが、自身を自らのゆがんだ贖《あがな》いの物語のヒーローに仕立てる新たな方法を模索した。ウォーターゲート事件とサイゴン陥落に続く年月は、誘拐、車両爆破、政治家や有名人の暗殺など、途方に暮れた男女の引き起こす数々の話題性のある事件で埋めつくされることになった。だが、その時代の狂気のどれ一つとして、アメリカの空では起きなかった。

一九七五年一月六日の夜、アメリカの航空安全システムが永遠に変わった日から二年と一日後、二人のパリの警官がセーヌ川沿いで見慣れないものを発見した。長身でやせぎすの黒人男性が完全に泥酔してでもいるかのようにロテル・ドゥ・ヴィル区の河岸を放心状態でうろついている。そこはセネガル人やコートジボアール人の多い居住区ではないし、その男は驚きで目を丸くしている典型的な観光客にも見えない。警官は男に近づいて、身分証明書の提示を求めた。男が何も提示することができないでいると、警官はさらなる尋問のため、彼をシテ島にある本署に連行した。

取り調べを受けたロジャー・ホルダーはいっさい隠し事をしなかった。本名を明かし、正確にどのくらいとは言えなかったが「かなりの期間」フランスに不法滞在していることも認めた。パリ一五区ブロメ通りにあるアパートの六階の一室だと、現住所も教えた。航空機をハイジャックしてアルジェリアに向かわせた罪でアメリカ当局から指名手配中であることも、自らすすんで明かした。

フランス警察はこれらすべてを途方もない作り話だと思った。目の前にいる温和でぼんやりした男はとてもそんな危険人物には見えない。しかも、一体どこの国際指名手配犯がこんなにベラベラと自分のことを話すだろう？　警官たちは、自称ハイジャック犯のこの男は、犯した罪はせいぜいビザ失効後も滞在し続けていることくらいの無害な変人だろうと思った。翌日、彼らは写真を撮り、パスポートを持ってふたたび週末までに出頭すると約束させた上でホルダーを釈放した。

一月八日になってふと気になった警官の上司が、ロジャー・ホルダーと名乗る男を一時的に留置した事実をアメリカ大使館に通知した。アメリカ側は警察がこの男を身元が確認されるまで拘束しなかったことに激怒し、即座の再逮捕を要求した。

恥をかいたパリ警察はホルダーのアパートに急行したが、問題の部屋の住人は明らかに荷物をまとめて、ほんの数時間前に逃げ出していた。寝室の戸棚には男物や女物の衣類がまだ数多く残っていた。リビングルームでは警官が映写機と大量のポルノ映画のフィルム、さらに組み立て中の電車や飛行機やヘリコプターの模型を発見した。

ホルダーとカーコウは誰よりも長くアルジェに留まった。ハイジャック・ファミリーはパリのカルチェラタンにカムバックしたクリーヴァーの助けでフランスへ渡る方法を見つけ、一九七三年の五月にアルジェを去った。だが、ホルダーとカーコウはアルジェリア政府からのわずかな施しで食いつなぎ、ポアント・ペスカードのビーチでぶらぶら過ごしながらバブ・エルウィドのバンガローに住み続けた。退屈さに息がつまりそうになり、互いの神経を逆なでし合った。

インターナショナル・セクションは崩壊したというのに、ホルダーは相変わらず見えない敵に狙われていると信じていた。そして心にあるさまざまな事柄――ベトナムでの残虐行為、彼の一挙一動を監視する秘密工作員、サンディエゴに双子の娘を置いてきたことに対する悔恨など――について、とりとめなく、とめどなく話すようになった。一九七三年の秋には、カーコウにとってホルダーの面倒を見ることはフルタイムの仕事になっていたが、それはあまりにつらい仕事だった。彼女はクリーヴァーに助けを求めた。

フランスに住み始めて一年足らずにもかかわらず、クリーヴァーにはすでに多くの友人がいた。ブラック・パンサー党は、アメリカに対して懐疑的な見方を同じくするフランス人のインテリには常に人気があった。だから、クリーヴァーのような亡命者を支援したがる芸術家や学者は数多くいた。『アメリカの息子』の著者リチャード・ライトの娘のジュリア・ライト・エルヴェは、金銭と住居の両面で常にパンサー党を支援し、彼女の母エレンはクリーヴァーの著作権代理人を買って出た。また、パンサー党の設立者の一人で獄中の身となったボビー・シールに代わってスピーチをするため一九七〇年にアメリカまで行った有名なフランス人作家のジャン・ジュネは、クリーヴァーを有力な政治家たちに紹介した。

彼のこういった人脈を利用して、カーコウは自身とホルダーのためにアルジェからの脱出を手配した。サンフランシスコのパンサー党員が、リーヴィ・フォルトとジャニス・アン・フォルトという夫婦名のアメリカのパスポートを送ってきた。それには腕のいい偽造屋により、ホルダーとカーコウの写真が巧妙に貼りつけられていた。一九七四年一月、二人はそのパスポートを使って、クリーヴァーの先例にしたがってチュニジアからスイスに渡り、そこから南フランスを経由してついにはパリにたどり着き、ボーブール通りに近い支援者のアパートに転がりこんだ。

アルジェ時代の知人――かつてバブ・エルウィドで隣人だったフランス人の経済学教師――がコネを利用してホルダーをボルド・クリニックに入院させた。パリから二時間ほど南の豪壮な城の中にある、実験的な治療を行う精神科の施設だ。そこは治療にマルクス主義からヒントを得たアプローチを採用していた。患者は庭仕事から料理や事務仕事にいたるさまざまな役割を担当し、施設の運営を助けることを期待された。トラウマを抱えた退役軍人の治療に、際立つ長い実績があった。

こうしてホルダーが治療の日課に落ちつくと、カーコウは左翼系政治運動を行っている高名な物理学者がパリの足場として所有しているブロメ通りのアパートメントに移った。フランス人の他の活動家たちは彼女が職探しをしなくてもすむよう、少しばかりの生活費を渡した。カーコウはこの新しい快適な環境に有頂天だったが、なかでもホルダーからついに解放されたことが大きかった。若気のいたりでのぼせ上がった相手は、この一年の間に大変な重荷になっていた。恋人の精神が破綻していくのをただ見守るだけの未来は耐えられなかった。

パリにたどり着いたとき、カーコウはまだ二二歳の若さだった。だが、一九七二年にサンディエゴを発ったときの世間知らずのマッサージ嬢とはすでに似ても似つかぬ人間になっていた。アルジェでの過酷な運命が彼女のはちきれんばかりの活力を少しずつ奪い去っていた。今では洗練された物憂さを発散させ、その美しさは氷のように冷たい内向性を帯びていた。クースベイの目的のないパーティガールはサバイバーになっていた。

カーコウのあからさまなセックスアピールをどう扱っていいかわからないアルジェリア男と違い、パリの男どもは彼女の出すシグナルへの応え方を正確に知っていた。街を探索しているときも、カフェでの食事代をめったに払う必要がなかった。たいていは数テーブル先で彼女に見とれていた男が勘定書をつまみ上げた。そのうち、しゃれたデパートで靴やドレスを買い与えてくれる男たちと付き合い始めた。すると瞬く間にファッションに対する目が肥えてきて、以前のようなヒッピー風ルックではなく、金持ちの若い女性にふさわしい服装をするようになった。

だが、カーコウの幸せな幕間はほんのつかの間だった。一九七四年の秋にはホルダーがパリに戻ってきた。ボルド・クリニックでの治療は功を奏していたのだが、療養所の活気のない生活のペースに、彼のほうがしだいにうんざりしてきた。クリニックは患者に好きなように出たり入ったりさせていたので、ホルダーはしばらくそこから離れてパリの雰囲気に浸ろうと決意したのだった。彼はこの長期退院の間、カーコウが精神のバランスを保つのを助けてくれると信じていた。

処方された一日四錠の精神安定剤により神経を鈍化されたホルダーは、うつろな目をし、タバコを唇の端から垂らして、毎日長時間、通りをうろつき回った。だが、街角の大きなガラスウインドウがある店の前ではしゃんとした。そのような見通しのいい場所では、敵が自分のことを見張っているに違いないと思ったからだ。

ブロメ通りのアパートで時間をつぶすときには、通販のカタログで買った模型を作った。このホビーは彼をカリフォルニアでの青春時代に逃げこませてくれた。それは彼の人生がこんなにも当てどを失った混乱状態になる前の、のどかな良き時代だった。


一九七五年一月七日の朝、カーコウは目覚めると一人きりだったが、ホルダーはたまに夜中じゅう歩き回ることもあったので、特に心配はしなかった。コーヒーが飲みたくてたまらなくなって、ベトナムのロクニン付近のゴム園がどうのこうのとつぶやきながらすぐに帰ってくると思っていた。だが、彼は結局丸一日姿を見せず、そしてついに帰ってきたときには、ベトナムの記憶などよりはるかに物騒なことを口にした。警察で尋問を受けたというのだが、そこで彼は慎重さを欠いた受け答えをした可能性があった。

カーコウには逃げなくてはならないことがわかった。そして、この時点での二人の関係では、そういった決断をする責任は彼女一人にあった。

ふたたびエルドリッジ・クリーヴァーに連絡を取る。彼はそのころには妻子とパリで堂々と暮らしていた。彼はその特権を、ヴァレリー・ジスカール・デスタン仏大統領の愛人を通して大統領自身と個人的な関係を築くことにより獲得していた。この女性のたっての願いで、大統領はクリーヴァーに政治的亡命者の身分を与えていた。セーヌ左岸の二階建ての快適な家に落ちついた彼は、急進派としてのエッジをほとんど失っていた。たとえば、マルクス主義に背を向け、ニクソン大統領の一九七四年の弾劾は「バビロン」〔アメリカの抑圧社会〕でもすべてが腐敗しきっていたわけではなかった証拠だと信じるにいたっていた。クリーヴァーは自身のフランスでの特権的な地位を危険にさらすことには気が進まなかったが、それでもハイジャック犯を助けなくてはならないと感じていた。それでカーコウに役に立ちそうな連絡先のリストを手渡した。

ホルダーとカーコウがパリの隠れ家から次の隠れ家へ飛び移ったころ、FBIはサンディエゴにあるホルダーの両親の家に捜査官を送り、彼らの今では二五歳になる息子だと思われる男の写真を見せた。捜査官はアメリカがフランス司法省に提出する送還要請を準備できるよう、夫妻にロジャー・ホルダーの身元確認の供述書にサインするよう頼んだ。しかし、ホルダー夫妻は断った。息子の取った行動にいくら打ちのめされているからといって、息子の不利になる証言をする気にはなれない。それどころか、彼らは、ロジャーはまだアルジェにいて、写真の男は彼の兄で西ドイツに配置されている陸軍兵のスィーヴネス・ジュニアだと主張した。だが、夫妻の見え透いた嘘は役に立たなかった。FBIがホルダーの指紋をフランスから入手していたからだ。

一月二三日、捕まることなくすでに二週間以上がたったので、カーコウは、危機は去ったのかもしれないと思い始めた。ブロメ通りのアパート付近を嗅ぎ回ったが、警官の姿はない。それで、当局はこの件に興味を失ったものと確信し、その夜、ホルダーを連れて自分たちの部屋に戻った。

だが、カーコウは警察を見くびっていた。彼らは隣人の一人にその部屋を見張るよう頼んでいたのだ。翌朝早く、ホルダーが例の終わりのない散歩のためにアパートメントの建物を出ると、すぐさま警官に取り囲まれた。カーコウはベッドから放り出され、手錠を掛けられた。その間、ずっと自分の名はジャニス・アン・フォルトだと申し立て続けた。だが、ホルダーとともにヴァンドーム広場の司法省に連行されてしまうと、もはや嘘を言ってもしかたないと観念した。それよりも、クリーヴァーのリストにある最も有力な人物の助けを求めるべきときが来たことを悟った。それはフランスでただ一人、彼女がこれから二〇年間をアメリカの刑務所で過ごすことから救える人物だった。

一九五〇年代の半ばには、見習い弁護士として、ジャン＝ジャック・ド・フェリスは非行少年を助ける地味なキャリア以上の何も望んでいなかった。薄汚いパリ郊外の町ナンテールに構えた事務所で彼が扱う青少年犯罪者の大半がアルジェリア移民だった。そういった依頼人の父親の多くが、アルジェリア民族解放戦線を幇助《ほうじょ》した罪で投獄されていることに気づかずにはいられなかった。その組織は当時、フランス全土で平和的な抗議と組織的な爆弾攻撃の両方を指揮していた。ド・フェリスはこの父親たちに好奇心をそそられ、フランスの刑務所を訪問し始めた。じきにフランスでギロチンによる死刑を宣告された反植民地主義の闘士たちとの面会を求めて、アルジェまで出かけるようになった。これらの死刑囚との出会いが、彼の人生の進路を変えた。

「投獄され、鎖につながれたこういった男たちについていつも私が驚かされるのは、彼らの理解を超えた運命の受け入れ方なのです」アルジェでの囚人たちとの面会について、彼は記している。「刑務所を去るときの私は、精神的に参ったり、気力を失ったりしているどころか、むしろ彼らの静かな強さに慰められています」

こうしてド・フェリスは、個人の利益が当局のそれと相反するケースを献身的に扱う、フランスでも指折りの反体制派弁護士になった。フランスの列車やカフェを爆破したとして告訴されたアルジェリア人や、国外退去を迫られたイタリア人の出稼ぎ労働者、フランス領ポリネシアの先住民、不動産開発業者により土地の所有権を奪い取られた農夫、その他、誰であっても、その訴訟理由が権力側に不快感をもたらすなら弁護を引き受けた。

一九七三年の初めにパリにたどり着いたクリーヴァーが亡命を求めるに当たって助言を必要としていたとき、当然のごとくに真っ先に援助の手を差し伸べた弁護士がド・フェリスだった。結局、ド・フェリスはこの件についてはたいして役に立てなかったが、クリーヴァーはこの弁護士にいたく感銘を受け、「フランス人の人権尊重の化身」と呼んだ。彼はカーコウにもしフランスで拘置される羽目に陥ったらド・フェリスに相談するようアドバイスしていた。

一月末、ド・フェリスはフリューリー・メロジ拘置所で逮捕数日後のホルダーとカーコウに面会した。アメリカへの送還要求の予審期日はすでに二月七日に設定され、したがって準備する時間はわずかしかなかった。しかし、ホルダーからシジフォス作戦についての堂々めぐりの話を聞かされると、どういった法廷戦術を使えばいいかがはっきりした。

初審問の日、ホルダーとカーコウがパリの中心部にある荘厳な司法宮に護送されると、話題のハイジャックカップルを一目見ようとリポーターたちが集まっていた。報道陣は落ち着き払った美しいカーコウに魅了された。彼女はすみれ色の細身のドレスに、それを引き立てるパープルのニーハイブーツという、あえて見物人のよろこびそうな服装を選んでいた。

ホルダー、カーコウ、ド・フェリスの三人は裁判官が訴訟手続きの準備をしている間、控室で待っていた。もう少しで法廷に案内されるというところで、ホルダーの手や脚が荒々しく引きつり始めた。半分気を失って床に倒れると、あらゆる方向から警備官が飛んで来た。

数分間気をもませたあとで、ホルダーは「一日何錠と決められた精神安定剤を取り上げられると、こういったことが起きがちだ」と説明できるくらい回復した。だが、公開法廷のプレッシャーにはとても耐えられそうになかったので、休息するよう空いている事務室に連れて行かれた。カーコウが単独の被告としてクールにきめこんで入廷すると、傍聴人たちの間にざわめきが起きた。

ホルダーの健康状態がおもわしくないので、裁判官はその日の業務を形式的な手続きにとどめた。カーコウに本人確認の書類に署名させ、アメリカの逮捕令状にある空賊、誘拐、恐喝といった重罪の罪状を読み上げた。

カーコウは裁判官に完璧なフランス語で「その逮捕令状は私にかかわる問題ですが、今は何も言うことはありません」と答え、法廷中の人に不意打ちを食らわせた。

審問も終わりかけたころ、警備官がカーコウについてくるよう手招きをした。「こちらへ」と彼は言った。「ご友人がまた大変なことになっていますよ」

カーコウはホルダーが閉じこめられている部屋に案内された。ホルダーは床の上にうずくまり、ブルブル震えながら本人確認の書類にサインしたくないとうめいていた。

カーコウは三年以上も恋人だった男のそばにひざまずき、彼の震える手をやさしくなでた。「大丈夫、心配いらないわ」彼の耳元でささやく。「大丈夫……」

ヘンリー・キッシンジャー国務長官は彼の比較的新しいボスであるジェラルド・フォード大統領に、ホルダーとカーコウの引き渡しは対ハイジャック戦争でアメリカがやっと得た勝利を維持するのに絶対不可欠であると助言した。国務省の法律顧問チームもケニス・ラッシュ駐仏アメリカ大使に宛てた二月一八日付書簡の中で、「アメリカ政府はこの件を多くの理由で非常に重要であると見なしている。その一つは第三世界諸国に大きな影響力をもつフランスからハイジャック犯を送還させたという先例を作ることの価値である」と強く主張している。

同時に、この書簡には、この件についての国務省の最大の危惧も明らかにされている。それは、ド・フェリスがくだんのハイジャックが政治活動であったと論じるであろうということだ。アメリカ合衆国とフランスの間で取り交わされた一九〇九年犯罪者引き渡し条約には、被告側弁護人に非常に有利な、次のような条項が含まれている。

逃亡犯は、もし引き渡し要求の原因となっている犯罪が政治的性格のものである場合、もしくは、事実、政治的性格の犯罪を行ったがゆえに罰しようとする目的で引き渡し要求がなされたと当人により証明された場合には、引き渡されてはならない。この条項の規定に当てはまるかどうかについて疑義が生じた場合は、引き渡し要求をされた側の政府当局の判断を最終とする。

革命の歴史を誇るフランスは、長い間、自国を当事者とする数々の二国間協定に含まれるこの条項を盾に、自らの権利をすすんで行使することを立証してきた。その結果、フランスは世界中の過激派にとって、好ましい本拠地になった。たとえば、一九七四年にフランスはスペイン首相のルイス・カレロ・ブランコを暗殺した四人のバスク人の逮捕を、「疑う余地なく政治的」犯罪であるから引き渡しはありえないとして拒絶した。西ドイツの赤軍やイタリアの赤い旅団の幹部たち、さらにベネズエラ人の傭兵テロリストのイリイチ・ラミレス・サンチェス（通称「カルロス・ザ・ジャッカル」）は、当時、パリを故郷と呼んでいた。そして、もちろんジスカール・デスタン大統領自身が、なおもカリフォルニアでの殺人未遂容疑で指名手配中のクリーヴァーに亡命者の身分を個人的に与えていたのだ。したがって、米国務省は急進主義者たちをこんなにも守ろうとする国なら、ホルダーやカーコウに対しても救いの手をさしのべるのではないかと恐れていた。

ラッシュ駐仏アメリカ大使——如才なさと忠誠心で知

キャシー・カーコウ、パリ、1975年
提供：インターポール

られる元ユニオン・カーバイド社役員――はフランス司法省の高官相手にこういった懸念を訴えた。ハイジャック行為は「純粋な犯罪である」というアメリカ人の共通認識を裏付ける証拠書類を司法省に提出しようかとも提案した。キッシンジャーの法律顧問チームはすでに、ホルダーもカーコウもハイジャック以前にはブラック・パンサー党の党員ではなかったとするFBI調書を大使宛てに送ってきていた。必要ならワシントンDCの同僚がもっと大量の決定的な証拠をかき集めることもできると、大使はフランスの高官に話した。

高官はその必要はないだろうと答えた――これ以上の材料は実際「余計」で、アメリカ側にとってむしろ不利に働きかねない。彼は大使に、今回の引き渡しには問題はなさそうだと安心させた。

一方、ド・フェリスはフランス一般大衆の間に一気に高まってきた女性依頼人の人気を利用しようとしていた。三月三日、パリ司法宮での再度の審問の前に、彼は何人かの同情的なジャーナリストを相手に、カーコウに軽く話をさせる機会を設けた。仕立てのいいジャケットにばかでかい卵型フレームの眼鏡といういでたちで、冷静でありながらもほがらかに、カーコウは政治的難民をかくまうフランスの歴史に対する深い感謝と、ホルダーと自分もその豊かな歴史の一部になれればという希望について語った。

「人間はいつだって楽観的ですもの」彼女は驚くほど流暢なフランス語で言った。「もし送還されなかったら、きっとフランスに定住させていただけると思いますわ」

それから四日後、ド・フェリスは記者会見を開き、裁判官の前で繰り広げる予定の弁論を披露した。それはつじつまの合わない部分を省いて無駄をなくし、その上で尾ひれを付けたシジフォス作戦についての説明だった。彼はまず、ホルダーはベトナムにおけるアメリカの任務に幻滅し、軍を見捨てた戦争の英雄であると述べた。目撃した凄惨な場面がトラウマとなったホルダーは、本国に帰国するなり黒人解放運動に加わった。ベトナム戦争に対する抗議だけを目的としてハイジャックを画策し、五〇万ドルの身代金はベトコンに渡そうと本気で考えていた。彼が行き先をアルジェに変えた理由はただ一つ、乗っ取り機がハノイに行くにはアメリカの空軍基地で給油しなくてはならないと聞かされたからだ。それは彼にとって道徳的に忌むべきことだった。一方、カーコウはもともと反戦運動を活発に行っていて、それがハイジャックに加わることを選択した理由だった……。

ド・フェリスはこの記者会見の締めくくりに、フランスで最も有力な芸術家や知識人たちが、依頼人の送還に反対する臨時委員会を結成したと発表した。彼はジスカール・デスタン大統領に宛てた同委員会の公開書状のコピーを振って見せた。問題のハイジャックが「ベトナム戦争に直接関係した、疑いの余地のない政治的行為であった」というのがその骨子だ。書状にはフランスを代表する三人の人物による署名があった。ノーベル賞を受賞した物理学者アルフレッド・カストレル、左派の「ヌーヴェル・オブセルヴァトゥール」誌の創設者でフランス・レジスタンスの英雄クロード・ボーデ、そして、アメリカのベトナムにおける行動は大量虐殺であると信じる実存主義の父ジャン・ポール・サルトルだ。

送還についての公式審問は三月一七日に司法宮で開かれた。裁判官は冒頭からハイジャックの動機についてホルダーを厳しく追及した。「アンジェラ・デイヴィスをこっちに渡してほしかった」

とホルダーが答えると、ド・フェリスは傍目にもわかるほど激怒した。弁護人の作戦のすべてが、ハイジャックを反戦行為として描くことにかかっている。話の中にデイヴィスを引きこむことは、ただ問題を複雑にするだけだ。裁判官がホルダーへの尋問を早々に切り上げて、もっと発言にピントの合った雄弁な証人であるカーコウに注意を向けたので、ド・フェリスはほっとした。カーコウはハイジャックを「戦争ゆえに、私たちがしなくてはならないと感じた何か」であると特化する方針に完璧に沿っていた。

ド・フェリスが弁護側の弁論を終えると、次はフランス政府の代表である法院検事が弁論を行う番だ。満場の法廷にいるすべての人が、検事は司法省の上司が引き渡しを承認したと論じるに違いないと思っていた。すなわち、恐喝を含むハイジャックは、定義上、政治的行為というよりは犯罪である。したがってフランスは容疑者を本国送還する法的な責任があると。

ところが、ホルダーとカーコウにすこぶる好意的な国民感情にぐらつき、法院検事は正規の軌道からそれていった。

「この行為の政治的な本質を反証する公式な証拠はありません」彼は声高に言った。そして、ハイジャックの目撃者の証言記録が何一つ届いていないことに触れ、アメリカの国務省が、申し立てている犯罪について「不完全な」情報を裁判所に提出したと非難した。したがって、引き渡し要求を拒否するよう裁判所に助言することが自分の義務であると感じていると述べた。

裁判官は法院検事の発言に対し礼を述べ、四月一四日に判決を言い渡すと宣言した。さらに彼が決定を下すまでの間に追加で提出される証拠は検討しないことを強調した。

キッシンジャーはこの件の予想外の展開に怒りくるった。フランスは一九七〇年のハーグ・ハイジャック防止条約の署名国である。それは同国がハイジャックを厳罰に値する重犯罪だと認めていることを意味する。なぜフランス人がホルダーやカーコウのような連中を守るためにこの条約を弱体化させ、アメリカのハイジャック防止に対する努力を台無しにするのか。

「当省はホルダーの件の成り行きに深く動揺している」キッシンジャーの法律顧問の一人が、三月二一日にラッシュ駐仏大使に書き送っている。「まさしく当省が危惧していたとおりのことが起きた……司法省の法院検事と裁判官の個人的関係から生じた結果としての既成事実に、今、我々が直面しているというのはお笑い沙汰だ」

ラッシュ大使の切なる懇願を受けて、司法省はホルダーとカーコウが政治活動家ではなくありふれた犯罪者であるという説をアメリカ側が支持すべき証拠があればすべて見直すことを承諾した。もし司法省がその証拠に説得力があると判断すれば、それに目を通すよう裁判官を説得する可能性もある。

国務省の依頼で、ＦＢＩ捜査官はハイジャックされたウエスタン航空機のクルーにふたたび事情聴取すべく全米各地に散った。アルジェまで飛んだボーイング７２０Ｈのニューウェル機長は、サンフランシスコから北アフリカまでの長いフライトの間にハイジャック犯があからさまに政治的な発言をしたことはなかったと証言した。だが、シアトルに行く途中にホルダーが乗っ取ったボーイング７２７のジャーゲンス機長はもっと問題含みの発言をした。

「ホルダーは最初の要求の中で、ハノイに行くことを希望した。しかし、その理由は説明しなかった」彼はＦＢＩの尋問官に話した。「ホルダーは確かに一度以上、ハノイに行きたいという希望を口にした。正確に何度だったかは思い出せないが」

ラッシュ大使は証拠書類を受け取ったとき、それを司法省に提出する前にジャーゲンスの供述部分を取り除こうかどうかで悶々とした。彼はホルダーが事実としてハイジャックの間にハノイという地名を口にしたと知ってしまえば、フランス側は書類全体を無視するのではないかと恐れたのだ。しかし、ラッシュは最終的には正直が最良の策だと結論した。「もし我々がそれを伏せたことが知れたらダメージは大きく、今回の件だけでなく将来にわたって我々の信頼性を傷つけかねない」と彼は国務省に書き送った。

ラッシュの高潔な決断は、だが、彼がまさに恐れていた結末を生んだ。司法省はその証拠書類を、裁判官に押し付けるには内容が薄すぎるとして却下した。

四月一四日、ホルダーとカーコウは送還要求に対する裁判官の判決を聴くために、再度フリューリー・メロジ拘置所から司法宮に連行された。自分の言葉がワシントンＤＣでじっくり分析されることがわかっていたので、裁判官は結論にいたった経緯をつぶさに説明した。彼は一九七〇年に起きたホルダーのフォートフッド基地からの脱走について、それは個人的に侮辱されたことに対する反応ではなく戦争そのものに対する抗議であったと解釈した。また、ハイジャックはホルダーにとって「戦争に参加した罪を贖《あがな》おうとする」試みであったとするド・フェリスの見解に同意し、それはホルダーが身代金をベトコンに寄付しようとしていた事実により立証されると述べた。

カーコウについては、「ベトナムに対する激しい思いに突き動かされた……反戦運動の活動家だった」という彼女の申し立てを信じると述べた。アルジェリア人はそれがわかったからこそ、一九七二年六月にカップルに政治的亡命者の身分を与えたのであり、それは彼が考慮に入れた先例だった。

裁判官は締めくくりに「二人のどちらも個人への報復目的で行動したわけではなく、誰一人傷つけたわけでもなく、また経済的利益も得ていない」といった事実を指摘した。こういったことのすべてに鑑み、己れの政治理念を表現したホルダーとカーコウをアメリカに引き渡して迫害にさらすことは、自らの良心に照らしてできない。アメリカ側に提供できる唯一の慰めは、二人をフランスで裁く可能性を検討するという確約である。裁判所がその決断を下すまで、ホルダーとカーコウは引き続きフリューリー・メロジに拘留される。以上が彼の結論だった。

激怒した米国務省にとれる対応は一つしかなかった——ラッシュ大使宛てに、裁判所の判決をくつがえすようありとあらゆる手段を使ってフランス政府を説得しろという、怒りにかられた電報を送ることだった。電報の文面を書いた人物は、その機会を利用して裁判官の論理を風刺で攻撃した。

誰一人傷ついていないという事実に関する裁判官の指摘はもっともである。たとえ誰も傷ついていない理由が、機内にいる全員を殺すという脅しに直面した結果、機内にいる全員がハイジャック犯に協力したからこそであったとしてもだ。容疑者が経済的な利益を得ていないのは、単にアルジェリア政府が身代金を取り上げてアメリカに返したからである。身代金のために個人の命が危険にさらされた事実は依然として残る。

無論、大使はフランスの官吏に向かってそこまで辛辣になることはできない。ワシントンDCから怒りの電報を受け取った六日後に、大使はフォブール・サントノレ通りにある公邸で豪華な昼食会を開き、ジャン・ルカニュエ法務相を招待した。食事のコースの間にゲストたちが一休みしているとき、法務相を脇に呼び、引き渡し要求を拒絶されてどんなにフォード政権が落胆しているかを訴えた。特に彼の上司たちが心を痛めているのは、裁判官がド・フェリスの主張に簡単に騙されてしまったことだと。

「ムッシュ・ルカニュエ、誰だって金を盗んでおいて、あとで政治的な動機によるものだったって言えますよ」と大使は言った。

ルカニュエは大使の批判をやんわりと退けた。

「私たちの手は、裁判所の決定により縛られてしまっているのです」申し訳なさそうに説明し、とはいえフランスはまだアメリカの「ハイジャックの脅威」との闘いを助けることには大いに興味があると付け加えた。

一週間後、大使は司法省のクリスチャン・ルグンへ刑事局局長に申し立てを行った。如才ないルカニュエと違いルグンへは、良心に突き動かされた人々を守ろうとするフランス人の衝動にアメリカ人があろうことか疑問を呈したことに気分を害した。

「ルグンへは、こういった種類の判決がフランス革命にさかのぼる哲学的概念に影響されていることを忍耐強く説明してくれました」と大使はミーティングの要約に記した。「判決は証拠の慎重な精査より、むしろ主観的な考察がベースとなる傾向にあります」。公正に対するこのようなアプローチは、ルグンへの力説するところによると、「アングロサクソンには理解しがたい」ものだと。

第一六章

オメガ

一九七七年五月六日、よくあることだが、ＡＰ通信社のパリ支局は日没近くになってもなお活気に満ちていた。フランスの首都がアメリカ・ベトナム間でもたれた歴史的な和平交渉の開催地となった多事多端な週の金曜の夜だった。その朝、ジスカール・デスタン大統領はロンドンで開催される重要な経済サミットに出席するため飛び立った。同会議にはアメリカからジミー・カーター大統領が、就任後初めての海外訪問として出席することになっていた。ＡＰ通信社の記者たちは、週末に入る前に編集や整理の作業をすませておかなければならない記事を山とかかえていた。

だが、午後八時ごろ、支局の仕事はロジャー・ホルダーの予告なしの訪問により中断された。この突然の客が何者であるかを記者たちが思い出すまでにはしばらくかかった。ホルダーが釈放されたというニュースが大々的に報道されてから、すでに二年近くの月日がたち、その間に彼の知名度はかなり低下していた。とはいえ、彼の服装――白いニットのコート、細身の黒いタートルネック、室内でもけっしてはずさない古風なフレームのサングラス――は相変わらず粋な人々と交わっている男のそれだった。長年温めた小説を書くために海外暮らしをしている自由人だと言っても、難なく通用しただろう。

ホルダーがAP支局の訪問を決意したのは、カーター大統領がロンドンまでやって来ると知ったからだ。彼は通信社を通して、アメリカへの帰国願望と、彼が寛容な扱いを受けるに値すると信じている理由を大統領に知ってもらおうとしていた。

「おれは一人で、単独で、帰国して自首したいんだ」ホルダーは結果的に二時間半におよんだインタビューの冒頭に、記者に語った。「武装した警護はいらない。カーター政権におれの目的を知ってもらうだけでいい……もし軍隊でのおれの記録をすべて見直してくれたら、おれがしたことは愛国心から出たことだってわかるはずだ」


一九七五年六月、アメリカに送還されないと知った一カ月半後にホルダーとカーコウはハイジャックではなく偽造パスポート所持の罪で、パリで公判に付された。この軽犯罪で有罪となり、各々に数百フランの罰金と、未決勾留期間の禁固刑の判決が下った。これは即座にフリューリー・メロジ拘置所から出られることを意味した。だが、まだハイジャックによる起訴で裁判にかけられる可能性があったため、裁判所は彼らの移動の自由に制限を課した――許可なくしてパリを離れないことと、月に二度、判事に所在を報告すること。

拘留を解かれたホルダーとカーコウは、パリっ子のある種のグループでは自分たちが引っ張りだこであることを発見した。アメリカの圧政に対するレジスタンスの生けるシンボルとして、彼らは知識人や芸術家や「ヌーヴェル・オブセルヴァトゥール」誌のジャーナリストたちが出席する気取った集まりで、貴賓の扱いにあずかった。ディナー・パーティやカクテル・レセプションでは著名な支援者たちから温かい祝福を受けた。たとえば、小柄なジャン・ポール・サルトル老はカーコウにぞっこんの様子で、あまりにチヤホヤするのでホルダーが気をもむほどだった。

そのうち、左派の政治運動を活発に行っている映画界の著名人のグループに入っていた。エディット・ピアフやマリリン・モンローの元恋人の俳優イブ・モンタンも、彼の妻でオスカーを受賞した女優のシモーヌ・シニョレも彼らを崇拝した。カーコウは一九七二年のエロチックな映画「ラストタンゴ・イン・パリ」で主役を演じたマリア・シュナイダーと特に親しくなった。この映画の中でシュナイダーは不名誉なことに、肥満体のマーロン・ブランドに凌辱されている〔あまりにセンセーショナルな内容だったため、主演女優としてシュナイダーは猛烈な批判を浴びた〕。カーコウとシュナイダーは年齢もほぼ同じ上に、同じくらい焼けつくような激しい経験を耐え抜いてきたことで固い友情が育まれた。二人とも十代をかろうじて抜け出したばかりの若さで、国際的な汚名を着せられていた。そして、二人ともカリスマ的な男性を信頼しすぎたのだった。

パリ社交界の高貴な人々の間を飛び回るのを楽しみながらも、ホルダーとカーコウはロマンスが崩壊していく最後の段階でもがいていた。数カ月間、フリューリー・メロジ拘置所で別々の棟に拘留されたあとに再会すると、彼らは二人の間の消えかけていた火花が完全に消えてしまったことを悟った。ホルダーは常にカーコウを妻として紹介していたが、彼らの間には今や体の関係はまったくなくなっていた。二人とも公然と別の相手とデートをし、カーコウは服や宝石を湯水のごとくに贈ってくれる金満家の映画人の間でうまくやっていた。一方、ホルダーはデヴィッド・ボウイ風の前衛的なヘアースタイルをしたダニエルという名の美人だが神経症的な若い女優を口説いていた。

しかし、華麗な人々との付き合いも、ホルダーの不安の発作をなだめはしなかった。故国の家族に、特に双子の娘たちに与えた苦痛が頭から離れなくなった。ベトナムで戦い、法の裁きをかわしているうちに、娘たちの子供時代を完全に見逃してしまったことに心が痛んだ。そろそろ逃げるのをやめる時期が来たのではないかと思い始めていた。

一九七六年四月二二日、ホルダーはそれまでで最悪のパニック発作を起こした。その激しさに恐ろしくなったカーコウは、大急ぎで彼をパリ一三区にあるピティエ＝サルペトリエール病院に連れて行った。翌日の夕方、同院の精神科センターで回復すると、ホルダーはアメリカ大使館に電話をした。そして彼をパリのアメリカン・ホスピタルに転院させ、そこからすぐに本国送還して家族と再会させてくれと頼んだ。

大使館員は転院のほうは請け負えないが、渡航ビザと本国への片道のフライトチケットは入手できるかもしれないと答え、さらに細かい点を詰めるために、ホルダーに退院するなり大使館に来るよう言った。

四日後、ホルダーは大使館に出頭した。自発的にアメリカに帰るのだから減刑される可能性はないかと尋ねると、大使館の司法部が逃亡中のハイジャック犯と取引していいという取り決めはないので不可能だという答えが返ってきた。ホルダーは事を進める前にド・フェリス弁護士に相談する必要があると言い、この件についてさらに話し合うため四八時間以内に大使館に戻ってくると約束して立ち去った。

だが、カーコウは大使館に戻らないよう彼を説得した。ホルダーの看護師役を務めるのがどんなにいやでも、彼がアメリカの刑務所に収監されることを想像するとぞっとして思わず身震いした。けれども、それよりも大きかったのは、彼がいなくなることが彼女のフランスでのステイタスに悪影響を及ぼすかもしれないという不安だった。カーコウは上流階級の人々とも仲良くなり、まさに人生最良の日々を送っていた。それはクースベイでの思春期に見た途方もない夢すら凌駕する華やかな生活だった。彼女はその幸せに終止符を打つどんな口実も、フランス政府に与えたくなかった。

ホルダーが自首するという考えをちらつかせた直後に、カーコウは不倫相手の映画プロデューサーが家賃を払ってくれるアパートメントに移り住むと告げた。定期的に様子を見に来るし、けっして電話で呼んでも来られない距離のところには行かないと約束した。だが、四年半におよんだ波乱に満ちた年月ののちに、カーコウはついにホルダーの伴侶でいることをやめたのだ。カーコウには追求すべき自分自身の人生があり、ホルダーはその野心的な未来図には入っていなかった。

一九七七年五月六日夜のホルダーが相手のインタビューでは、ＡＰ通信社の記者はほとんど口を挟むことができなかった。ホルダーはアメリカへの帰国の計画をじっくり立ててはいたが、そのアイデアの多くが明らかに正常ではない精神の産物だった。たとえば、彼は自身の愛国精神を二八歳の誕生日に当たる六月一四日の国旗制定記念日《フラッグデー》に帰国することで証明したいと言った。また、ハイジャックの罪で裁判にかけられることはわかっていながら、それより軽い罪で有罪を認め、刑務所に行く代わりに「おもに第三世界を扱う軍事援助指令部の民間人顧問」としての労働奉仕で刑を務める計画を立てていた。さらに彼がそのインタビューを受けている目的は、カーター大統領に呼びかけることに留まらず、彼の両親や子供たちに彼の帰国が迫っていることを知らせることにもあると付け加えた。「彼らが身を隠すのに必要な準備ができるように」と。

ようやく記者が、そういったことのすべてをカーコウはどう思っているのかと尋ねると、仰天の答えが返ってきた。もう一カ月以上もカーコウの姿を見かけていないので、彼の大勢いる敵のうち何者か――たぶんフランス警察――が彼女に危害を加えたのではないかと心配だと言うのだ。彼はカーコウをそのような危険な状況に置いたことに対する悔恨を口にし、オレゴン州にいる彼女の家族に「埋め合わせをする」と誓った。

現実には、カーコウはパリでかなりうまくやっていて、金持ちの恋人たちが甘やかしてくれるのをいいことに、高級な服のコレクションをせっせと増やしていた。しばらくホルダーの様子を見に行かなかったのは、ひとえに彼に対する姉のような義務感が日ごとに薄れていたからだった。

予想どおり、カーター政権の誰一人として、ホルダーがAPに提案した取引について話し合うために連絡してきては来なかった。だが、活字になったインタビューを読むなりアクションを起こした人物が一人いた。それはエルドリッジ・クリーヴァーだった。

フランスではカンヌ近くに別荘も所有するなど快適な環境にありながら、クリーヴァーは亡命生活にすぐさま飽きた。作家としての壁に突き当たり、創作意欲のギアをチェンジしてファッションの世界で名を成そうとし、股部分の外側に付けたパウチ――要するに昔の「股袋」――を特徴としたメンズパンツをデザインした。

「デザイナーたちはみんな、尻の部分に力を注いでいるだろ?」一九七五年にパリまでクリーヴァーに会いに来た好奇心いっぱいのハーバードの学生グループに、彼は説明した。「誰もがケツを強調しようとしているよな? 男と女を絶対的に区別する部分には力を注いでいない。私は違う道を行くつもりだ」

デザインしたパンツを試作品の段階から抜け出させるのに失敗すると、クリーヴァーは深刻なウツに陥った。子供たちが英語よりフランス語を話したがることや、息子のメイシオがサッカーは大好きなのにアメリカンフットボールについては何一つ知らないことに動揺した。故国では活動家の友人たちの多くが市長や州議会議員や、下院議員にすらなり、真の権力を手に入れていた。

「それで、その旧友たちに連絡して言ったんだ。『おい、おれのこと、憶えてるかい? そっちへ帰れるよう手を回してくれる気はないかい?』ってね」クリーヴァーはのちに回想している。「だって、宇宙飛行士が月から帰って来られるなら、おれがまたカリフォルニアをぶらぶらできないはずがないだろう」

しかし、誰もクリーヴァーの殺人未遂容疑を消すことはできない。友人たちはアドバイスした。「そっちに腰を据えて黒人のフランス人になって、あの美味しいフランスのペストリーを片っ端から楽しむんだな」

残りの一生をずっとフランスで過ごさなければならない前途にすっかり気落ちしたクリーヴァーは、カンヌのアパートにひきこもって自殺を考えた。

そんな一九七五年のある夏の夜、バルコニーから地中海を眺めていると、自分自身の姿が輝く月に映っているのに気づいた。それをじっと見つめていると、じわじわと形が変わり、彼がそれまでに拒絶してきた革命の英雄たちが順番に現れてきた。フィデル・カストロ、毛沢東、カール・マルクス。そして最後の共産主義者の偶像の姿が消えると、月に映った影はクリーヴァーがもう何年も考えもしなかった者の姿に変わった。それはイエス・キリストだった。

クリーヴァーはひとしきり泣き、部屋に駆けこんで長い間放り出していた聖書の詩篇二三篇を開いた。その瞬間に、一度はホワイトハウスを焼きつくしたいと熱望した男はキリスト教徒に生まれ変わった。

その年の一一月、法的な問題は神が解決してくれると信じてクリーヴァーはニューヨークに戻り、FBIに逮捕された。最終的には保釈金を払って釈放されたが、助けてくれたのは彼を裏切り者として糾弾したブラック・パンサー党の元党員ではなく、キリスト教福音派の信者で保険業界の大物だった。公判を待つ間、クリーヴァーは数々の伝道集会に姿を現し、彼と妻のキャスリーンは、今では真に「神に寄り添う者」だと宣言した。

ホルダーのインタビュー記事を読んだクリーヴァーは、たとえ長年、自分のことを革命家気取りだと軽蔑していた相手ではあっても、クリスチャンらしく困っている人に手を差し伸べようと決意した。彼の新しい福音派の友人たちの助けで、政界に入る前はバプティスト派の牧師だったアラバマ州のジョン・ブキャナン下院議員に渡りをつけた。彼は議員がホルダーのパスポートを手配し、さらにはホルダーの戦争体験から来るトラウマを酌量する司法取引を提供するよう司法省を説得してくれないかと期待した。だが、ブキャナンは、今なおハイジャック事件について自国でホルダーを裁こうとしているフランス政府が、アメリカへの協力に及び腰であることを発見した。ジスカール・デスタン政権は、たとえホルダーが自分の意志で帰国したとしても、有権者たちに「偽装送還」だととられ、非難されないかと心配したのだ。

それでも、クリーヴァーはあきらめなかった。一九七七年一〇月、彼はパリに飛んでホルダーをアメリカ大使館に連れて行き、乗り気でないフランス側との折衝に援助を要請した。具体的には、領事館員に「ホルダーはもしフランスの司法管理から解放されたなら、アメリカへの渡航書類が与えられ、本国で起訴され、個人的ならびに法的な問題を処理することになる」という内容の手紙を提供してくれと頼んだ。その手紙をハイジャック裁判の準備をしているフランスの判事に見せたなら、きっとホルダーは出国を許可されるだろうと考えたのだ。

だが、大使館側は「たとえ間接的であっても、それは究極的には大使館がフランスの司法プロセスに口を挟むことになる」と結論し、クリーヴァーの頼みを退けた。領事館員はホルダーに判事のもとに直接出向いて、帰国したい旨を訴えてはどうかと提案した。本人の懇願に含まれる感情の重さに、ひょっとしたら判事の気持ちが揺らぐかもしれないと。

ホルダーはこの提案をじっくり検討してみると約束した。だが、彼がそれを実行に移すことはなかった。

一九七八年二月のパリの街は立て続けに三度襲った猛吹雪のせいで凍った静止状態にあり、まだ雪が方々に残っていた。街をうろつけば骨の髄まで凍るので、ホルダーはヴァノー通りにある、引っ越したばかりのアパートにこもっていた。そこは人道組織「国境なき医師団」に資金援助しているる気前のいい若い貴族、ドゥニ・ド・ケルゴレー伯爵が所有している。ホルダーはお気に入りの飛行機や電車の模型に囲まれているにもかかわらず、外の天気と同じくらい、どうしようもなく惨めな気分だった。帰国するための彼の努力はすべて水の泡となり、避けられそうにないフランスでのハイジャック裁判に怯えていた。

玄関のブザーが鳴ったとき、誰が来たのかまったく見当もつかなかった。だが、話し相手を拒むには孤独すぎた。それで階段を駆け下りた。

彼は初めキャシー・カーコウを見ても誰だかわからなかった。彼女にはもう何カ月も会っていなかった。身に着けているドレスは見たこともないほどエレガントで、首回りや手首には、一財産はしそうな宝石が垂れ下がっている。大いなる敬意をもって扱われることに慣れきった女性特有の自信を発散させている。オンボロのフォルクスワーゲンでサンディエゴにやって来た世間知らずのティーンエイジャーは、今はもう幻だった。

彼らはしばらくの間、数週間前にパリに到着した映画監督のロマン・ポランスキーについて、当たりさわりのない雑談をした。ポランスキーもやはりアメリカの司法からの逃亡者で、強姦罪で刑務所送りになるのを避けるためパリにやって来たのだ。送還の恐怖と闘う方法についてポランスキーにすべきアドバイスについて、二人はジョークを飛ばし合った。

すると突然、カーコウが本題に入った。「もう、今のこんな状況には耐えられないの」

ホルダーはどういう意味かと尋ねた。

「ここでこうして裁判を待つことよ。どこかでこのすべてを解決する方法を見つけなくては。だから私、行かなきゃならない」

ホルダーには彼女が何を言おうとしているのかがわからなかった。カーコウはそれまでにもアメリカには二度と帰らないと明言していた。だったら他にどんなことが考えられるだろう? 結局のところ、彼らはフランスどころか、パリからすら出ることを許されていないのだ。今の煉獄から抜け出る彼女の計画とは?

カーコウは意図的にぼやかした自分の言葉にホルダーが不安になっていることがわかった。三年前に彼がほんとうの身分をパリ警察に口走って以来、ホルダーに秘密を打ち明けるほど彼女は軽率ではない。カーコウはもっと穏やかな手を試みた。

「あのね、友達と三、四日ジュネーブに行くの。このことについては帰って来たときにゆっくり話し合いましょ、いい?」

すがりついて、行かないでくれとでも言ってもらいたいのだろうか? カーコウがバッグに手を入れて何かを探している間、ホルダーは考えていた。おれにひざまずいてプロポーズされるのを待っているのだろうか?

彼女は彼に小さな箱を手渡した。中には高価なオメガの腕時計が入っていた。ホルダーは感激のあまり目頭が熱くなった。

「おれ、何も役に立てなかったね、ごめんよ」彼は時計を手首にかけながら言った。「でも一度だって、ひどいことはしなかった、だろ？　一度だって、あばずれ！　なんて言ってない」

カーコウはただほほえんで、ホルダーにタクシーを呼ぶのに電話を借りていいか尋ねた。人に会う約束があるので急がなくてはならなかった。

タクシーが到着するまで、二人は建物の内側で待っていた。形だけの抱擁をしたあとで、カーコウはスイスから戻ったら連絡するとふたたび約束した。先のことはそのとき話し合いましょうと。そして、カーコウは氷のように冷たい二月の夜の中に飛び出していった。その約束を守る気がないことを十分知りながら。

第一七章
トゥイーティー

ウイリアム・ニューウェルから電話があったとき、トーマス・クロフォードはまだ深い眠りから覚めたばかりで、目もうつろだった。ニューウェルは数カ月前の一九八〇年初めに航空業務部門の副社長に昇進し、ウエスタン航空のトップ役員の一人になっていた。クロフォードはなぜそんなお偉いさんが朝の七時半に自分のようなしがないパイロットに電話してくるのか、想像すらできなかった。

「ただ、パリに行く準備ができてるかどうかを確かめたくてね」ニューウェルが言った。

その日、ロサンゼルスからワシントンに飛ぶ予定のクロフォードは頭が混乱した。

「機長、今から一〇秒前には私がパリに行くことは存じませんでしたが……」

「ええっ、まさか、ほんとうに？　誰からも聞いてないのか？」

「あ、ええ、誰からも」

「ふむ、まあ、いい。でもパスポートは持ってるだろ？」

「はい、確かに」

「そうか、よかった。なら聞いてくれ、トム、旅の支度をしてすぐにこの空港に来てほしい。そこでTWAのオルリー行きの正規料金チケットを渡す。明朝までには、なんとしてもパリに着いていてもらわないといけないんだ。公判は木曜にスタートする」

今、クロフォードはそのあわただしい旅の理由をようやく理解し始めた。五年前、七〇一便の二人のハイジャック犯——彼はそのうち一人を騙して、アンジェラ・デイヴィスに関する要求をあきらめさせた——がパリで逮捕されたと聞いた。アメリカではなくフランスでとはいえ、とうとうあのカップルが裁判にかけられる日が来たのだ。

この事件を担当しているフランスの判事は、ウエスタン航空に最初の飛行機、つまりホルダーがシアトル接近中に乗っ取ったボーイング727から証人を二人提供するよう要請していた。機長だったジェローム・ジャーゲンスは一九七八年に自殺していたので、コックピットのクルー代表としてクロフォードが選ばれたのだ。ホルダーの正装用軍服にウイスキーをこぼしたスチュワーデスのジーナ・クッチャーも、証言するよう呼ばれていた。

ロサンゼルス空港で、ウエスタンの役員はクロフォードに一〇〇〇ドル分のトラベラーズチェックとTWAのパリ行きファーストクラスのチケットを手渡した。クロフォードが一九八〇年六月一一日にフランスの首都に到着すると、アメリカ大使館の車にさっと拾われて、クッチャーも泊まっているホテルに連れて行かれた。二人の証人は、公判を妨害しようとする民衆扇動家のターゲットになる恐れがあるので、あえて外に出たりしないよう指示された。その夜、彼らが就寝するときには、彼らの隣り合った部屋の外には武装した警備官が配置された。

翌朝、クロフォードとクッチャーは大使館で女性の司法官吏から公判についての予備知識を授けられた。官吏は、裁判所がハイジャック犯を厳罰に処すことはおそらくありえないだろうと申し訳なさそうに言った。フランス人はベトナム戦争に反対したアメリカ人に非常に同情的だからだ。
官吏はまた、今回裁かれる被告はただ一人だと言った。

キャシー・カーコウは保釈の条件として毎月第一月曜と第三月曜に判事の前に出頭することになっていた。彼女が一九七八年二月二〇日に約束を守らなかったとき、判事はさほど心配しなかった。欠席は荒れ模様の天候のせいだろうと記録した。続く三月六日、三月二〇日、四月三日、四月一七日にもカーコウは姿を現さなかったが、なおも判事はパニックを起こす必要はないと判断した。五月八日にも現れず、六回連続ですっぽかされてやっと判事はフランス国家警察に通報することにした。

カーコウが消えたという知らせを受けたアメリカ大使館は彼女の行方について調査を開始した。すると、スイスに行ったという極秘のタレコミがあった。潜伏するためではなく、新しいパスポートを入手するために。
スイスに入国するのは、たとえ身分を証明するものは何もなくともカーコウにはいとも簡単だっただろう。ジュネーブ検問所の安給料で働き過ぎの警備官たちは書類のチェックがいい加減だ。ましてカーコウのような身なりのいい若い女性が、想像するにフランスのナンバープレートを付けた車の助手席に座っていれば疑われることはない。

大使館はカーコウがそこからアメリカ市民がパスポートを申請できるチューリッヒかベルンに向かったのではないかと懸念した。国務省は旅行中のアメリカ人に、紛失や盗難で失ったパスポートの再発行は難しいと警告しているが、実情はかなり――特にスイスのようなのどかな国では――異なる。しばしば領事は足止めを食らったアメリカ人の泣き言の真偽を検証しそこなう。彼らはただ申請者の名前と人相を、逃亡者や好ましからざる人物を特定するための「監視カード」の原本に照らし合わせるにとどめる。だが、不思議なことに、カーコウはそのリストには載っていなかった。彼女の監視カードは一九七七年に期限切れになったあと、国務省の手違いで更新されていなかったのだ。

カーコウはおそらく運転免許証や出生証明書のコピーといった、アメリカ市民であることを証明する何かを提出するよう言われただろう。だが、パリの大使館は、カーコウの人脈をもってすれば、その類の書類が簡単に手に入ることを知っていた。二〇代半ばから後半のアメリカ人女性の共謀者か、まあまあの腕の偽造者の助けさえあればいい。カーコウが借り物の経歴についての簡単な質問にもっともらしく答えている限り、ベルンやチューリッヒの領事が彼女を厳しく追及することはまずないだろう。まして、カーコウは言葉とほほえみで相手をあざむく名人なのだ。

パリの大使館員はスイスの同僚にカーコウの人相書きに当てはまる女性を見かけるかもしれないので目を光らせているよう警告した。とはいえ、彼らはそれがたぶん虚しい要請であることを知っていた。カーコウは少なくともすでに三カ月前から姿をくらましている。五年有効のパスポートの再発行にはたいていい四八時間もかからない。映画界の金持ち仲間という金ヅルがあれば、世界のほとんどこにでも、それを言うならアメリカにさえ、逃げこめるだろう。

カーコウがいなくなったあとのホルダーの人生は波乱万丈だった。恋人のダニエル――例のデヴィッド・ボウイの髪型をした女優――が男の子を出産し、父親はホルダーだと主張した。直後にダニエルは自殺し、悲しみにくれた彼女の家族がこの赤ん坊を引き取った。その間、ホルダーは悪化の一途をたどる不安と被害妄想に対し新療法を試みるため、パリ近郊のランブイエにある精神科病院に入院することを決意した。しかし、彼がこの入院のことを保護観察判事に知らせるのを怠ったために、フランス国家警察は彼を逃亡犯だと宣告し、結果的にハイジャック裁判が無期限に延期されたのだった。

ホルダーは一九七九年五月にパリに戻り、フランス人支援者の中でも最も大物のドゥニ・ド・ケルゴレー伯爵が所有するヴァノー通りのアパートに戻った。友人たちからの援助に頼る生活だったが、散発的に仕事に就くこともあった。短期間、マレ地区の異性装者《トランスヴェスタイト》相手のバーのドアマンになり、のちに、仕事をすればそこの航空工学部に入学が許されるのではないかという空しい夢を抱いて、大学の床掃除をした。また短い恋愛を繰り返したが、初めは彼の知性とカリスマ性に魅かれた女性たちも、彼が精神的な発作を起こすとすぐに彼のお守りにうんざりした。

いろいろあったが、その間もホルダーはずっと双子の娘たち――テリーザとトリッタ――に会いたい気持ちを払いのけることができなかった。かつて無鉄砲だった男が中年にさしかかるとよくあるように、ホルダーもまた、若き日の身勝手を悔いるようになった。かつて彼は戦争で果たした自分の役割からくる罪悪感をなだめるために、ハイジャックの身代金をベトコンに寄付しようとした。今、彼は同じくらいの罪悪感を、ハイジャックゆえに無責任な父親になったことに対して抱いていた。それゆえに一九七九年末から一九八〇年の初めにかけて、ホルダーは数週間おきにアメリカ大使館に足を運んでは、パスポートと帰国便のチケットの支給を懇願し続けた。けれども、それには常に同じ返事が返ってきた——今もフランス側は彼をハイジャック罪で訴追する気でいる。したがって公判が始まる前に彼が国を離れることは許されないだろう。

待ちに待った一九八〇年六月の公判の前夜、ド・フェリス弁護士は何も恐れることはないとホルダーを安心させた。ホルダーといっしょにアルジェリアから来たハイジャック・ファミリーを弁護したときに首尾よくいったので、彼には自信があった。

一九七六年五月、ハイジャック・ファミリーのうち四人——メルヴィンとジーン・マクネア夫妻、ジョイス・ティラーソン、ジョージ・ブラウン——は、三年間隠れ住んでいたパリで逮捕された。前年の、ホルダーとカーコウの引き渡し拒否にまだ怒りが収まらないアメリカ政府は、今回はもう少し好ましい結果になるようフランス司法省にプレッシャーをかけた。米国務省は今回もハイジャック犯が送還されない場合には、将来にわたってフランス側からの引き渡し請求を無視すると脅した。

司法省はそのメッセージをはっきりと受け取った。一九七六年一〇月の審問で、フランス政府はホルダーとカーコウにフランスでの滞在を許す判決を提案した法院検事をふたたび指名した。だが今回、彼はハイジャック・ファミリーがアルジェに飛ぶ間に一度も政治的な発言をしていないとして、前回と正反対の立場を取った。対照的にホルダーは「戦争体験からくる健康障害に苦しむ、傷ついた輝かしい退役軍人」であり、彼が口にしたハノイに行きたいという願望は、反戦の抗議に等しいものだったと主張した。

しかし、気合の入ったド・フェリスは法院検事が勝てる相手ではなかった。ド・フェリスは依頼人たちを社会制度上の人種差別と闘うために「不可侵の権利」を行使した「抑圧の象徴」だと表現した。そして、アメリカのゲットーにおける日常生活の苦難と、大半のアメリカ人がフランスに対して抱いている軽蔑の感情を生き生きと描き出した。裁判官は見事に心を打たれ、ハイジャック・ファミリーの引き渡しを却下した。

二年後、パリで開かれたハイジャック・ファミリーの公判では、ド・フェリスはアメリカ人の恐るべき偏狭さを詳細に語れる証人を次々と登場させた。彼らは、アメリカの警察の野蛮さ、人種差別撤廃の失敗、黒人の子供たちに多い栄養不良について証言した。ド・フェリス自身はその裁判を「アメリカ史に対する訴訟」だと位置づけ、裁判官に彼の依頼人たちを無罪にするよう求めた。彼の望みはかなえられなかった――少なくとも完全には。マクネア夫妻、ティラーソン、ブラウンの四人はすべての容疑に対し有罪判決を受けた。だが、「情状酌量の余地あり」として、宣告された刑期はたったの五年ずつで、未決勾留期間が差し引かれた。判決から半年以内に、ハイジャック・ファミリーの全員が出所し、フランスに定住する許可を与えられた。

ド・フェリスはホルダーの場合にも同じような好ましい結末を予期していたが、同程度にメディアの注目を浴びるとは期待していなかった。ハイジャック・ファミリーの公判は見ものだった。数人の映画スターが出席し、容疑者たちの評判の自伝『私たち、アメリカ黒人はゲットーから逃げ出した』を朗読した。それに比べ、ホルダーの名声は一九八〇年にはほとんど消滅していた。彼の大義を支持している人は、もはやジャン・ポール・サルトルやイブ・モンタンのような有名人ではなく、フランス政界の非主流派のごく少数の活動家たちだけだった。彼らはちょうどハイジャックそのもののように過去の遺物になりつつある、一九六〇年代の抗議運動の古参兵だった。

一九八〇年六月一二日の午後にジーナ・クッチャーとトーマス・クロフォードが司法宮に到着するころには、一〇人あまりの支援者が建物の正面玄関前の大通りに集まっていた。うち二人はホルダーを無罪にすることによりフランスの「自由、平等、博愛」の伝統を守れと裁判所に訴える粗末な旗を掲げていた。

法廷に入ると、さらに二〇人ほどの支援者が傍聴席に陣取っていた。彼らの薄汚い身なりに、証人席に向かうクロフォードはげんなりした。「税金を払わない、役立たずの、典型的な社会のクズめ」彼はハイジャック事件についての裁判官の単純な質問に答え始めながら思っていた。彼は裁判官があまりにさっさと彼を退け、クッチャーを証言台に呼んだので驚いた。まるでお義理に裁判をしているかのようだった。

クッチャーがハイジャックの始まりの瞬間について証言したあと、ホルダーが証言台に立った。裁判官が動機の説明を求めると、ホルダーは軍に対する恨みやら、アンジェラ・デイヴィスの北ベトナムへの逃亡を助けたいという霊感による衝動やら、さらには彼を裏切ったベティ・ブロックとの結婚生活の破綻までもち出す、とりとめのない一人語りで応じた。次に裁判官は、大勢の罪なき人々を恐怖に陥れたことに対し、謝罪の気持ちはないのかと尋ねた。だがホルダーはそんな誘いには乗らず、代わりに不運だった軍隊でのキャリアのほうに話をそらせていった。

ホルダーがベトナムでの最後の日々や、それに続く脱走についてくどくど話し続けると、裁判官はしだいに苛立ってきて両手で頭をかかえた。

「私が言わんとしているのは、何か後悔はないのかということです」裁判官がとうとう口を挟んだ。「もし一からやり直せるとしたら、どこをどう変えますか?」

それまで両肘を膝にのせて話していたホルダーは、裁判官の言葉が英語に通訳されるなり背筋をのばしてしゃんと座った。ああ、もちろん後悔はある――どんな謝罪の言葉でもってしても言いつくせないほど深い後悔が。だが、傍聴席に今なお彼を崇拝する人々がつめかけているのに、どうして裁判所に彼の人生で最も記念すべき功績を軽んじさせることなどできようか。

「私の唯一の後悔は、飛行機を墜落させせなかったことです」

ホルダーの支援者たちが賛意を表して大声を上げたので、裁判官は静粛を命じなくてはならなかった。ホルダーは歓声に対し瞬きすらしなかった。

翌日、法廷は判決のために再招集された。ホルダーは空賊罪と誘拐罪で有罪になったが、軽減事由が認められた。執行猶予付きの五年の刑。つまり刑務所には一日たりとも入らなくてすむ。だが、この判決には一つ、いやな条件が付いていた――刑期を終えるまではフランスを出ることは許されない。彼の亡命は少なくとも一九八五年まで続くことになった。

こうして、三一歳の誕生日の前日に、ホルダーはフランスに閉じこめられた身とはいえ自由の民として司法宮を歩み出た。ほんのかすかなよろこびすらなかった。

その後、ホルダーはパリに長居はしなかった。友人で後援者のドゥニ・ド・ケルゴレー伯爵が少し前にノルマンディーのカニジーという村にある一一世紀の古城を相続していた。伯爵はホルダーを、その城の数多くの豪華な部屋の一つに移り住むよう招待した。

城の生活は陽気で自由気ままだった。魅力的で個性豊かな人々が絶え間なくやって来ては数週間から数カ月も滞在していく。フォーク歌手のジョーン・バエズは最も頻繁にやって来るゲストの一人だった。上等のワインが潤滑油となる食事時には、ホルダーが生々しく語るベトナム戦争の話に、バエズは熱心に耳を傾けた。それは彼女が先導して反対した戦争だった。ホルダーはまた、一九六〇年代の終わりに若者たちに「徴兵召集に抵抗しろ」と歌っていたころには彼女のことが大嫌いだったと白状するのを楽しんだ。

来る日も来る日も、城の敷地内の森をぶらぶらしては、部屋に閉じこもって回顧録を書く。思い切って外に出たときには、よく近くの牡蠣《かき》養殖場に行き、日雇いの仕事をした。また、ヴィンテージものの飛行機の修復を趣味とする地元の医師とも親しくなった。それはホルダーがぜひとも習いたい技術だった。

ほとんどフランス語を話せなかったにもかかわらず、カニジーの誰もがホルダーを愉快な話し相手だと思っていた。彼のアメリカ人らしい力強い笑い声と、卑猥なジョークとジェームズ・ボールドウィンの小説への熱中ぶりを、彼らは愛した。だが、そんな外面の快活さは、自殺寸前まで落ちこんでいる彼のほんとうの気持ちを押し隠していた。その時点で、彼にはたった二つの願望しかなかった。双子の娘たちとの再会と、ベトナムの記憶を心から追い払うこと。城を訪れては去っていく芸術家やぐうたらの金持ち連中は、どちらの望みもかなえる手伝いはできなかった。

一九八一年一〇月、ホルダーは書きかけの回顧録を自室の暖炉に放りこんだ。数十枚の手書きの原稿が煙と消えた。その少しあとに、彼はさよならも言わずに城を出て、ふたたびランブイエの精神科病院に自ら入院した。ホルダーのことを実の家族のように扱っていた伯爵には、その後、何の連絡もなかった。

ホルダーはランブイエの病院で一年以上を過ごし、その間、戦闘の記憶と折り合いをつけることに集中した治療を受けた。一九八三年初めに退院し、パリに戻り、旧友たちに金をせびった。友達の一人に招待されたホームパーティで、一二歳年上で六回の離婚歴があるヴィオレッタ・ヴェルコヴァという名の舌鋒鋭いジャーナリストと出会った。脳梗塞のせいで半身が麻痺した過激主義者のヴィオレッタは、あんなにもドラマチックにアメリカに恥をかかせたホルダーに即座に恋に落ちた。二人はまもなく仕事上のパートナーかつ恋人になった。ホルダーは新しい恋人の重い撮影機器やタイプライターを現場から現場へと運ぶ仕事を引き受けた。

一九八四年、ヴェルコヴァはホルダーをフランス南東部のアプトに連れて行き、父親のジャニカに引き会わせた。第二次世界大戦中、ユーゴスラビアでパルチザンの戦士だったジャニカはホルダーにシトロエンの新車を買い与えて、娘にプロポーズするよう説得した。婚約したカップルはマルセイユの北のエクサンプロヴァンスに落ちつき、そこでホルダーはホームセンターで商品を棚に積む職を得た。

だが、二人の関係には山より谷のほうが多かった。ときには激しい喧嘩になり、しばしばホルダーが何日も車の中で眠る羽目になった。なおも心身を消耗させる不安発作に苦しんでいた彼は、病院と刑務所を出たり入ったりした。エクサンプロヴァンスで彼は少なくとも二度逮捕されている。一度は乱闘に巻きこまれて、もう一度はハシシの所持により。

その間も、彼はけっして時の経過を忘れることはなかった。五年間のフランス国内への監禁が一九八五年六月一三日に解けることを常に覚えていた。そして、あと何カ月、あと何週間、あと何日と、指折り数えて待っていた。

一九八五年六月一四日の朝、彼の執行猶予期間が過ぎたわずか数時間後に、ホルダーは雨に濡れた薄汚い身なりのままパリのアメリカ大使館に出頭し、パスポートを申請することで、三六歳の誕生日を祝った。そこの誰一人、彼や彼の名前がわかる者はいなかった。大使館員はホルダーの裁判から五年の間にすっかり顔ぶれが変わっていた。だが、ホルダーのパスポート申請がワシントンDCにテレックスされると、国務省の新しくコンピューター化された監視システムに引っかかった。FBIは即座に、フランスのFBIに相当する国土監視局（DST）に連絡し、ホルダーをアメリカに送還する手続きについて問い合わせた。

蓋を開けてみれば、ホルダーの最も熱心だった支援者たちさえ彼のことを忘れているというのに、フランス政府はなお、彼を引き渡すことに乗り気でなかった。もし、引き渡しのニュースが漏れたら、フランソワ・ミッテラン大統領が政治的扇動者を守るフランスの伝統に背を向けたと叩かれるかもしれないからだ。だが、エクサンプロヴァンスでの軽犯罪による逮捕がDSTに便利な口実を与えた――ホルダーの引き渡しに同意したのは、彼が判決の条件に違反したからだと弁明できる。ホルダーは身柄を拘束されたのちに精神科病院に送られ、外交上必要な書類が整うまで待つことになった。

そのプロセスには丸一年がかかり、その間、ホルダーはパリの病院でソラジンその他の強い向精神薬をたっぷり投薬され、廃人同然になった。ついに一九八六年七月二六日の朝、四人のDST捜査官が彼をニューヨークのジョン・F・ケネディ国際空港行きTWA便まで連行した。それは奇しくも一四年前に、ホルダーとカーコウがアルジェを目指してアメリカに別れを告げた空港だった。機体から降り立つなり、ホルダーはFBIに逮捕され、チャイナタウンにあるニューヨーク連邦拘置所に収監された。ひどい薬漬けになっていたせいで、彼は故国に帰りたいという長年の夢がついにかなったことすらはっきりわからない状態だった。

幸運だったのは、政治的な目的を達成するために暴力を行使した被告の弁護を専門とするリン・スチュワートの関心を引いたことだった。彼女は少し前にも、IBMの社屋爆破事件で知られるマルクス主義者のグループ「統一自由戦線」の活動の一環としてニュージャージーの州警察官を殺害し有罪になったリチャード・ウイリアムズを弁護したばかりだった。その攻撃性で毀誉褒貶《きよほうへん》の激しいスチュワートは、ホルダーの弁護を無料で引き受けることに同意した。彼女が有利な司法取引を取りつけようと試みている二年近くの間、ホルダーは拘留され続けた。そのような取引が可能であること自体が、どんなに時代が変わったかを証明していた。一九七〇年代初めのハイジャック犯は、今ではアメリカ社会が奇妙なノスタルジーとともに振り返る、過ぎ去った時代の風変わりな遺物になっていた。レーガン時代にはブラック・パンサー党や幻滅したベトナム帰還兵ではなく、コカインとソビエト連邦こそが、誰しもが認める脅威だった。連邦政府はハイジャック犯を何十年も刑務所に閉じこめることには、もはや熱くなれなかった。

パリの裁判官のように、アメリカの検事たちもまた、ホルダーの口から自らの行為に対する悔恨の言葉を聞きたがった。だが、ホルダーには、スチュワートに宛てた手紙にも説明しているように、その慎ましい要求に応じる気はさらさらなかった。

「ハイジャックについての個人的な気持ちを言えば、何か悪いことをしたとも、それほど悪いことをしたとも思えません」と彼は書いている。「ベトナムで起きたことには、大半のアメリカ人が知らないことが数多くあります。そして、一九七二年に私は、多くの死が引き起こされている現実に対する無関心から人々を目覚めさせるためには、何か派手で大胆な行動が必要だと感じたのです」

一九八八年三月一八日、ホルダーはフライトクルーへの業務妨害に関する二つの訴因について罪状を認めた。それらはもともとの起訴状の最初の二つの訴因である空賊や誘拐よりはるかに軽い犯罪だ。彼はノースカロライナ州にある中程度の警備の刑務所での四年の刑を言い渡された。

ホルダーがそこにいたのは短期間だった。一九八九年八月には社会復帰を目指してサンディエゴの更生訓練施設に移された。彼の最初の保護観察リポートには、彼が「自活したいという心からの願い」をもった「人を楽しませようとする傾向のある礼儀正しい男」であると記されている。

サンディエゴでホルダーが最初に起こしたアクションの一つは、今では二二歳になった娘たちとの再会の手配をすることだった。その仲介をしたのは、テリーザとトレッタを我が娘として育て上げたホルダーの母親マリーだった。双子を育てるプレッシャーはスィーヴネスとの離婚の一因となった。夫婦は一九七五年に離婚し、ロジャーがアメリカへの帰国を果たすわずか三カ月前の一九八六年四月にスィーヴネスは亡くなった。人生の最後の数年間に、スィーヴネスは自身の影響力を使ってロジャーの除隊を「分限免職」から「名誉除隊」に格上げさせていた。父性愛から出た、小さいがホロリとさせる行為だった。

ホルダーは娘たちを見た瞬間に、彼女たちががっかりしているのがわかった。当時流行っていたB級アクション映画のヒーローよろしく、彫りの深い、男っぽさの権化のような父親像を思い描いていたのだろう。アンジェラ・デイヴィスを救うために娘たちを捨てたこの手脚がひょろ長くて眠そうな目をした男には、たくましさのかけらもなかった。

おれのこと、まるでトゥイーティー〔アニメ「ルーニー・テューンズ」に登場する小さな黄色い鳥〕みたいだと思ってるな、娘たちのしょげ返った顔を見て、ホルダーは思った。当然ながら会話は終始よそよそしく、意味のある和解は果たせなかった。

ホルダーは刑務所にいる間もフランス人の元婚約者ヴェルコヴァと文通を続けていた。そして、更生訓練施設に移ってからは定期的に話すようになった。一九九〇年の春に刑期が明けると、ヴェルコヴァをサンディエゴに呼び寄せ、その年の一二月に郡書記事務所で結婚した。新婚夫婦はホルダーの兄スィーヴネス・ジュニアの住まいに転がりこんだ。兄は今では離婚したアルコール依存症者で、小学校と高速道路に挟まれたモーテルのような殺伐としたアパートに住んでいた。ホルダーは家賃の負担分を社会保障の障害者手当でまかなった——更生訓練施設の精神科医が、戦闘に関連した疾患が「彼の心理的な問題の根本的な原因」であるとして、心的外傷後ストレス障害（PTSD）の診断を下していた。

ホルダーは妻と兄の両方に、障害者手当を補うため仕事を探すと約束した。だが、ホルダーは雇う側から見た自分の価値をとんでもなく過大評価していた。最初のうちは、軍での航空機関士としての経験を航空宇宙産業界への就職に結びつけられると踏んでいたのだが、そういった会社は自供したハイジャック犯を雇うことに興味はなかった。また、彼の学力資格といえば刑務所の中で取った高校卒業認定証書だけだったにもかかわらず、ロースクール〔法曹養成のための三年制大学院〕への入学の可能性も探った。結局、手に入れられたのは、ホスピスでの床掃除と便器を空にする時給六ドルの仕事だけだった。それも数週間でやめた。

キャリアの選択肢のなさに不満をつのらせたホルダーは、世界中の目が自分に注がれていた日々が懐かしくなった。保釈の条件としてホルダーが会っていた心理療法士は、「おそらくはその時代を生き直し、歴史における自分の役割と折り合いをつけるためだろうが、一九七〇年代から抜け出せないでいる」と記している。彼は見知らぬ人や知り合いに、逃亡中の華々しい冒険談をのべつ幕なしにしゃべった。だが、障害をもつ失業中の前科者がアルジェリアの大統領官邸のホールを歩いただの、ジャン・ポール・サルトルとシャンパンをあおっただのという話を信じる人はほとんどいなかった。

一九九一年五月一二日、ホルダーはサンディエゴの円形競技場で開催されたジョーン・バエズのコンサートに行った。ショーのあと、うまいことを言って舞台裏まで行くと、バエズは彼をハグし、温かい言葉で迎えてくれた。だが、カニジー時代の旧友とのこの再会は、ホルダーの気持ちを高揚させるどころか、むしろ自分がどんなに落ちぶれたかを再認識させたのだった。彼は世界を変えるために何もしていない自分を憎み始めた。

惨めさを脳裏から打ち消すために、日常的に酒を飲み、マリファナをやるようになった。たちまち保護観察官の行う薬物検査に引っかかり、このままでは刑務所に逆戻りだと警告される。しかしホルダーは聞く耳をもたず、つるんでいるかつての親戚――不倫した元妻ベティの実兄マーヴィン・ブロック――からマリファナを手に入れた。

おもに麻薬の売買と所持で二五回の逮捕歴があるブロックとは付き合うなと忠告してくれる人もいた。だが、ホルダーは友達のアドバイスに耳を傾けるには、あまりにも自己憐憫に囚われすぎていた。彼はアルジェやパリでの話をおとなしく聞いてくれるブロックと酒を飲み、マリファナを吸った。一九九一年六月、こういった二人きりの飲み会の一つで、マリファナでハイになったホルダーが驚くべき一言を口にした――また航空機をハイジャックして、今度は身代金をネルソン・マンデラの政党であるアフリカ民族会議に寄付したい。

ホルダーが計画を打ち明けた相手は最悪だった。ブロックは過去一五年間、警察の情報屋だったのだ。

ブロックはすぐさまカリフォルニア司法省の彼の担当官であるマイケル・コールマン特別捜査官に密告した。ホルダーの過去を考えると、コールマンはこのハイジャック計画を単なる空想だとして片付けることはできなかった。ＦＢＩに警告し、ブロックにこの先ホルダーと会うときには盗聴器を身に着けるよう命じた。

六月一八日、ホルダーとブロックはハイジャック計画を詰めるために会った。ホルダーはウエスタン航空七〇一便のクルーに見せたものと同じ爆発物の図を描き、武装した仲間がいると人々を信じこませる実証済みの手法を説明した。ブロックはホルダーに、当局は同じ策略に二度は騙されないだろうから、今回は本物の爆弾を使えとうながした。ホルダーは考えてみると言った。

三日後、ブロックはホルダーにＡＫ47自動小銃とプラスチック爆弾を売ってくれる男を知っていると言った。

「プラスチック爆弾には興味があるな」ホルダーは言った。「ボディボム〔体に埋めこむ爆弾〕を作るから……そいつからできるだけたくさん雷管をくすねてくれよ」

そこからホルダーの話はどこで飛行機をハイジャックできるかという方向に向かった。飛行中に政治的な目的を公言することは、どこに到着しようが、政治亡命を得るための申し立てを強化してくれるので重要だ。最終目的地の候補としては、フランスに住んでいたときに赤軍やパレスチナ解放機構のメンバーとも友達になったので、ドイツや中東を考えていると言った。

六月二六日の朝、ブロックはホルダーのアパートに立ち寄り、例の武器ディーラーとランチ・ミーティングのお膳立てをしたと言った。ティフアナの暗黒街とつながりがあるデイヴという名のメキシコ人だそうだ。そのとき初めて、ホルダーはブロックの熱心さを怪しいと思った。それで爆弾を買うだけの金がまだ用意できないと言って、ミーティングに行くことを断った。だが、ブロックは引き下がらない。「こいつは思い切ってやって、やり通すしかないぜ。おれはもう首を突っこんじまったからな。今さら、あとには引けない」

数時間後、二人は車でブリガンティン・シーフード・レストランに乗りつけた。シェルター・アイランドにある観光客に人気のスポットだ。ホルダーは煉瓦壁の店内に入るやいなや、何かおかしいと感じた。デイヴとやらはすでに到着していて、バーに近い半円形のボックス席を占めている。夏の焼けつくほどの暑さにもかかわらず、ブレザーを着ている。その男は軍用グレードの爆発物に明るい男にはとても見えなかった。

ボックス席の向かいの四角いテーブルでは、髪をきちんと刈り上げた、バカンス風の品のいい服装をした男が四人、コーラやアイスティーをすすっている。ホルダーは彼らが覆面警官であることを見破った。

ボックス席に腰を下ろしたあとも、ホルダーはサングラスを取ることも食べ物を注文することも拒否した。デイヴ――カリフォルニア司法省の捜査官で、ほんとうの名はデイヴィッド・トーレス――が口火を切った。

「マーヴィンがこの席を設けたのは、何か必要なものがあるからなんだって？」

ホルダーはただうなずいた。言葉数は少なければ少ないほどいい。

デイヴはホルダーがブロックに見せるために作った図面を検討したと言い、その精巧さを褒めておだてた。そして、装置を作るのに必要な材料はすべて、ティフアナにいる仲間が簡単に用意できると保証した。残る問題は金だけだ。C4プラスチック爆弾一つにつき五〇〇ドル欲しいとデイヴは言った。

ホルダーは完全に一文無しだと恥ずかしそうに白状した。だが、もし数ドルの自由になる金を持っていたとしても、どうしてデイヴの値段が一番いいと言えるだろう？

「よそもいろいろ当たってみたいんだ。どんなものが出回ってるか」彼は用心深く言った。

だが、デイヴは強引になってきた。「何かいい手を考えよう」ひとまず少額の手付け金さえもらえれば、残りは計画が完了したときでいいと言って引き下がらない。

ホルダーは心配になってきた。たぶん翌週までに一〇〇ドルはかき集められると言ったとき、彼は少しどもった。

デイヴは満足したようだ。彼にはただ一つ、知りたくてたまらないことがあった。

「そろそろ教えてくれてもいいだろう。その吹っ飛ばしたいものって、いったい何なんだ？」

「べつに何も」ホルダーは慎重に答えた。「ただの弾道学の実験だよ」

デイヴはホルダーが爆発物を使って行おうとしていることについて、さらにいくつかの質問をしたが、ホルダーはけっして警戒心を解かなかった。ミーティングの終わりに、両者は「爆発物」を示す「ボート用パテ」という暗号を使って、続きは電話で話し合おうと約束した。

二日後、ホルダーはアパートの前の通りの先に不審な車が二台止まっているのに気づいた。それで裏からそっと抜け出て、彼の一五年もののポンティアック・グランプリを運転して週末を過ごすためサンタバーバラに行った。不審車の男は実はカリフォルニア司法省の捜査官だったのだが、ホルダーにまんまと逃げられたことは上司に報告しなかった。

七月一日、ホルダーはついにデイヴに電話した。「ボート用パテ」はサンタバーバラのある筋から調達したので、彼との取引からは下りると告げた。

翌日の午後、FBIはホルダーがほんとうにプラスチック爆弾を手に入れたのではないかと心配になり、彼のアパートのガサ入れをし、彼を逮捕した。室内からは防弾チョッキは発見されたものの、武器は一つも見つからなかった。ホルダーが書いていた新しい回顧録の最初の三一ページも押収された。その仮題は『フィアットでテロ』となっていた。

ホルダーがこの件で公判にかけられるまでに一一カ月の月日が流れた。彼はまずハイジャックを企てたことで執行猶予中の規則を破った罪により起訴され、ニューヨークに連れ戻された。弁護はリン・スチュワートの友人で同僚のスーザン・ティポグラフが無料で引き受けてくれた。ティポグラフはプエルトリコ民族解放軍のリーダーとされるウイリアム・モラレスや、一九八一年の現金輸送車強盗事件の最中に警官二人を殺害した黒人解放軍のメンバーを弁護したことで有名だった。彼女はホルダーのブラック・パンサー党員だった経歴に魅かれた。

ティポグラフの要請で精神鑑定を受けるため、ホルダーはノースカロライナの連邦刑務所病院に送られた。三人の医師に調べられた結果、可能性としてさまざまな診断が下った――心的外傷後ストレス障害、薬物およびアルコール依存症、パニック障害、躁うつ病、さらには「誇大な被害妄想を伴う」妄想型統合失調症まで。しかし、ホルダーに裁判を受ける能力があるという点では全員が一致した。

一九九二年六月二日、ついにホルダーはニューヨーク州東部連邦地方裁判所のユージン・ニッカーソン判事の前に立たされた。この件の訴追者であるジェイソン・ブラウン連邦弁護士補佐はハイジャック犯の弱々しい姿にショックを受けた。ホルダーの娘たち同様、ブラウンもまた、その体格と振る舞いが乗務員たちに恐怖心を生じさせるような威圧的な姿を思い描いていたのだ。ところがホルダーはかよわい読書家の風貌で、まもなく四三歳になる実年齢より一〇歳も老けて見えた。ブラウンは思った。こ、の、男、こ、の、従、順、そ、う、な、男、が、と、ん、で、も、な、い、政、治、犯、で、テ、ロ、リ、ス、ト、だ、っ、て、言、う、の、か、い、？

ホルダーがマーヴィン・ブロックおよびデイヴィッド・トーレスと交わした会話の録音テープの内容から判断して、ブラウンは難しい案件を扱っていることを知っていた。特にブロックは不適切なレベルまでホルダーをけしかけている。たとえば、レストランでのミーティングの直後に、ホルダーは元義兄にもうデイヴとは取引したくないとはっきり告げている――「おれは降りる」ときっぱり言っている。にもかかわらずブロックは、爆弾はすでにメキシコから輸送中で、もし約束を破ったら彼もホルダーも大変なトラブルに巻きこまれると反論している。この脅しにホルダーが屈して思い直したおかげで、おとり捜査をなんとか続行させることができている。

ブラウンは勇敢にも、ホルダーは依然として市民の安全に対する脅威であると論じたが、おとり捜査であると主張するティポグラフのほうがより説得力があった。

「密告者およびおとり捜査官は、ホルダーが彼らの一味となることに抵抗を示すたびに翻意をうながし、犯罪行為を認めるよう圧力をかけた」とニッカーソン判事は判決文に記した。「ホルダーがこれら政府のおとり捜査官以外の誰かにテロ計画について一度でも話したという信頼できる証拠はなく……ホルダーにテロを計画することで自身の釈放の条件を破ろうとする犯意があったとも証明されていない」

ニッカーソン判事はホルダーの即時釈放を命じ、彼がサンディエゴに帰ることを許した。だが判事はホルダーに、もし彼が過去の栄光を取り戻そうなどという考えをもう一度もてあそぼうものなら、司法は今回ほど寛大ではないだろうと警告した。

第一八章

消去

アメリカのハイジャック・エピデミックを終結させるためにかかった総コストは、航空会社の途方もなく悲観的な予測さえも超えていた。国内の空が静かになってから数年後の一九七七年に、シカゴ大学の経済学者ウイリアム・ランデスが静けさのコストの算出を試みた。航空会社とＦＡＡから集めたデータをもとにランデスが計算したところ、ハイジャック一件を阻止するのにかかる費用は九二五万ドル、別の言い方をすれば、一人の乗客を人質になる苦しみから救うのに二一万九二二一ドルかかる。「ハイジャックを防止するという点では、強制的な検査はきわめて効果的だが、そのコストは膨大だ」とランデスは結論している。

しかし、航空業界はこの経済的なマイナスについては、愚痴をこぼす以外にできることはほとんどない。アメリカの市民はむしろハイジャックの心配がない旅を気に入ったらしい。乗客全員への検査の導入からランデスの調査報告までの間に、航空機の利用者数は二五パーセント増加した。そして、政府はいったん導入した安全対策を廃止することを常にいやがる。

金属探知機とX線検査機器はけっして万全ではない。一九七〇年代の最後の年に、数人のハイジャック犯が検査システムをすり抜けた。情緒不安定な退役軍人がユナイテッド機を乗っ取ってメンフィスに向かわせようとしたが、結局、デンバー空港でパイロットがコックピットから飛び下りると投降した。また、元精神病患者がこれまたユナイテッド機を偽爆弾で脅し、航空会社に彼の借金を払えと要求したあと、ポートランドで逮捕された。さらに、自動車用発煙筒を胸にくくりつけた一七歳の少女が、母親の元恋人のハイジャック犯を刑務所から解放しようと無謀にも試みて、カンザスシティ行きのＴＷＡ機を乗っ取るという事件もあった。

それから一九八〇年代初めには、エピデミックのごく初めの段階を彷彿とさせるような小規模な連続的発生が二度あった。一九八〇年には一三機の航空機が、一九八三年には一二機がハバナに向かわされた。しかし、これらはハイジャックのリバイバルの前兆というよりむしろ、説明のつく例外的現象だった。ほぼすべての犯人が、一九八〇年のマリエル・ボートリフト〔キューバのマリエル港からの集団移民〕でアメリカにやって来たものの仕事を見つけられなかったり法に抵触したりして帰国を決意したキューバ人だった。彼らはたいてい南フロリダの小型定期便をターゲットにしたため、全国的にはほとんど不安を引き起こさなかった。そしていったんカストロがこれらのハイジャック犯を訴追させるためアメリカに送還し始めると勃発は収まり、「ウイルス」は広がりそこなった。一九八三年の短い急上昇のあと、ハイジャックの発生件数は精神的疾患のある人々によりコミカルなほど不器用に実行される年一、二件にまで減少した。

伝染力が弱まったのは、ハイジャックを戦術として好む過激派の多いイスラム世界を、アメリカがしだいに恐れるようになったことにも一因がある。一九七九年から八一年まで続いた在イラン・

アメリカ大使館人質事件は、何百万人ものアメリカ人にイスラム過激派こそが最大最強の脅威であると確信させた。さらに二年後にベイルートで二四一人のアメリカ兵がイスラム聖戦機構の自爆テロリストにより殺されると、その見方はいっそう堅固になった。すると一九八五年に神の党《ヒズボラ》党員が獄中の同志数百人の釈放を求めて、カイロ発ロンドン行きのTWA機を乗っ取った。犯人たちは搭乗していたアメリカ海軍のダイバーを殺害し、数十人の乗客を二週間、人質にした。事件の象徴的な写真は、犯人の一人である浅黒い肌の若者に銃を頭に押しつけられた五八歳のアメリカ人パイロット——荒削りなハンサムの朝鮮戦争退役軍人——が、コックピットの窓から身を乗り出している場面をとらえていた。その写真はアメリカ人のイマジネーションの中に、ハイジャックを異国人の犯罪として永遠に焼きつけることになった。ハイジャックを卑しむべき得体の知れない敵の野望と同一視する一般国民を、もはやウイルスは捕まえることはできなかった。

一九九一年以降、ハイジャックはアメリカの航空圏から完全に姿を消した。続く九年間、アメリカ領空では一機の民間機も乗っ取られなかった。一年が過ぎるごとにハイジャックの脅威が遠いものになっていくと、航空会社は安全対策を削減の機が熟した高価な厄介物と見なすようになった。そして彼らは警備の契約をばかばかしいほど低い額で入札した民間会社に分け与えるようになった。そういった会社は日常的に約束より少ない人員を空港に送りこんだり、二〇分の研修ビデオを観ただけで訓練を終えた検査官を雇ったりした。二〇〇〇年には、空港警備官の平均年俸はたったの一万二〇〇〇ドルだった。

航空会社は一九六〇年代の半ばから変えていない自社のハイジャック対策をあえて見直す必要性

を感じなかった。したがって、全面的な服従が最終的には人命を救うという前提の上に、乗務員は相変わらずハイジャック犯に完全に協力するよう指導されていた。乗っ取り機のクルーの一番の任務は、交渉が始められるよう、犯人を地上の役員につなぐことだった。彼らには対話が常に平和的な解決をもたらすという絶大なる自信があったのだ。

そして要職にある誰一人として、ハイジャック犯が人質を交渉材料に使おうとしないシナリオが存在するとは想像すらしていなかった。

初めてロジャー・ホルダーの部屋につながるブザーを押した瞬間に、アパートの防犯ゲートが少し開いていることに気づいた。そっと押し開けようとしたそのとき、ホルダーが入口につながる通路のスタッコ仕上げの壁を回ってやって来た。前ボタンを胸骨が見えるくらい開けたパープルのシャツ、ダークブルーのリーバイス、花模様の刺繍が入ったカウボーイブーツ。想像していたより背が高くやせていて、長い脚で優雅に深く踏みこみ、ゆったりと歩いてくる。眠そうな目と幅広の鼻は写真で見るより実物のほうがずっと目を引く。

「すみません、こ、このゲート、すでに開いていたので」

レーガン時代の女たらしのような服装をした老齢のハイジャック犯にどう向き合っていいかわからず、私は口ごもった。

ホルダーはハローも言わずにゲートのボルトやノブを調べていたが、結果に満足したようだ。

「そう、いつもお前は泥棒のことを思い出させてくれたよな」彼はゲートに向かって言い、私を一階にある彼の部屋のほうに、頭をひょいと振って案内した。

部屋は狭苦しいが片付いていた。朝食コーナーの壁にはアンティークのバスケットのコレクションが釘で打ちつけてある。リビングの窓の一つは通りに向かって開け放たれているが、室内の空気にはタバコのにおいがある。アワビの貝殻の灰皿はポールモールの吸い殻でいっぱいだ。コーヒーとしぼんだクロワッサンを出してくれたあと、DELL《デル》のデスクトップコンピューターを自慢げに見せ、最近購入したプリンターとの接続を手伝ってくれないかと言った。本気で回顧録を仕上げようとしていた。

ホルダーの居場所を突きとめる作業は、一筋縄ではいかなかった。一九九二年に連邦の拘留が解けて以来、彼の名は公的な記録にほとんど登場していない。一度も逮捕されていないし、不動産も購入していないし、まともな仕事にも就かなかったようだ。何カ月もかかって私が掘り出せたものといったら、一連の現在は使われていない電話番号と無効の住所のみだった。彼のアメリカとフランスの弁護士、ベトナム時代の仲間、アルジェリアでのブラック・パンサーの同志、その誰一人、彼がどうなったかを知らなかった。なんとか彼を見つけることができたのは、ひとえにいくつかの幸運な偶然のおかげだ――まず役所が社会保障番号の修正を怠り、ホルダーが有権者登録を更新しようとし、宛先のアパートの部屋番号が間違っていたにもかかわらず、手紙が正しく配達された。

ホルダーが公文書にほとんど足跡を残さなかったのは、一九九二年以降の彼の人生が驚くほど静かだったからだ。おとり捜査という政府の陰謀が崩れたあとにサンディエゴに戻ると、妻のヴェルコヴァはフランスに戻り、兄はサクラメントに引っ越していた。ホルダーは障害者手当で小さなアパートを借りて、時折、日雇いの仕事をした。ホルダーの生活苦を見たいかがわしい知り合いが、女性のための出張ホストにならないかともちかけた。ペンキ塗りよりはるかに稼げる仕事だ。ホルダーは断った。

一九九三年一一月、ホルダーは友達の友達が開いた感謝祭のホームパーティに出席した。そこにゲストとして来ていたニューイングランド出身のジョイ・ゲンティレラという名の五人の子持ちの家庭保健師が、帰りに車で彼を送っていった。彼女は不幸な結婚から抜け出したばかりで、新しい関係を始めたいとは思っていなかった。だが、ホルダーのシャープな知性と調子はずれのユーモアのセンスに魅かれた。その週末、二人は初めてのデートでビーチに遠出した。クリスマスが来るころには、ホルダーはゲンティレラのアパートに引っ越していた。その後何年にもわたって二人はいくつかの住まいでともに暮らすが、その一軒目となるアパートだった。

愛情深いゲンティレラは経済的な負担をすべて引き受け、ホルダーにちょうどパリやカニジーにいたときのように、毎日好きなように暇つぶしをさせた。彼は長い散歩をしながら次から次へとポールモールを吸い、ヘリコプターの模型を作り、回顧録のためのメモを作った。ときには路上生活者を連れこんで食事を与え、地政学についての独自の理論でもてなした。しばしば彼の頭を占領する不安をなだめるためにかなりの酒を飲んだが、けっして前後不覚にはならなかった。結婚こそしなかったが最終的にはホルダーの姓を名乗ったジョイをがっかりさせることが怖かったのだ。

娘たちとの関係の修復も何度か試みたが、どうしても彼女たちの恨みを乗り越えることはできなかった。彼が償いをしようとするたびに、テリーザとトリッタは彼が血を分けた我が子よりアンジェラ・デイヴィスを選んだことを思い出させるのだった❖。だが、母親のマリーとは仲直りできた。マリーは一九九四年に重い病気にかかると、ジョイとホルダーの家に越してきた。そして翌年に亡くなるまで彼らとともに暮らし、その間に次男のエキセントリックな生活の実態を、ほんの少しだが理解した。

サンディエゴでのあの八月末の日の朝、ホルダーは私と話をするために座ったあとも、大きな音でテレビを付けっぱなしにしていた。そしてしゃべっている間もずっと、奇妙なやり方でポールモールを吸い続けた――三本に火をつけて前に置き、一本を一度深く吸いこむと、すぐにもみ消して次の一本に移った。

「長い間やめてたんだが、去年、また吸い始めたんだ」部屋に漂うタバコの薄煙のせいで涙目になっている私に気づいて、彼は申し訳なさそうに言った。

マグにコーヒーを注ぎ足してスプーンに山盛りの砂糖を入れるために中断する以外、私たちは何時間もぶっ続けで話し続けた。父親についてノーフォークの造船所に行った子供時代の幸せな思い出から始め、順を追って彼の人生をたどった。つらい瞬間が来ると――ベトナムでの戦友スタンリー・シュレーダーのむごたらしい死や、最初の妻の裏切り――話を続ける前に必ず一度眼鏡をは

❖ トリッタ自身も何度か裁判沙汰に巻きこまれた。たとえば、二〇〇八年にはサンディエゴ銀行の強盗罪で一五カ月の有罪判決を受けている。

ずして、考え深げに顎と口元をこすった。だが、生々しい感情を呼び起こす質問にも、彼はめったに答えることをためらわなかった。軍をやめたときの経緯についての後悔や（「あれについては、どうしても自分を許すことができないでいる」）、ベトナムで目撃し、また自ら引き起こした大虐殺（「死がおれの仕事だった」）、エルドリッジ・クリーヴァーやインターナショナル・セクションに対する今なお消えない軽蔑（「パンサーについておれがわかったことはただ一つ、やつらはみんな、自分が感じていることのために死ぬのを怖がっていたってことだ」）についても率直に話してくれた。

ハイジャックについての不透明な動機を説明している間に、ホルダーはアンジェラ・デイヴィスに対する深い恨みを口にした。一九九六年五月に「エッセンス」誌とのインタビューで、デイヴィスは彼女を解放しようとしたホルダーの試みについて語っていた。

「公判の最中に誰かが飛行機をハイジャックしてアルジェリアに飛ぶよう要求し、さらに私を解放した上で白い服を着せ、一〇組のパラシュートだか何だかを持たせて空港に連れてくるよう要求したのです。それで判事は私たち全員を裁判所内に軟禁しました。彼らはそれを、判決が下りる前に逃亡しようとする私の策略だと思ったのです」

ホルダーはデイヴィスのこの回想を侮辱だと受け取った。彼女はホルダーのことを、名前とともに記憶にとどめる値打ちもない愚か者だと考えているようだ。彼が犠牲にしたすべてに対する感謝の気持ちはどこに行ったのか？

私はもちろん、キャシー・カーコウについても多くの質問をした。彼女の名前を初めて出したとき、ホルダーはゆがんだ笑みを浮かべて、彼女が消えたのは自分のせいではないと誓った。「彼女をフランスのどこかのクローゼットに閉じこめたりはしてないよ。おれに言えるのはそれくらいだ」

明らかにホルダーはカーコウを殺したのだろうと告発されることに慣れきっていた。これはシジフォス作戦の共犯者に対し今なお想いが消えないでいる彼にとっては、非常に腹立たしいことだった。

「キャシーはね、あいつは確かに抜け目がなかった」と彼は言った。「美人だったし……美しすぎた……。ちょっとお目にかかれないくらいセクシーな女だったよ！　おまけにこの娘《こ》ときたら、頭が良くて、しかもその使い方を知っていた。服だって全部、自分で縫ってたんだよ。男たちに彼女のためなら週七日働くのもいとわないって思わせるような女だった……彼女が今、一人者ならいいな。だったら、おれの残りの人生を彼女の面倒を見ながら過ごせるのに」

翌朝、話の続きを聞くために戻ったとき、ホルダーのアパートがあるエリアに約束した時間より少し早く着いた。高速を下りてノース・パーク・ウェイに入ると、驚いたことに、ホルダーが空っぽのドラッグストアの駐車場で、セイヨウトネリコの木の下に座ってポールモールを味わいながら、ぼんやりと遠くを見つめていた。あとでわかったのだが、これはホルダーのお気に入りの気晴らしで、華やかだった日々を振り返る一種の素朴な瞑想だった。縁石に慎ましく座っているホルダーの前を通り過ぎる誰が、そのひょろ長い体形の哀愁漂う男がかつては飛行機をハイジャックしてアルジェに向かわせた人物だと想像できるだろう。

その日、ホルダーは新たに『イーライと一三番目の懺悔』というタイトルのついた断片的な回顧録から数ページを見せてくれた（信じられないが、彼はこれがローラ・ニーロの有名なアルバムのタイトルと同じだとは知らなかったと言った）。ほとんどの章が数段落しか書けていないのは、集中力が彼の強みではないからだろう。だが、彼は目次だけは完成させていた。カーコウとの恋愛を綴る章には「魔女の季節」というタイトルが付けられていたが、それは彼が前日に表した愛のこもった感傷とは矛盾していた。

ホルダーに、これはカーコウが彼の人生において邪悪なエネルギーだったことを意味するのかと尋ねた。彼はかつて、二人のクースベイでのつながりを、何かすごいことをいっしょにやるよう運命づけられている聖なるしるしだととらえていた。でも今は、避けるべき凶兆だったと考えているのだろうか？

難しい質問に直面したときの癖だが、ホルダーは眼鏡をはずし、顔をこすった。それからリビングの窓のほうに行って用心深く外を覗いた。誰かがアパートの荒れた芝生の上にしゃがんで、盗み聞きしているのではないかと心配している様子だ。彼が下の芝生に視線を走らせているとき、彼のリーバイスのタグにあるウエスト表示がなんと三〇インチという非常に細いものであることに気づいた。それでもそのジーンズは、まだ彼のしなびた体からずり落ちていた。

「つまり、おれはまだ、いろんなことを乗り越えてないんだ」

席に戻りながらつぶやき、もみ消したポールモールに火をつけようとした。手が震えて、ライターの発火石を回すのに苦労している。涙をこらえているようにも見える。

私はもっと単刀直入なアプローチを試みた。

「もし過去に戻ってやり直せるなら、それでもまたハイジャックをすると思いますか？」

私たちが会って以来、初めてホルダーは見た目にもはっきりと怒った。

「そんなこと、答えられるわけないだろ、サー！」

火のついていないタバコをふたたび灰皿にぐいと押しつけながら怒鳴った。フランスの裁判官にもアメリカの判事にも彼の個人的神話をはぎ取らせなかった男だ。私のような者に悔恨の気持ちを表すはずがない。

けれども、いったん険悪なムードが去ると、ホルダーはハイジャックの正当性について、ほんの少し自信のある口調になった。

「おれはただ、他のみんなが怖すぎてできないことをやったんだ」

サンディエゴでの一週間が終わり、ジェットブルー航空のチェックインスタンドで帰りの便の搭乗券をプリントアウトしていると、ジョイ・ホルダーから電話があった。

「ロジャーがこのことには少しも触れなかったことは、わかってるんですけど」と彼女は切り出した。「でも、お知らせしておくべきだと思いまして。きっとわかってくださると思うので……ロジャーは、あとどのくらいもつか、わからないんです」

彼女によると、ロジャーは二〇〇九年に心臓のトリプルバイパス手術を受けたが、その過程であやうく死にかけた。その後、手術不能な脳動脈瘤が二つあるとの診断が下った。あと一年もったらラッキーだと、ジョイは医師から告げられたそうだ。

それで、彼はふたたびポールモールを吸い始めたのだ。我慢する理由はない。

続く数カ月、ホルダーと私は定期的に話をした。ホセ・ルイス・ホルヘ・ドス・サントスの偽名でポルトガルに暮らしていたハイジャック・ファミリーの五人目のメンバーのジョージ・ライトが二〇一一年九月に逮捕されたことを知らせると、彼はいたく打ちひしがれた様子だった。そして送還に対するライトの闘いの成り行きを、逐次教えてくれと言った。さらに同じくハイジャック・ファミリーのメンバーで、フランスのカンで児童養護施設を運営しているメルヴィンとジーンのマクネア夫妻にも連絡を取らせてくれと言った。彼らとは三〇年以上も話していないと言った。

だが、マクネア夫妻とふたたび親交を温める願いはかなわなかった。二〇一一年のクリスマスの直前に、ホルダーは体調を崩して入院した。退院して二週間もしない二月六日の夕方、ジョイが帰宅すると、ホルダーが肉切り包丁を手にリビングルームに座っていた。彼は言った。「もう生きていたくないんだ」

ジョイは包丁を取り上げ、翌朝、精神科の予約を取ることにして、隣の寝室で少し休むよう言った。

数時間後、ジョイはドスンという大きな音を耳にした。寝室に駆けこむと、ホルダーがカーペットの上にうつ伏せで倒れていた。動脈瘤の破裂だった。六二歳だった。

「サンディエゴ・ユニオン・トリビューン」紙に載ったホルダーの死亡告知は、彼の誕生日と死亡日、そして遺体の安置されている葬儀場の名前だけからなる、文字どおり一行きりの記事だった。ジョイはロジャーの最後の願いをかなえ、彼を軍用墓地に埋葬した。

数年前、クースベイの郷土史協会はパトリシア・カーコウを町の先駆的女性の一人として褒賞する決定をした。同地域社会に対する何十年にもおよぶ際立った奉仕を考えれば、彼女は十分受賞に値する。南西オレゴン・コミュニティ・カレッジ、ウェアハウザー製紙会社、クースベイ警察といった重要な地元機関で働くかたわら、女手一つで四人の子供を育て上げた。さらに、エルダーワイズ〔高齢認知症患者にユニークな教育をするＮＰＯ〕への見学旅行を企画し、ファースト・コミュニティ信用組合の理事会に名を連ね、メソジスト教会の事務所を運営した。町中が彼女に最大限の敬意を払っていた。

パトリシア・カーコウは郷土史協会の評価に感謝はしたが、表彰式への出席に同意する前にある要望を出した。逃亡者となっている娘のことには触れないことと、ウエスタン航空七〇一便のハイジャック事件に関連するすべての資料を協会のアーカイブから取り除くこと。

キャシーに関して集団健忘症を引き起こしたいという母親の明らかな願いをクースベイは聞き入れた。マーシュフィールド高校一九六九年の卒業生には、町が崇めている人物がいる。二四歳という若さで自動車事故で亡くなったスティーブ・プリフォンテーンというランナーだ。彼のアスリートとしての輝かしい業績と悲劇的な死は、今なおクースベイの店や酒場で会話を盛り上げる。だが、生涯をクースベイで過ごした人の前でプリフォンテーンの陸上チームメイトだったキャシー・カーコウの名を出しても、相手はただぽかんとした顔をするだけだ。カーコウの弟たちと路上でフットボールをして育った男たちさえ、彼女の行った犯罪どころか、彼女の存在すら思い出すことはできない。

ＦＢＩもカーコウについて完全に忘れたわけではないが、捜査はとうの昔に行き詰まっていた。一九七八年にカーコウが姿を消したあとの数年間、捜査官はひょっとしてカーコウから連絡を受けて、援助の手を差し伸べているのではないかと考えて、定期的に彼女の両親に連絡を取っていた。だが、ＦＢＩは結局、カーコウはけっして家族には接触してこないという結論にいたった。したがって、一九八〇年代の末に両親への問い合わせは終わった（カーコウの父ブルースは二〇〇一年に死去）。

サンディエゴでカーコウの親友かつルームメイトだったベス・ニューハウスがＦＢＩから最後に連絡を受けたのは一九九一年だった。当時、彼女はシアトル郊外に暮らし、アラスカ航空に勤務し、堅物《かたぶつ》の夫とともに二人の子供を育てていた。自由奔放な青春時代ははるか昔。こんなに長い年月がたったというのに、まだカーコウのことを思い出させられるのは苦痛だった。逃亡中のハイジャック犯とのつながりがばれたら、アラスカ航空に解雇されはしないかと不安だった。

ニューハウスが会ったＦＢＩ捜査官は、捜査の情けない状況について驚くほど率直だった。彼も同僚たちも完全に行き詰まっていると打ち明けた。彼らが最近つかんだ手がかりといえば、カーコウがフランス語にあまりに流暢になったのでネイティブのフランス人としても通り、さらに他のヨーロッパ言語もマスターしたかもしれないというタレコミだけだ。捜査官はニューハウスにどんな情報でもあったら教えてくれと懇願した。

だが、ニューハウスは、カーコウが逃亡中に亡くなったのかもしれないと示唆する以外、何も言えることはなかった。それが、親友が一九七二年にハシシと銃のお話にならない交換話をもちかけて以来、一度も自分に連絡を取ろうとしなかったことへの、思いつく唯一の説明だった。

ニューハウスの推測はカーコウの運命についての説得力ある仮説の一つだ。もし、国務省が信じているように、カーコウがほんとうにスイスでまんまとアメリカのパスポートを入手したのなら、彼女は地球上のどこにでも高飛びできただろう。だが、彼女の高級趣味を考えると、心地よい衣食住が得られない国に住みついたとは考えにくい。また、噂はしつこくあったものの、逃亡中のアメリカ人ハイジャック犯が小さなコミュニティを作って堂々と暮らしているハバナにも、彼女は行っていない。他のインターナショナル・セクションのメンバーのあとを追って、タンザニアやギニアビサウ共和国に移ってもいない。そういった国々では、彼女の肌の色では目立ちすぎただろう。

有効なパスポートがあればアメリカにこっそり帰ることもできただろうが、その場合はきっと家族か友人に助けを求めただろう。でも、ニューハウスのような親友とＦＢＩの両方が、そんな事実はなかったと言う。しかも、やむを得ないとはいえ亡命者の生活は、もともとの境遇にはいつもなんとなく不満だったカーコウには、まさしく天の恵みだった。これは、窮屈なクースベイに背を向けた音楽家の父から受け継いだ気質かもしれない。彼女は自ら捨てた生活に里心がついたという兆しを一度も見せていない。

結局、スイスで偽造パスポートを入手したあとフランスに戻り、偽名でフランス社会に溶けこんだというのが、一番可能性の高いシナリオだ。おそらくは金持ちの恋人と結婚し、夫にフランスの市民権を取得してもらい、彼女が気づかれる可能性のほとんどない田舎町にでも引っ越したのだろう。フランス警察が彼女の行方を本気で追うとは考えにくい。なんと言っても彼らは、カーコウがアルジェからパリに移ったことすら、ロジャー・ホルダーがうっかり身分を明かすまで気づかなかったのだ。数年かけて新しい環境になじんだカーコウは、まわりの人たちと見分けがつかなくなっただろう。

または、外国でのもっと刺激的な放浪生活を選んだ可能性もある。スイスから西ドイツやイタリアへ、いやオランダへさえ、つまり一九七〇年代末に彼女の映画界の友人たちが性の解放をうたうソフトコアの映画を作っていた国ならどこにでも流れていった可能性がある。ＦＢＩがニューハウスに言ったように、カーコウの傑出した語学力をもってすれば、ヨーロッパのどの国でも、問題なくやっていけただろう。

一方で、もっと暗い結末も考えられる――麻薬の偶発的事故や、命にかかわる病気、アルプス山中での身元不明の交通事故死など。こういった悲劇が起きたのなら、カーコウがオレゴン時代の誰にも連絡を取っていないことの説明がつく。

でも、むしろ私はキャシー・カーコウが他のほとんどのハイジャック犯たちがとうてい果たせなかった一種の過激な自己改革――アメリカを捨てることによってのみ一部の人々が達成できた、ある種のアメリカンドリーム――を達成したと想像したい。私は彼女の姿を六〇代前半になった上品なフランス人女性として心に描いている。――光り輝いていたロングヘアは今では短く、白いものが混じっている。リタイアした夫とともに、パリから車で数時間の静かな小さい村で、モダンな設備の家に暮らしている。パリにも足場となる小さなアパートメントを所有している。常に自分たちのことはあまり話さないカップルだが、カーコウは数人の隣人にだけ、亡くなったアメリカ人の父の転勤で幼いときにフランスにやって来たのだと話している。地元の教会で洗礼を受けた子供たちは今では成人し、別の所帯をもっている。彼らは母親の犯罪歴についても、その後の秘密の更生についても、何も知らない。

私の空想の中のカーコウは、めったに立ち止まって、若い盛りにした軽率な決断が今の予想外の幸福をもたらしてくれたことを振り返ったりはしない。でも、折にふれ、置き去りにしてきた人々に引き起こした心の痛みに考えがさまよっていくのは止められない。子守りをした弟たち、自分の夢を追求した父、子供のために多くを犠牲にした母……そして、そんなはかない一瞬に、彼女はどんなに過去を切り離したくても、血のつながりと思い出は残ることを理解する。この上なく反抗的な魂さえ、この人間性の真実から自由になることはできない。

訳者あとがき

「ニューヨーク・タイムズ」紙のドワイト・ガーナー選「トップテン・オブ・ザ・イヤー二〇一三」ほか数々の栄誉を受けた本書には、一九七二年にアメリカの若いカップルが引き起こしたハイジャック事件の顛末と、空港保安システムの歴史が二重構造で語られている。今となっては信じがたいことだが、当時、空港には金属探知機もX線検査装置もなく、空港警備官すらいなかった。乗客は銃や刃物や爆発物を機内に自由に持ち込むことができた。それが長い年月と多くのハイジャック事件を経て、最終的には現在のような、手荷物と乗客の両方に対する厳重な検査導入に至った。しかし、それでも九・一一同時多発テロは防げなかったのだ。つくづく人間にできることの限界を思い知らされる。

一九六一年から一九七二年の間に、アメリカ領空では実に一五九機もの民間航空機が乗っ取られた。まさに「ハイジャック黄金時代」だった。アメリカ社会に目を向ければ、その約一〇年は、一九五〇年代の理想主義の残滓がいくつかの象徴的な暗殺事件により消え失せ、アメリカンドリームの嘘っぽさに人々が気づき始め、離婚の増加により家族が急速に崩壊していった時代だった。さらに、長引くベトナム戦争が国全体に重い影を落としていた。

そんな独特の閉塞感の中で、快楽主義に走り、セックスとドラッグに溺れる者も大勢いた。一方で、もっと過激なはけ口を求めた者たちの格好のターゲットがハイジャックだった。人々をあっと言わせ、国のトップの人々を翻弄する快感。それは一種の英雄願望と、航空機に対するアメリカ人特有の愛が結びついた、実に劇場的な犯罪であった。当時のハイジャック犯たちは様々な動機を語ったが、共通していたのは痛烈な絶望感だった。状況により追いつめられ、もしくは自分を持て余した結果、最も極端な行動でしか自分を救えないと感じていたのだ。

その例にもれず、失意と激しい怒りがモチベーションとなったベトナム帰還兵のホルダーと、迷いの多い青春時代のあとにただ快楽を追う日々を送っていたヒッピーのカーコウ。本書の主人公であるこのカップルは、単なる運の良さで世界を股にかけたアメリカ史上最長時間のハイジャックをやってのけた。

ホルダーは一九四九年生まれ、カーコウは一九五一年生まれ。忘れてはならないのは、彼らがどちらもいわゆる「ベビーブーマー」であるという事実だ。アメリカのベビーブーマーは日本の「団塊の世代」より広義で、第二次世界大戦終結後からケネディ政権発足まで（一九四六年～一九五九年）に生まれた人たちをさす。彼らは成長するにつれ、新しいアメリカ史の推進力となった。

一九五〇年代までは白人男性がほぼ一枚岩でアメリカという国を牽引してきたが、六〇年代に入ると、アフリカ系アメリカ人やヒスパニック系、マイノリティの白人移民、女性など、それまで表に出られなかった人々が権利を主張し、力をつけ始めた。とはいえ、差別は歴然と存在し続けたのだが、彼らを応援したのが、かつてないほど大きな人口比率により社会への影響力を手にしたベビーブーマーの若者たちだった。

彼らは豊かさと効率を追求する保守的な親世代の価値観にことごとく反発し、時に急進的な政治思想に走り、ベトナム反戦を中心とした平和主義を謳い、狭義にはヒッピー文化とも呼ばれる対抗文化（カウンターカルチャー）を隆盛させた。一九六〇年代から七〇年代初めのハイジャック黄金時代は、まさしくアメリカがそのように内部から大きな変容を遂げた時代と一致していた。のちにクリントン大統領は「六〇年代に起きたことを評価するならあなたは民主党の支持者で、評価できないなら共和党支持者だ」と言っている。

しかし、現実にはベビーブーマーの大半が、青春の一時期、新しい基準の性行動（フリーセックス）や、ロックミュージックや、長髪にTシャツに髭といったファッションや、ドラッグに、まるで熱病にでもかかったように夢中になりながらも完全に体制からドロップアウトすることはなく、やがて平凡な大人の生活に軟着陸していった。だが、本書に登場したハイジャック犯の多くやホルダーやカーコウのように、うまく軟着陸できない者たちもまた大勢いた。

人は生まれる時代を選べない。どんな人生も歴史や時代の影響から自由にはなれない。特に若くて人生を俯瞰する能力が未発達なときに、現実からの逃避願望が強烈だったり（ホルダーのように）、何でもない自分を何かである自分に作り変えようとしたりすれば（カーコウのように）、時代という奔流にやすやすと押し流されてしまう。そして、気がつけば、その後の人生の岐路を完全に変えてしまうほど過激な行動を取っている。

今なお世界中で多くの人々に強烈なノスタルジーをかき立てる一九六〇年代から七〇年代にかけてのあの個性豊かな時代。それに政治的背景、発展途上の空港保安体制、主人公二人の若気のいたりという要素が揃って、こんなにも面白い長編冒険ドラマが生み出された。二転三転するシジフォス作戦のコミカルな展開とその後の二人の数奇な人生行路、意図せずして彼らがハイジャック防止策に与えた影響の大きさ――まさに事実はどんなフィクションにも勝って奇なりだ。

ホルダーとカーコウがアルジェに到着したあと、特にパリに移ってからのストーリーの底流には、常に深い無力感とペーソスがあった。取り返しがつかないことをしてしまった人間は、残りの長い人生をかけてその代償を支払い、その事実と折り合いをつけながら生きていかねばならない。愛する家族を傷つけた罪悪感は一生消えない。そんな人生の残酷さとやるせなさに胸を打たれた。エルドリッジ・クリーヴァーやハイジャック・ファミリーのメンバーたちの運命にも、同じくしみじみとした気持ちになった。どんなに過去を切り離したくても、血のつながりと思い出は残る――最後の一行が忘れられない。彼らを愛さずにはいられなかった。

末筆になりましたが、編集段階において数々の適切なアドバイスをくださった亜紀書房の内藤寛さんに、この場を借りて心よりお礼を申し上げます。

二〇一五年早春

高月園子

ブレンダン・I・コーナー　Brendan I. Koerner

「ワイアード」誌の寄稿編集者、ライター。「ニューヨーク・タイムズ」紙と「スレート」誌の元コラムニストとして、「コロンビア・ジャーナリズム・レビュー」誌の「新星若手ライター10人」に選出。「ニューヨーク・タイムズ・マガジン」「ハーパーズ・バザール」など多くの雑誌や出版物に寄稿。
本書『The Skies Belong to Us』はアメリカのテレビドラマ・シリーズ『Masters of Sex』のライターとプロデューサーが映画化／テレビ化権を、著書『Now the Hell Will Start』はスパイク・リーが映画化権を取得している。他の著書に『Piano Demon』『The Best of Technology Writing 2006』など。

高月園子（たかつき・そのこ）

翻訳者・エッセイスト。『災害ユートピア』『アフガン、たった一人の生還』（亜紀書房）、『戦禍のアフガニスタンを犬と歩く』『夢のロードバイクが欲しい』（白水社）、『なぜ人間は泳ぐのか？』（太田出版）、『黄金のフルートをもつ男』（時事通信社）ほか訳書多数。20年以上におよぶロンドン生活をテーマに『おしゃべりなイギリス』（清流出版）、『ロンドンがやめられない』（新潮文庫）などの著書もある。

亜紀書房翻訳ノンフィクション・シリーズ II-2

ハイジャック犯は空の彼方に何を夢見たのか

著者　ブレンダン・I・コーナー
訳者　高月園子

発行　2015年4月10日　第1刷発行

発行者　株式会社　亜紀書房
東京都千代田区神田神保町1-32
TEL　03-5280-0261（代表）　03-5280-0269（編集）
振替　00100-9-144037
http://www.akishobo.com
装丁　坂川栄治＋坂川朱音（坂川事務所）
レイアウト　コトモモ社
DTP・印刷・製本　株式会社トライ
http://www.try.sky.com

ISBN978-4-7505-1432-1　C0030

亜紀書房翻訳ノンフィクション・シリーズ　第Ⅰ期（全16冊）完結！

英国一家、日本を食べる

イギリス人フードジャーナリスト一家が、100 日間で日本を縦断。日本の食の現場を「食いしん坊」と「ジャーナリスト」の眼で探し、見つめ、食べまくった異色の食紀行！

マイケル・ブース著　寺西のぶ子訳
四六並／ 280 頁／ 1,900 円
15刷

英国一家、ますます日本を食べる

わたしたち日本人が見落としがちな「日本の食」の素晴らしさを再発見。日本食へのリスペクトと、英国人ならではのユーモアが光る「旅と食の記録」の第 2 弾。

マイケル・ブース著　寺西のぶ子訳
四六並／ 214 頁／ 1,500 円
6 刷

悪いヤツを弁護する

英国司法では、法廷弁護士は検事にもなれば弁護士にもなる。どちらの側についても、陪審員の心証を良くしようと格闘する。「公平な裁判とは？」を優しく問う快著。

アレックス・マックブライド著　高月園子訳
四六並／ 394 頁／ 2,300 円

それでも、私は憎まない
あるガザの医師が払った平和への代償

「娘たちが最後の犠牲者となりますように」イスラエル軍のガザ襲撃により、3 人の娘を失った医師は報復を求めず、共存への道を模索する。鎌田實氏、絶賛！

イゼルディン・アブエライシュ著　高月園子訳
四六並／ 326 頁／ 1,900 円
2 刷

キレイならいいのか

スタンフォード大学法科大学院の教授で、法曹倫理の研究者が、医療業界やメディアにおける「美のバイアス」を歴史的・文化的背景を踏まえながら検証する。

デボラ・L・ロード著　栗原泉訳
四六上／ 294 頁／ 2,300 円
2 刷

ハリウッド・スターはなぜこの宗教にはまるのか

一人の SF 作家が創始した組織が、つねに宗教かカルトかの物議を醸し続けている。セレブたちがこぞって崇拝するサイエントロジー教会。BBC 名物記者がその正体を追う。

ジョン・スウィーニー著　栗原泉訳
四六並／ 334 頁／ 2,200 円

哲学する赤ちゃん

赤ちゃんは大人より想像力に富み、意識も鮮明である。最新科学の知見から明らかにされつつある驚くべき能力。人間の可能性を広げる赤ちゃん再発見の書！

アリソン・ゴプニック著　青木玲訳
四六上／ 396 頁／ 2,500 円
3 刷

不正選挙
電子投票とマネー合戦がアメリカを破壊する

迅速、低コスト、投票率向上も期待される電子投票に潜む闇とは？　世界一の民主主義国家・アメリカで現在も繰り広げられる、選挙の実態を綿密に検証した衝撃のリポート集。

マーク・クリスピン・ミラー著　大竹秀子ほか訳
四六並／ 374 頁／ 2,400 円

イギリスを泳ぎまくる

イギリスの沼、泉、川、湖、海など、どこでも泳いだ男の記録。泳ぐことの陶酔を書きつけながら、静かに自然保護の重要性を訴えた驚異のスイミング・レポート。野田知佑氏推薦。

ロジャー・ディーキン著　青木玲訳
四六上／422頁／2,500円

災害ユートピア

災害後の被災地には理想的な共同体、相互扶助の「ユートピア」が立ち上がる。むしろその周辺の人こそパニックに陥りやすい3.11以後、苦難を乗り越える本として紹介。

レベッカ・ソルニット著　高月園子訳
四六上／442頁／2,500円
5刷

ニュース・ジャンキー
コカイン中毒よりもっとひどいスクープ中毒

アル中・ヤク中で大学を追われ、重窃盗罪で有罪判決。過去をひた隠し、ダウ・ジョーンズの記者として様々な事件をスクープした男が記者魂を激白！　森達也氏推薦。

ジェイソン・レオポルド著　青木玲訳
四六上／324頁／2,200円

ユダヤ人を救った動物園

ユダヤ人虐殺を推進、一方で希少動物保護を画策したナチのグロテスクさを鮮やかに描いた感動のノンフィクション。動物園長夫婦は300人のユダヤ人をどう救ったのか。

ダイアン・アッカーマン著　青木玲訳
四六上／368頁／2,500円
3刷

独裁者のためのハンドブック

カエサル、ルイ14世、ヒトラー、スターリン、毛沢東、カダフィ、金正日、プーチン、さらにはIOCやマフィアまで古今東西の独裁者と組織を取り上げ、カネとヒトを支配する権力構造を解き明かす。

ブルース・ブエノ・デ・メスキータ、アラスター・スミス著　四本健二訳
四六並／384頁／2,000円
2刷

アフガン、たった一人の生還

映画「ローン・サバイバー」原作！　戦場で民間人を殺すと罪になる。アフガンの山上で羊飼いを見逃し、仲間のすべてが死んだ。特殊部隊の唯一の生き残りが記す戦場の真実と、国内リベラル派への痛烈な批判。

マーカス・ラトレル著　高月園子訳
四六上／446頁／2,500円
6刷

帰還兵はなぜ自殺するのか

心身に傷害を負い帰郷した兵士たちとその家族の出口のない苦悩に密着。ピュリツァー賞ジャーナリストが「戦争の癒えない傷」の実態に迫る傑作ノンフィクション。内田樹氏推薦！

デイヴィッド・フィンケル著　古屋美登里訳
四六上／388頁／2,300円
2刷

アーミッシュの赦し
なぜ彼らはすぐに犯人とその家族を赦したのか

2006年にアメリカのある村で惨劇は起こった。銃乱射で5人の少女が死に5人の子が重症を負った。その犯人をキリスト教の一派、アーミッシュが赦した理由とは？

ドナルド・B・クレイビルほか著　青木玲訳
四六上／324頁／2,500円
2刷

価格は本体です。別途、消費税が加算されます。
重版にあたり価格が変更になることがありますので、ご了承ください。